新时代青少年心理疏导指南

丛书主编：赵红娣　匡乐成

新时代青少年心理疏导指南

班主任工作手册

邓光辉　王国强　严红◎编著

A Guide to Psychological
Counseling for Adolescents
in the New Era - A Manual
for Class Teachers

新华出版社

图书在版编目（CIP）数据

新时代青少年心理疏导指南：班主任工作手册 / 邓光辉，王国强，严红编著 .
-- 北京：新华出版社，2024.5
ISBN 978-7-5166-7376-8

Ⅰ . ①新… Ⅱ . ①邓… ②王… ③严… Ⅲ . 心理健康—健康教育—中小学—教
学参考资料 Ⅳ . ① G444

中国版本图书馆 CIP 数据核字（2024）第 075704 号

新时代青少年心理疏导指南：班主任工作手册

编著：邓光辉，王国强，严红
出版发行：新华出版社有限责任公司
  （北京市石景山区京原路 8 号 邮编：100040）
印刷：三河市君旺印务有限公司

成品尺寸：170mm × 240mm 1/16　　　**印张：**23.25　**字数：**342 千字
版次：2024 年 5 月第 1 版　　　　　　　**印次：**2025 年 5 月第 3 次印刷
书号：ISBN 978-7-5166-7376-8　　　　　**定价：**68.00 元

微店

视频号小店

抖店

京东旗舰店

微信公众号

喜马拉雅

小红书

淘宝旗舰店

扫码添加专属客服

编 委 会

- **丛书主编：** 赵红娣　匡乐成
- **本书主编：** 邓光辉　王国强　严　红
- **本书编者：** 邓光辉　王国强　严　红

　　　　　　　蒋　洁　程立勋　梅　兰

　　　　　　　陈萍怡　曲秀萍　金姬红

当代中国，随着经济社会快速发展，学生成长环境不断变化，竞争日益加剧，教育内卷严重，学生心理健康问题凸显。

教育部等十七部门联合下发的《全面加强和改进新时代学生心理健康工作专项行动计划（2023—2025年）》明确要求："统筹教师、教材、课程、学科、专业等建设，加强学生心理健康工作体系建设，全方位强化学生心理健康教育，健全心理问题预防和监测机制，主动干预，增强学生心理健康工作科学性、针对性和有效性。"并要"向家长、校长、班主任和辅导员等群体提供学生常见心理问题操作指南等心理健康'服务包'"。

为落实上述文件精神，上海市崇德应用心理科学研究院联合新华出版社组织该领域的专家编写了《新时代青少年心理疏导指南：班主任工作手册》。

手册明确指出了班主任在中小学校心理健康工作体系中的角色与职责，简要论述了学生心理发展规律及班主任心理工作要点。在介绍学生心理健康评估技术的基础上，结合具体案例翔实阐述了中小学生常见的学习、情绪和行为问题的心理疏导方法，特别是针对近年来中小学校恶性事件频发，讲解了学生自杀的早期识别与干预以及校园霸凌和性侵等特殊问题的心理疏导方法，最后对班主任如何应对压力、做好自身心理健康管理提出了中肯的建议。

书稿行将付梓，赵红娣、匡乐成二位主编邀我作序，使我有机会先读为快，获益匪浅，深感这是一本将科学性、针对性和有效性融为一体的好书，故愿负责任地将其推荐给广大中小学班主任和心理老师，作为开展心理疏导的工作手册，一定会对大家帮助多多。

郑日昌

北京师范大学心理学院教授、博导，曾任教育部中小学心理健康教育咨询委员会副主任、教育部中小学心理健康教育专家指导委员会委员

2024 年 4 月 15 日

　　本书从起心动念到交付书稿仅仅半年多时间，能在如此短的时间内完稿皆源自几起机缘的不期而遇。

　　一是上海市崇德应用心理科学研究院赵红娣院长近十年来一直在为云南、四川、新疆等地的众多困境学生提供长期支持，她在与孩子们的接触与沟通中，敏锐地感知到这些孩子不仅需要物质上的支持，更期待心理上的关爱。2022年11月，她组织研究院的专家奔赴云南文山州进行实地调研，发现山区的孩子留守比例高、家庭支持欠缺、学习压力大，心理健康问题时有发生，而学校心理健康教师缺乏，于是萌发了为文山州的教师开展公益心理培训的想法。

　　二是上海国泰君安社会公益基金会的大力支持。基金会秉承"家国一体，金融向善"的为民情怀，多年来一直致力于乡村振兴和教育帮扶，也非常关注中小学生的心理健康。当得知了研究院有意为云南文山州师生开展公益心理培训的想法和方案，基金会当即拍板给予了大力支持，这才有了"筑梦希望——百校千师心灵园丁"公益项目的生根发芽。

　　三是新华出版社的悉心指导。2023年5月研究院一行拜访了新华出版社，汇报了"新时代心理学服务社会"系列图书的初步构想，得到了匡乐成社长和时任总编辑许新的高度认可与大力支持，紧接着双方在上海举办的"新时代心理学服务关爱社会实践研讨会"上明确了首期出版物聚焦于青少年心理疏导的方向，以响应教育部等十七部门联合下发的《全面加强和改进新时代学生心理健康工作专项行动计划（2023—2025 年）》文件要求。

研究院的老师一直秉持的心理学服务社会的理念与公益之心，顺应了新时代的要求，新华出版社和国泰君安社会公益基金会的倾心支持和悉心指导，激发起了老师们的写作热情，使书稿得以在短时间成形。

《新时代青少年心理疏导指南：班主任工作手册》提出了班主任作为"心理哨兵"这一重要角色的身份定位，强调了班主任"第一时间发现、第一时间疏导"的重要作用，通过将关口前移，真正为学生筑起了心理健康的防火墙。

全书的 20 个案例均来自学生的真实个案，案例描述体现专业性、可读性的同时，力求疏导方法简单便捷、易于上手，紧贴班主任的实际工作，将心理疏导与学生工作相融合，发挥"心灵园丁"的重要岗位职能。

尽管本书中的作者曾有过中小学教师经历，也具备丰富的学生心理咨询经验，但书中的不足肯定存在，还望读者批评指正，也为后续的修改完善提供宝贵的意见。

感谢新华出版社江文军、陈君君、谭悦姣、王婷等老师的宝贵意见和辛勤付出。

邓光辉

上海市崇德应用心理科学研究院常务副院长

海军军医大学心理学系教授、博导

2024 年 4 月 8 日

第一章 | 导 论

第二章 | 班主任常用心理疏导技术

第三章 学生常见心理健康问题疏导

第四章　学生自杀的早期识别与干预

第一章

导　论

第一节 学校心理健康工作概述

一、中小学校心理健康工作体系

学校心理健康工作体系是指学校为了维护学生心理健康而建立的一套完整的工作机制，它也是促进学生心理健康发展的关键之一。依据《全面加强和改进新时代学生心理健康工作专项行动计划（2023—2025 年）》的要求，学校心理健康工作体系的构建应体现健康教育、监测预警、咨询服务、干预处置"四位一体"，同时需要班主任、心理健康教师和学校领导相互配合、相互支持，形成一套职责明确的工作流程。下图是根据"四位一体"的要求构建的中小学校心理健康分级工作体系。

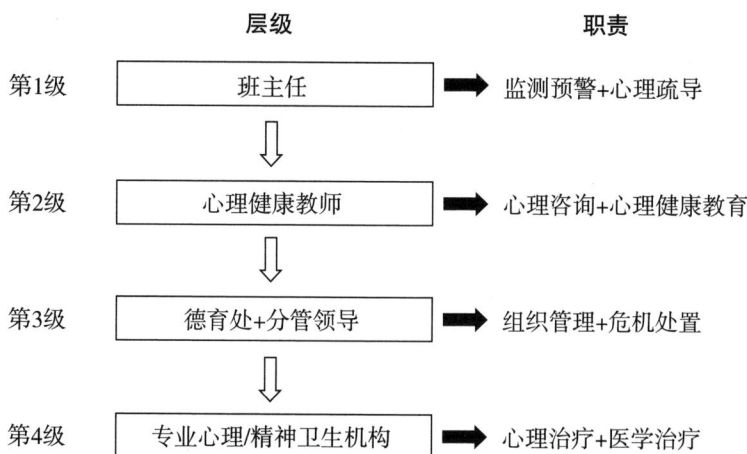

层级	职责
第1级	班主任 ➡ 监测预警+心理疏导
第2级	心理健康教师 ➡ 心理咨询+心理健康教育
第3级	德育处+分管领导 ➡ 组织管理+危机处置
第4级	专业心理/精神卫生机构 ➡ 心理治疗+医学治疗

图 1 中小学校心理健康分级工作体系

1. 班主任

班主任是学校心理健康工作的第一道关口，他们每天跟学生学习生活在一起，了解学生心理和行为的日常变化。通过观察和谈心，班主任可以监测预警学生的心理健康状态，及时发现学生存在或潜在的心理问题。同时，班主任是学生信赖的老师，对学生的影响大，其本身也承担着学生的思想和心理工作，针对有心理困扰的学生开展心理疏导是其工作职责之一。

2. 心理健康教师

学校心理健康教师在学生心理健康工作中扮演着重要的角色，其职责如下：

提供专业支持：为学生提供专业的心理咨询和支持，通过个体咨询、小组辅导、工作坊等形式，帮助学生解决心理问题，促进学生的心理健康发展。

进行心理评估：每学期开展心理健康普查，了解全校学生的心理健康状态，筛查存在心理问题的学生。他们可以使用专业的评估工具和方法，评估个别学生的情绪、行为、人际关系等方面的情况，为制订个性化的心理干预方案提供依据。

开展心理健康教育：通过课堂教学、主题教育、宣传活动等形式，向学生传授心理健康知识和技能，培养学生的心理素质和应对能力，帮助学生正确认识自己和他人，学会有效地应对压力和情绪。

提供危机干预：在学生遇到心理危机时提供及时的干预和支持。协助学校制定危机干预预案，参与危机事件的处理，为学生提供心理辅导，帮助学生渡过难关。

与教师和家长合作：与班主任紧密合作，除了承担班主任转介学生的心理咨询，还可为班主任开展班级心理健康主题班会提供专业支持。同时，为家长提供家庭教育指导，组织家长课堂，促进家校合作，共同关注学生的心理健康。

参与学校心理健康服务体系建设：协助学校制定心理健康教育措施，具体执行学校心理健康计划，推动学校心理健康工作的持续发展。

总之，学校心理健康教师在学生心理健康工作中起到了重要的作用，他们通过提供专业支持、进行心理评估、开展心理教育、提供危机干预、与家长和教师合作以及参与学校心理健康服务体系建设等方式，促进学生的心理健康发展。

3.德育处与分管校领导

德育处与分管校领导在学校心理健康工作中扮演着组织者和协调者的角色，他们的职责包括：构建学校心理健康体系，制订和组织实施心理健康教育计划，建立危机干预机制，进行危机管理与处置，以及为心理健康工作提供必要的支持（包括人力、物力和财力等方面）。

4.专业心理或精神卫生机构

学校心理健康教师主要开展心理咨询，对于存在明显心理障碍的学生，学校可以转介给当地专业心理或精神卫生机构，进行心理治疗和医学治疗，使学生能得到全面干预，避免延误病情或危机事件发生。有条件的学校可以与当地专业心理或精神卫生机构开展合作，建立绿色通道，以便更好地维护学生心理健康。

二、班主任在学生心理健康工作中的角色与职责——心理哨兵

班主任是学生心理健康维护的第一道关口，也是减少危机事件发生的最重要的防火墙，他们扮演着心理哨兵的角色。其主要工作职责包括：

1.观察和评估

班主任可以通过日常观察和与学生的交流，了解学生的心理状态和问题。他们可以注意到学生的行为变化、情绪波动和学习成绩等方面的异常情况，及时发现可能存在的心理问题，提早进行干预。

2.提供心理疏导

班主任是学生重要的社会支持系统之一，他们可以通过倾听学生的烦恼和困惑、提供指导和建议、给予积极的反馈和鼓励来疏解学生负面情绪，正向赋能学生；他们也可以为学生提供情感上的支持和关爱，让学生感到被理解和接纳，给予学生安全感，帮助学生树立自信心、保持积极的心态。

3.开展心理主题班会

班主任可以根据学生存在或潜在的心理健康问题，有针对性地组织学生召开主题班会，向学生传授心理健康知识和心理调适技能，培养学生积极的心态，预防心理问题的发生。

4. 协调心理健康资源

班主任可以与学校心理健康教师、学生家长等相关人员协调合作，为学生提供更全面的心理健康支持。他们可以向心理健康教师转介有需要的学生，引导家长改进家庭教育方式，促进家校合作，共同关注学生的心理健康。他们还可以组织学生骨干为需要的同学提供帮助和支持，形成心理互助班级氛围。

总之，班主任在学生心理健康工作中扮演着至关重要的角色，他们的关心、支持和指导可以帮助学生更好地应对挑战，促进学生的心理健康发展。

第二节　学生心理发展规律及班主任心理工作要点

一、小学生心理发展规律及班主任心理工作要点

小学班主任的工作非常繁忙，除了学科教学以外还有很多事务性的学生管理工作，常常要面对各种突发性的问题，需要经常与小学生对话沟通，工作时间长、压力大。小学生的心理发展是有科学规律的，深入了解这些科学规律，对班主任更好地开展教学和辅导工作非常重要，可以提高教学效果和沟通效率，更好地促进小学生的成绩提升、个性发展、身心健康和社会适应。

（一）儿童青少年认知发展的主要阶段

儿童青少年认知发展是其心理发展的基础，作为班主任深入了解孩子的认知发展规律，对科学地开展学生的学习指导和心理疏导非常重要。

瑞士心理学家让·皮亚杰是认知发展理论的创立者，他提出了一个关于儿童如何逐渐建立思维能力的阶段理论，这个理论将个体的认知发展分为四个阶段。

1. 感觉运动阶段（出生到 2 岁）

这个阶段的婴儿通过感官和运动能力来探索和了解世界。他们通过触摸、咀嚼、看和听来获取关于物体和环境的信息。婴儿在这个阶段开始理解物体常在性（即物体即使看不见也依然存在），并开始形成简单的对因果关系的理解。到阶段末期，儿童开始使用简单的象征性思考，比如通过语言来代表物体。

2. 前运算阶段（2—7 岁）

这个阶段的儿童开始发展象征性功能，可以通过语言、绘画和游戏来表达自己的想法。他们的思维是直观的，而不是逻辑的。他们还很难理解他人的视角（称为认知上的自我中心主义），并且很难进行操作，即在心里操纵信息。在这个阶段，儿童还没有能力理解一些基本的概念，如：物理特征（如体积、质量和数量），在某些操作（如物体倒置和形状重塑）中体积保持不变。

3. 具体运算阶段（7—11 岁）

这个阶段是孩子上小学的时候，儿童开始使用逻辑思维来解决具体问题，但这种逻辑思维通常仅限于他们可以直接操作或观察到的物体。他们开始理解一些重要的基本概念，并能够进行数学运算，如加减乘除。他们的思考变得更少自我中心，开始能够从他人的角度来看问题，能够展现出同理心。他们还开始理解分类、排序和时间序列等概念。

4. 形式运算阶段（11 岁及以上）

到达这个阶段的学生能够进行抽象思维和逻辑推理。他们不再需要具体的物体或情境就能进行思考。形式运算阶段使青少年能够进行假设推理，从一般原则出发来推导出具体的结果。他们还能够用系统的方式解决问题，并且能够理解事物发生的概率和可能性的概念。这个阶段的思维特点是能够考虑多种可能性和抽象性的概念，例如理解政治思想、道德哲学、推演逻辑上的难题。

皮亚杰的理论对于全球教育界都有着深远的影响，尤其是对于教学方法和课程设计的影响非常深刻。他的理论强调了教育应该与儿童青少年的认知发展阶段相匹配，鼓励通过探索和发现活动参与学习，而不仅仅是通过听课被动接受知识。根据皮亚杰的理论，小学阶段是从前运算阶段过渡到具体运算阶段，班主任需要注意的是，皮亚杰的理论提供了一般的认知发展框架，但每个孩子的发展速度和时机可能不同，班主任在日常教育中应该注意到个体差异，给予理解和关爱，同时指导家长针对不同年龄的学生如何开展家庭教育，家校配合共同提供适合每个孩子独特发展阶段的支持和教育资源。

（二）各年级小学生心理发展的主要特点

根据发展心理学的基本原理，结合班主任工作的实际场景，我们提炼出小学生按年级划分的心理发展特点，帮助各年级班主任更好地理解不同年龄段孩子的心理特征，指导班主任用孩子们能够理解的语言和行为，基于孩子的"实际发展水平"，循序渐进、因势利导、科学有效地开展学生心理疏导工作。

1. 一年级（6—7岁）小学生心理发展的主要特点

（1）前运算阶段的后期特点

学生处于前运算阶段的后期，他们的思维以直观和具体经验为基础，对抽象和逻辑思维的理解有限。

自我中心思维：他们可能仍然表现出自我中心的思维，难以完全理解他人的视角。

发展中的语言能力：语言能力快速发展，开始能够理解和使用更复杂的句子结构。

逐渐掌握基本概念：开始理解时间、空间和数量的基本概念。

（2）情感表达与理解的发展

情感表达：一年级的小学生通常能够表达基本的情感，如快乐、悲伤、愤怒和恐惧，但他们的表达方式可能比较直接和原始，例如通过哭泣表达负面的情绪，通过微笑表达积极正面的感受。

理解识别情感：他们开始理解他人的基本情感，例如小学生能够识别和理解他人是处于开心或害怕、难过的状态，但对复杂情绪和情感的理解能力很有限。六七岁的儿童可能还不完全能够理解并表达诸如骄傲或羞愧这样的更复杂情感。

（3）社会角色理解的发展

模仿成人行为：小学生经常通过模仿来理解成人的社会角色，例如模仿家长、老师或其他成人的职业角色和言谈行为，尤其喜欢模仿歌唱家、舞蹈家、医生、警察、消防员等职业特征非常明显的成人角色。一个好的成人榜样对这个年龄段孩子健康成长是非常重要的，班主任和家长是孩子接触最多的人，谈吐举止、待人接物要以身作则。

社会规则的初步理解：小学生开始学习和理解基本的社会规则和期望，如进出教室要排队、上课要举手才能发言等。这个阶段是开展礼貌、规则、习惯教育的关键时期。

（4）同伴关系建立的过程

以游戏为中心的友谊：同伴关系通常围绕共同玩耍和兴趣建立。

直观的友谊选择：朋友的选择基于共同的活动和互动，在一起玩的都是好朋友。

（5）自我概念（对自己的认识和理解）的形成与变化

具体和单一的自我概念：小学生的"自我概念"通常是基于他们对自己的认识和理解。这个年龄段的孩子通常会用非常具体、直接的方式来描述自己，比如他们的外貌、喜爱什么玩具、喜欢吃什么水果等。

自我概念强调外在特征和反馈：自我概念很大程度上是基于外在特征和其他人的评价，尤其是家长和老师的反馈。

2.二年级（7—8岁）小学生心理发展的主要特点

（1）具体运算阶段的早期特点

大多数学生开始进入具体运算阶段，逐步发展出能够进行基本逻辑思维的能力。

理解守恒概念：开始理解物质的量在形状变化后仍然保持不变的概念，例如水从一个容器倒入另一个不同形状的容器。

分类和排序：能够按照规则对物体进行分类和排序。

（2）情感表达与理解的发展

情感识别能力提升：在这个年龄段，儿童通常能够更好地识别和理解自己和他人的情感。他们开始认识到相同的情况可以引起不同人的不同感受。

同理心的发展：能够理解并初步感受他人的情感。但在实际学习和生活中，他们可能仍然以自我为中心，不太关注他人的感受。如果班主任和家长给予引导提示，他们可以尝试更多地去理解他人的感受，可以促进儿童的情感发展。

（3）社会角色理解的发展

角色的分类：学生可以根据简单的社会功能对不同的角色进行分类，比如理解医生、警察和教师各自的职责。

规则的内化：开始内化一些基本的社会规则，从内心里理解这些规则对维护秩序的重要性，并开始接纳和遵从这些规则。

（4）同伴关系建立的过程

共享利益的友谊：友谊开始基于共享的兴趣、活动和玩具。

小团体的形成：可能形成基于共同兴趣爱好的小团体和小圈子，一起参与活动和游戏。

（5）自我概念（对自己的认识和理解）的形成与变化

技能和能力的认识：孩子们开始认识到自己的技能和能力，并以此来定义自己，例如"我会骑自行车"或"我擅长画画"。

社会比较的开始：开始通过与同伴的比较来评价自己，了解自己在群体中的位置。

3. 三年级（8—9岁）小学生心理发展的主要特点

（1）逻辑思维能力的增强

在具体情境中，学生的逻辑思维能力更加成熟，能够解决更复杂的问题。

数学能力的发展：数学能力增强，包括加、减、乘、除等基本运算。

理解复杂规则：能够理解和应用更加复杂的规则和概念，例如基础的数学公式及其原理。

减少自我中心思维：开始能够从他人的角度思考问题。

（2）情感表达与理解的发展

情感的复杂表达：随着语言技能的增强，学生能够更复杂地表达自己的情感，开始使用更抽象的词汇来描述自己的感受。

情感理解的深化：他们开始理解更复杂的情感，如失望或尴尬，并能够从他人的动作、表情等方面寻找这些情感的非言语线索。

（3）社会角色理解的发展

对社会角色复杂的理解：学生开始理解社会角色可能存在多样性和复杂性，如同一个人可以是父亲，也可以是工程师。

规则的适用性：学生开始理解在不同的场景和情况下，需要遵守不同的规则。

（4）同伴关系建立的过程

互惠性友谊：理解友谊中的互惠性，意识到朋友之间需要相互帮助和支持。

情感共享：开始和好朋友分享个人感受和秘密，会形成更深层次的情感联系。

（5）自我概念（对自己的认识和理解）的形成与变化

更复杂的自我描述：自我概念开始变得更加复杂，孩子们能够理解并表达自己的情感和部分内在特质。

自我效能的感知：对自己的能力有了更深刻的认识，开始建立起自我效能的感觉，即对自己影响结果的信心。

4.四年级（9—10岁）小学生心理发展的主要特点

（1）认知能力的持续发展

认知能力继续发展，学生开始能够进行更复杂的逻辑推理和解决问题。

发展批判性思维：开始形成批判性思维的基础，能够评估信息和论点。

空间概念的理解：对空间关系的理解更加深入，例如能够绘制更复杂的图形，能够看懂并理解地图上的各种信息。

（2）情感表达与理解的发展

情感调节能力：儿童在这个年龄段通常能够更好地控制和管理自己的情感反应，他们会尝试探索不同的策略来应对自身的负面情绪。

认知同理心的发展：认知同理心是指儿童能够理解和感知他人的情感和

想法，以及对他人情感和需要给予关注和关怀。这个阶段他们的认知同理心进一步发展，能够理解情境对情感的影响，甚至能预测和推理出他人可能的情感反应。

（3）社会角色理解的发展

角色与个人身份的关系：开始理解社会角色与个人身份之间的关系，以及如何在不同场合进行角色切换。如班主任站在教室的讲台上是老师，当班主任回到家里时相对自己的孩子是母亲。

规则的批判性思考：学生可能开始对社会规则进行批判性思考，理解规则背后的原因，甚至质疑某些规则的公平性。比如开始质疑甚至违反学校的某些规定。

（4）同伴关系建立的过程

社交技能的提升：能够通过对话沟通应对比较复杂的社交情境和矛盾冲突。

忠诚和信任：开始重视忠诚和信任在维持友谊中的作用，选择性地与同伴进行深入交往，尝试区分普通的玩伴与深入交往的好朋友。

（5）自我概念（对自己的认识和理解）的形成与变化

内在特质的认识：在自我概念中开始更多地包含一些内在的特质，如性格、偏好、擅长等。例如："我性子比较急躁""我不害怕和老师说话"等。

社会角色的整合：开始将自己在家庭、学校和朋友圈中的不同社会角色整合到自我概念中。例如："我是一个小学生""我是×××的好朋友""我是爷爷的孙儿""我是低年级学生的学长"等。

5. 五年级（10—11岁）小学生心理发展的主要特点

（1）认知能力继续提升

更复杂的数学概念：掌握更多的数学概念，比如分数、百分数和几何。

科学思维的发展：在科学学习中，能够理解和应用基本的科学方法，进行简单的实验和观察。

理解抽象概念：在文学和语言艺术中，学生开始理解比喻和隐喻等抽象概念。

（2）情感表达与理解的发展

情感的深入探索：学生能够更深入地自我探索和与他人讨论情感，他们开始理解情感如何影响人的行为和决策。

情感复杂性：他们对情感的复杂性有更深的认识，能够理解混合情感的概念，比如人们可以既感到激动又感到害怕。

（3）社会角色理解的发展

更广泛的角色理解：小学生的社会角色理解扩展到更广泛的社会背景，包括文化和社区角色。如能够理解在班级活动中自己承担的角色，在社区生活时自己的角色定位。

社会责任感的发展：孩子心里开始形成社会责任感，能够理解自己的行为如何影响他人和社会环境，从而萌生行为自律的意识。

（4）同伴关系建立的过程

友谊的稳定性：逐步从玩伴关系变成彼此信任的好朋友，这种基于彼此信任的友谊变得更加稳定，能够持续较长时间。

共同的价值观：选择好朋友的时候，会关注价值观的共同性，朋友间的友谊开始基于共同的价值观以及基于共同价值观的行为。如：在与同伴交往时会讨论彼此对某些人、事、物的看法，虽然他们对人、事、物的理解不深入，但他们已经发现彼此对同一事物会有不同观点，并且因为彼此观点的相似而对同伴产生更多的好感。在待人接物时，开始关注同伴的行为，心中会对这些行为有是非对错的判断，这也影响到伙伴关系的后续发展。

（5）自我概念（对自己的认识和理解）的形成与变化

自我反思的增加：学生开始更加客观地看待自己，他们通过朋友、家长、老师的反馈或评价，进一步理解他人是如何看待自己的，并且尝试思考为什么他人会这么看待自己。

未来自我的构想：开始思考和想象未来的自己会是什么样的人，比如会想自己将会从事什么职业，如当医生、警察、宇航员等。职业梦想和成就目标在孩子心中萌芽，并逐步将这些未来的构想视为自我概念的一部分。

6. 六年级（11—12 岁）小学生心理发展的主要特点

（1）进入形式运算阶段的前奏

一些学生可能开始展示形式运算阶段的初步特征，尤其是那些认知能力较强的学生。

抽象思维能力的提高：他们对抽象概念的理解和思维能力显著提高，能够理解并应用更高级的数学和各种科学概念。

复杂问题解决能力：在解决问题时，他们能够考虑各种因素的关系，能够分析多个变量的影响及各种可能性的结果，可以进行更为系统化思考和推理。

（2）情感表达与理解的发展

情感的抽象理解：六年级的学生通常能够理解更抽象和细微的情感差异，他们开始理解复杂的社会情感，如欣赏、同情、羡慕或嫉妒等复杂的心理感受。

社会交往中的情感能力：在这个阶段，儿童的社交技能和情感理解能力可以达到一个较高水平，他们能够在比较复杂的社交情境中尝试进行人际情感的分析并调节控制自己的情绪，开始有能力应对人际关系中的一些情感问题。

（3）社会角色理解的发展

复杂角色的扮演：学生能够理解并扮演更复杂的社会角色，如志愿者、活动组织者等，这些角色可能涉及更多的任务角色和工作责任。

对社会结构的理解：学生开始理解社会结构和各种社会系统，能够更加全面深刻地理解自己所处的学习、生活环境。如开始逐步理解政府、经济和法律体系。

（4）同伴关系建立的过程

深层次交流：同伴或好朋友之间有能力进行更深入的交流，除了对外部人、事、物的讨论，他们交流的内容包括对私密个人问题的讨论和相互支持。如：当自己在家里被家长责骂受了委屈，会主动找好友倾诉，谈及自己心里的感受和想法，寻求对方帮助和心理上的安慰。

自我概念和友谊：朋友对个人自我概念和自尊的影响变得更加显著。如：他们可能会描述自己的外貌、性格、兴趣爱好、家庭背景等方面，会认为自己是聪明的、勇敢的、友好的，也可能会有一些不足的认识，比如害羞、胆怯等。小学生的自我概念是逐渐形成和发展的，幼年时孩子的自我概念主要受老师反馈和家长评价的影响，但到这个年龄段，好朋友的反馈和评价对孩子的自我概念影响越来越大。如果朋友的评价反馈总是负面的，孩子的自尊心会受伤害，他们之间的朋友关系也会受到影响。孩子们更愿意与赞赏自己的伙伴交朋友。

（5）自我概念（对自己的认识和理解）的形成与变化

抽象思维的发展：随着抽象思维能力的提高，孩子们能够更深入地思考自我概念，并理解自己内心世界的多样性和复杂性，如在家里的状态和在学校的状态的差异，自己性格和喜好方面的更多特征。

社会和情感因素的融合：孩子们的自我概念开始融合更多的社会和情感因素，对自己在社交网络中的位置和角色有更深刻的认识。如不同社会生活场景对自己心理和行为的影响，并尝试理解自己在不同处境中的各种反应。

（三）小学班主任学生心理工作的要点和建议

1. 关注小学生的情感需要，指导他们进行自我情绪管理

小学生的情感发展受到许多因素的影响，包括家庭环境、社会互动、文化背景和个人经历。学习过程中，老师和家长更多地关注到孩子的学科成绩，容易忽视他们内心的感受，建议班主任和家长通过提供安全的环境（可以自由表达内心感受而不会受到指责和惩罚）、开展情感教育（了解人类的情感需要）和社交技能训练（如何合理表达自己的感受）来支持儿童的情感发展。引导他们阅读和讨论文学作品、进行角色扮演、组织团队拓展活动也是促进儿童情感理解和表达的有效方法。

同时，小学生正处于成长的关键阶段，情绪管理对他们的心理健康至关重要。小学生可以通过学习如何识别、表达和管理自己的情绪，从而更好地适应学习和生活中的各种挑战。重要的是，班主任和家长需要耐心，并且在

教育过程中保持一致性，共同帮助孩子发展情绪管理的能力。以下是一些帮助小学生进行情绪管理的方法：

认识情绪：首先要教会孩子们认识不同的情绪，比如快乐、悲伤、愤怒、恐惧等，并理解这些情绪都是人类正常的反应。

情绪识别：在孩子情绪失控时，帮助他们识别当前的情绪，并指导他们如何应对。比如，如果孩子生气了，可以让他们学习如何通过深呼吸来平复心情，或者引导他们把注意力转移到让自己开心的事情上。

表达情绪：鼓励孩子们用言语表达自己的情绪，而不是通过攻击性行为来表达，如打人或破坏物品。可以教他们说"我现在很生气，因为……"这样的句子。

情绪调节：教孩子一些基本的自我调节技巧，比如做深呼吸、数数到10、暂时离开让自己冷静下来等。

角色扮演：通过角色扮演的方式让孩子模拟不同的情绪反应，这样可以在安全的环境中体会和练习情绪管理。

正面引导：正面强化孩子处理情绪的行为，比如当孩子能够恰当地表达自己的情绪时，立即给予称赞或小奖励。

情绪日记：鼓励孩子记录每天的情绪变化，有助于他们理解自己的情绪模式，也让班主任和家长及时了解孩子的内心状态，给予必要的帮助和支持。

阅读和讲故事：通过故事和书籍中的角色教孩子如何理解和处理情绪。

家庭环境：班主任应指导家长创造一个开放和安全的家庭环境，让孩子在家自由地表达自己的情绪。

身体锻炼：鼓励孩子参与各项体育活动，运动非常有助于减轻压力和改善情绪状态。

艺术表达：组织开展各种艺术活动，如绘画、唱歌和舞蹈活动等，艺术活动能够帮助孩子以安全且有创造性的方式表达自己的情绪。

沟通技巧：班主任应在日常心理辅导时，教授孩子一些基本的沟通技巧，比如学习倾听、轮流说话和如何礼貌地交流意见等，提高孩子的情商。

2.鼓励同学间积极有益的互动

小学生在社会角色理解和同伴关系建立方面的发展是一个渐进的过程，受到多种因素的影响，包括家庭、学校环境、文化背景和个人性格等。社会角色理解的发展和同伴关系的建立是互相影响的。小学生通过与同伴的互动学习社会规则，并借此理解不同的社会角色。通过这些互动，他们发展出解决冲突的技能、建立信任的能力以及与他人合作的能力，这些都是成熟社会关系所必需的。班主任和家长可以通过引导和提供社交情境来支持这一发展过程。

组织团队活动：通过团队竞赛或合作游戏，让学生在轻松愉快的环境下相互了解和合作。

分组讨论：在课堂上进行小组讨论，每个小组由不同的学生组成，以促进学生之间的交流，鼓励他们相互帮助。

课外活动：组织野外旅行、文化节、运动会等课外活动，让学生在非正式的环境中建立友谊。

合作学习：鼓励学生在课堂上相互教学，例如通过"学伴制度"或"小教师"活动，让他们在教与学的过程中互动，可以起到复习已学知识的作用，增加学习乐趣，增进学生友谊。

角色扮演：让学生扮演不同的角色，这能够增进理解和同理心，有助于友谊的培养。

班会课程：定期举行班会，讨论班级团结和友谊的重要性，同时也可以让学生讲述自己的故事和经历，分享彼此的兴趣爱好。

表扬和奖励：对于那些在促进班级团结和友谊方面表现突出的学生，给予表扬和奖励，以此为榜样，激励其他学生。

班级项目：组织一些需要全班同学共同参与的长期项目，比如种植花草、制作班级杂志等。

节日庆祝：庆祝各种节日，让来自不同民族、地域、家庭背景的学生介绍自己的传统，增进相互了解。

互帮互助：鼓励学生在学习和生活中互相帮助，例如建立学习小组，相互辅导功课。

班级规则：和学生共同讨论制定班级规则，包括如何相互尊重和如何处理冲突，让他们学会在社会化过程中相互尊重和理解。

3. 经常给予鼓励和正面反馈

小学生的自我概念发展是一个动态的过程，随着他们的思维能力、情感成熟度和社交经验的增长而逐渐变化。自我概念的发展是渐进的，不同儿童的发展速度可能不同。家长和教师的支持对儿童自我概念的健康发展至关重要。通过鼓励儿童探索自己的兴趣和才能、提供正面的反馈、教授解决问题的技能，以及帮助他们理解和接受个人的独特性，可以促进儿童形成积极的自我概念。小学班主任鼓励学生和提供正面反馈是非常重要的教育手段，它能够增进师生关系，并激发学习的积极性。以下是一些有效的方法：

及时正面反馈：当学生表现良好或有所进步时，及时给予肯定和表扬。这些反馈应该是具体和真诚的，指出学生具体做得好的地方，比如说："你在数学题上的逻辑推理做得很棒！"

个性化鼓励：了解每个学生的兴趣、优势和需求，提供个性化的鼓励，帮助他们在自己的强项上继续发展。

成就展示：在班级里设立一个"荣誉墙"或"展示角"，展示学生的作品或者成就。这可以是绘画、手工艺品、优秀作业等，这种展示可以增强学生的自信，促进良好自我概念的形成。

积极的语言：班主任应使用积极、鼓励性的语言，避免否定或消极的评论。即使在学生犯错或表现不佳时，也应该使用鼓励和支持的方式指出改进的方向。如孩子上课开小差，班主任对孩子说："如果你上课的时候能够认真地听老师讲，我会多么开心呀！"

正面榜样：在班级里公开表扬那些表现好的学生，并让他们成为班级的正面榜样。这不仅仅是对个人的鼓励，也能激励其他学生效仿。

表扬努力：不仅要表扬结果，也要关注过程，表扬学生付出的努力，表扬他们勇敢的尝试。这样可以培养学生不怕失败、勇于尝试的精神。

家校沟通：班主任应与家长保持良好的沟通，分享学生在学校的表现，不能仅说存在的问题，一定要看到并表扬孩子的进步，哪怕是细微的进步，鼓励家长在家也给予孩子正面的反馈和支持。

公平对待：确保所有学生都能获得正面反馈的机会，用积极的语言评价孩子，尽管他们还不是很优秀，避免总是表扬同一部分好学生，让每个孩子都感到自己被珍视。

情感支持：当孩子情绪低落或痛苦流泪时，班主任不是简单讲道理说教，而是提供情感上的支持和安慰，主动帮助学生处理学习上、生活上或情感上的困难，让他们知道班主任是他们的坚强后盾。

4. 帮助孩子培养自尊心，建立自我效能感

小学生的自尊心和自我效能感的培养是他们心理发展的重要组成部分。自尊心是指个人对自己的价值和能力的整体评价，而自我效能感则是个人对自己完成特定任务的能力的信念。这些心理构建对孩子的学习、社交互动和整体幸福感都有深远的影响。人们常说"好孩子是夸出来的"，本质上就是培养孩子的自尊心，提升他们的自我效能感。下面是给班主任日常心理辅导工作的一些建议：

（1）**自尊心的培养**

正面反馈：给予孩子积极的反馈和赞扬，强调他们的努力和进步，而不仅仅是成就。

个性化鼓励：认识到每个孩子的独特性，并赞扬他们的个人特质和才能。

设定可达成的目标：根据"最近发展区域"原理，帮助孩子设定适合他们能力的目标，以便他们在完成这些目标时能获得成就感。

模范行为：班主任和家长应该通过自己的行为来做榜样，表现出自尊和自信。

支持性环境：提供一个让孩子有安全感的环境，让孩子知道即使失败了也是可以被接受的，鼓励他们敢于尝试，不会过度担心尝试的结果。

社交技能培养：教授孩子有效的社交技能，并鼓励他们尝试用这些技能与同学交往，增强他们在同伴中的自信心。

（2）**自我效能感的建立**

挑战性任务：根据"最近发展区域"原理，提供适度挑战的任务，让孩子在完成这些任务后能够感受到自我效能，提高自信心。

责任感与独立性：鼓励孩子独立完成任务，当他们遇到困难时可以及时给予适当的指导和帮助。要鼓励他们独立思考，不能直接提供答案或帮助他们完成任务，让他们最终能够自己完成任务，这样可以增强他们的自我效能感，并提高责任心。

观察学习：指导孩子观察和学习他人如何成功地完成任务，尤其是同龄人。这样可以增强他们的模仿学习能力，有助于自我效能感的建立。

言语激励：使用正面的言语激励，告诉孩子他们具备完成任务的能力。

反思与自我调节：引导孩子反思自己的学习过程和策略，启发他们如何进行自我调整（如学习习惯调整、学习方法策略调整等），通过他们的自我改善获得正面的结果，可以有效提高其自我效能感。

正向思维训练：在遇到困难和挫折时，班主任要教导孩子如何用积极的思维方式来应对挑战和失败，而不是自我贬低。如：虽然结果不理想，但是在完成任务过程中是否有小的成功和亮点，总结这些经验后对我们再次尝试完成任务有什么好的帮助。告诉孩子失败不是对能力的评价，而是对如何提升能力的重要提示和反馈。

培养自尊心和自我效能感需要时间和一致性。家长和老师应当持续地通过上述方式支持孩子，从而帮助他们建立起坚实的自我价值感和面对挑战的信心。这样的培养在孩子的整个成长过程中都是至关重要的。

5. 帮助孩子开展道德判断和行为发展

小学阶段是道德判断与行为发展的关键时期，通常受到认知发展、社会化经历、文化背景和家庭教育等多种因素的影响。小学生的道德判断与行为的发展是一个与认知、情感和社会互动相结合的动态过程。通过家庭、学校和社会的共同努力，孩子们可以逐步发展成为具有道德责任感和良好社会行为的人。

（1）**不同阶段价值的道德意识和行为发展**

孩子从幼儿园（4—7岁，前习俗阶段）就开始形成道德意识和行为习惯，道德思维是以对错判断的直接后果为基础的，他们遵循的规则主要是避免老师和家长的惩罚，获得更多的奖励。他们认为大人的指示就是正确的，受到奖励的行为就是好的，受到惩罚的行为是坏的。

当孩子成长到7—10岁进入小学阶段时，他们的道德判断和行为发展进入了"习俗阶段"，开始理解社会规则和期望，并试图按照这些规则行事，道德判断开始考虑他人的观点和需求。他们开始接受规则并视其为正确的行为基础，开始理解与他人合作的重要性，并理解"公平"的概念。

当孩子到小学高年级的时候（10岁以上），他们的道德判断和行为发展进入了"后习俗阶段"，孩子们开始理解规则背后的道德原则，如公平、正义、权利和义务等概念。他们开始超越具体的规则，能够基于更为抽象的原则来进行道德判断。他们开始认识到规则是基于大家的共同需要或利益，并尝试独立地做出道德判断，尝试在复杂的道德困境中权衡各种因素来决策自己的行为。

（2）班主任应成为孩子道德行为的引领者

在小学阶段，班主任和家长是孩子建立基本道德观念和行为规范的关键引导者。这个年龄段，孩子的行为往往是基于自己道德判断的结果。把道德和行为联系起来看，道德行为有三个层次的含义：认知（道德知识的内化和判断）、情感（同情和愧疚）、行为（道德判断的行动表现）。帮助孩子开展正确的道德判断促进其行为发展，班主任需要关注如下五个方面：

提供榜样：班主任在学生面前待人接物的方式是孩子们行为的重要榜样之一，家长在家庭生活和社会环境中的行为方式也对儿童的道德行为发展有直接且重要的影响。要培养孩子良好的道德修养和行为模式，班主任和家长必须注意自己的言行，以身作则。

讨论道德问题：通过"一对一"谈话，或者组织主题班会，与孩子们讨论相关案例中的道德问题，帮助他们全面深入学习道德知识，理解基于正确道德判断的行为方式。

道德指导：班主任可以结合实际学习生活中的事例，引导启发孩子思考道德问题，明确提出自己对他的道德期望，并在孩子做出道德判断和行为决策时提供指导。

情感教育：教育孩子感知自己内心的各种感受并鼓励他们表达自己的情感，培养他们的同情心和责任感。

社会参与：鼓励孩子参与社区服务和其他社会活动，尤其是做义工和志愿者帮助他人，可以有效帮助孩子提升道德意识和社会责任感，提高行为规范，促进他们在学习生活中践行良好的道德行为。

二、初中生心理发展规律及班主任心理工作要点

初中生正处于青春期的早期或中期，青春期一般从 11 或 12 岁开始，到 17 或 18 岁结束。初中阶段的孩子们往往会面临一系列的心理问题，如果孩子自己不能正确应对，同时又缺乏来自家庭、老师的正确引导和心理支持，他们就容易产生心理危机。初中班主任是孩子在学校生活中接触最多、交流机会最多的人，是陪伴和帮助青春期孩子健康成长的最重要的人群之一，是构建初中生心理支持系统最重要的支撑点，更是预防孩子心理危机最前沿的"预警哨兵"和早期干预介入者。

（一）初中生身体发展的主要特点

整个初中阶段，学生们都处在身体快速发育的阶段，除了生理上的巨大变化，初中生的心理也在不断发展。但是与生理上的发育速度相比，他们的心理发展相对平缓。由于身心发展速度的不平衡，就会在孩子们内心产生各种特殊的矛盾冲突，老师和家长都会感觉到这个时期的孩子情绪波动大，比较难管理，交流困难。通过分析初中学生的身体发育及其对他们心理的影响，可以帮助班主任更深入地了解这个年龄段孩子的身心发展规律，从而能够更好地指导和陪伴初中生安全地度过青春期的早、中期，促进他们健康地成长。

1. 七年级（初一，12—13 岁）学生身体发展的特点

生长发育迅速，尤其是身高和体重的增加迎来一波高峰。根据《2005 中国卫生统计年鉴》公布的数据显示，12 岁左右的男性和女性青少年身高增长都达到一生的最高峰，体重增加也迎来第一个高峰期。

身体机能快速发育。心脏重量增长至新生婴儿的 12—14 倍，肺的重量达

到新生婴儿的 10 倍，进入青春期之后孩子的肺活量比青春期之前增加一倍以上，心血管系统发育成熟接近成人，肌肉力量显著增强。男性青少年的大脑容量继续增加，女性青少年的大脑容量已达到最高值。

性发育启动，性激素分泌增多。女性青少年性器官的发育从 9 岁前后开始，男性青少年性器官的发育从 11 岁前后启动，进入青春期后男女青少年性器官发育速度显著加快，第二性征开始出现（女性青少年可能出现嗓音细润、乳房隆起、骨盆宽大等特征，男性青少年可能出现嗓音低沉、喉结突出、骨骼高大、长出胡须等特征），由于遗传、营养、气候环境、体育运动等因素的影响，初中生的生理发育速度有较大的差异，这样的差异会深刻地影响他们的心理发展。

2. 八年级（初二，13—14 岁）学生身体发展的特点

生长发育持续，身高和体重快速增加。13—14 岁的青少年身高持续增加，但增加幅度有所下降，这个年龄段的孩子体重增长较快。

身体机能显著增强。八年级学生的很多生理机能不断发育，心肺、肌肉、骨骼等方面的发育越来越成熟，大脑发育基本完成，神经系统也处于持续发育的过程中。14 岁前后的男性青少年大脑容量发育达到最高值，他们肌肉增多，力量不断增强。

性发育加速。性激素分泌继续增加，性器官发育加速，第二性征更加明显，性机能发育加速（女性青少年出现月经初潮，男性青少年出现遗精现象）。性机能发育的个体差异较大，女性青少年月经初潮年龄大多在 10—16 岁，男性青少年遗精现象出现在 12—18 岁。

3. 九年级（初三，14—15 岁）学生身体发展的特点

生长发育减缓，身高和体重平稳增加。14—15 岁的青少年身高平稳增加，体重增长速度开始减缓。

身体机能持续发育。身体骨骼和主要器官发育趋向成熟，这个时期的孩子精力旺盛、体能充沛，男性青少年的肌肉发达，更有力量。

性发育逐步趋向成熟。生殖系统是人体各系统中发育成熟最晚的，生殖系统的成熟标志着人体生理发育的完成。14—15 岁的初中生性器官持续发育，

第二性征突出，性机能发育基本完成，也就意味着孩子们的生理发育趋近于成熟。这个时期可能会由于激素分泌旺盛，有些孩子会出现长青春痘的烦恼（由于发育速度和激素分泌水平不同，有的学生可能在八年级就会出现这个烦恼）。

（二）初中生心理发展的主要特点

初中生经历着人生最快速的身体发育时期，2—3 年时间基本完成身体各方面的生长发育，身体外形短时间的巨变对孩子的内心造成很大影响，他们会体验到一系列复杂而深刻的生理和心理变化，从而形成了青春期孩子心理发展过程中特有的现象。以下我们分别对各年级初中生心理发展的主要特点进行分析描述。

1. 七年级（初一）学生心理发展的主要特点

（1）认知发展

根据皮亚杰认知发展理论，11 岁以上学生的认知发展将从具体运算阶段进入形式运算阶段。处于具体运算阶段的小学生已经能够使用逻辑思维来解决具体问题，但这种逻辑思维通常仅限于他们可以直接操作或观察到的物体。而进入形式运算阶段的七年级学生能够进行抽象思维和逻辑推理，他们不再需要具体的物体或情境就能进行思考，七年级学生理论上已能够尝试简单的假设推理，从一般原则（公理、定理或概念、定义）出发来推导出具体的结果。

对新概念的理解速度加快，逐渐从具象的具体操作思维逐渐过渡到抽象的形式操作思维，开始尝试抽象思考，尝试理解以前无法理解的一些抽象概念，对复杂问题的全面分析能力不断发展。但由于七年级学生知识水平和思考能力的局限，这种思考和理解可能还不够成熟，需要在老师的帮助指导下不断进行训练。

（2）情感表达的发展

由于身体的快速发育，七年级学生开始变得越来越敏感，这种敏感不仅对自己的身体变化的敏感，同时也对周围的人、事、物更加敏感，情感变得丰富，能够感受到更深层次的情感体验，如羡慕、孤独、失落、挫折等。此时各种外来的刺激（如同学关系、师生关系）都会对他们的内心产生扰动，他们情感波动可能加剧，尤其是七年级学生刚入学的阶段，在适应新环境的压力下，他们情感波动会更明显。

他们更多地喜欢使用肢体语言（面部表情、身体姿态、行为动作）表达情感，如与同学打闹表示亲近，在老师背后做鬼脸表示自己的尴尬等。他们也会尝试用艺术和创造性的方式表达情感，如绘画、唱歌、舞蹈、写作、贴纸、符号等。

与小学阶段相比，七年级学生内心更加丰富，开始尝试更加成熟的情感表达方式，会暗中模仿他人的情感表达方式，比如同学间的示好行为。由于情绪控制能力较弱和荷尔蒙激素的影响，他们的情绪表达有时会比较极端和易变，常常从开心到愤怒、从兴奋到忧伤的情绪转换很快。有时候虽然他们想袒露自己的内心，但常常担心不能恰当地表达，或者担心他人的指责，会把自己的情感压抑或隐藏起来，如本来很开朗外向的孩子突然变得内向沉默。

（3）社会角色的发展

开始意识到自己作为学生、朋友和家庭成员的多重角色，也留意身边人的语言行为表现，试图更深入地了解这些角色的本质差别。

他们对于如何做好学生、朋友和家庭成员这些角色，如何在社会中定位自己还比较模糊，存在一个不断尝试和探索的过程。这个时期班主任和家长要抱着宽容之心，给孩子耐心的引导，孩子出现不合适的言行时，应及时制止并"一对一"地告知正确的行为方式，避免过度批评指责，更不能当众斥责打骂。

（4）同伴关系的发展

在学习生活和课余活动中，同伴的影响开始增强，越来越在意同伴的看法。如同伴们都不按时交作业，自己也会不好意思按时交作业。

渴望能够融入某些圈子，获得圈子里同伴的认可和接纳，如果被同伴排斥会感到非常焦虑或难过。很多孩子玩同一种游戏，并不一定他们都是喜欢玩这种游戏，常常因为同伴们都在玩，交流的时候都会讨论游戏里的角色和过关技巧，如果自己不会玩，担心会受到同伴们的排斥。

（5）自我概念的发展（对自己的认识和理解）

随着身体发育，学生对自我的认知和理解开始发生很大变化，自我意识增强，感觉自己已经变得强大，希望能够独立开展一些不受他人影响或控制的事务。他们开始探索并建立个人的兴趣和偏好，并且投入其中，渴望通过某些技能提升，在同伴或父母面前展示自己的能力。如痴迷打篮球、踢足球、参加学校运动队等。

七年级学生的自我价值观念开始形成，但不完整，容易从众，极易受到外界的影响，尤其会受到同伴的影响，同时互联网传媒和家庭成员也是重要的影响因素。如要求家长买同学们都喜欢的品牌的奶茶或者网红文具用品。

（6）逆反行为

由于荷尔蒙激素水平升高、敏感且情绪波动大或者内心情感压抑等原因，七年级学生在老师和家长面前可能会出现一些顶嘴或不服从的行为，以逆反行为为外部表现形式的情感表达或情绪宣泄方式开始萌芽。

如果班上在同学们中比较有影响力的学生出现逆反行为，其他同学有可能会感觉到很酷，也会尝试模仿。如上学迟到、不交作业等行为。

自我意识增强，独立的价值观开始形成，可能会对家长的言行和老师的指导心中有抵触，加上情绪控制能力弱、情感表达能力有限，可能也会出现一些逆反行为。七年级阶段明显的逆反行为相对初中更高年级的学生而言比较少。

2. 八年级（初二）学生心理发展的主要特点

（1）认知发展

认知能力显著提升，开始能够处理更复杂的逻辑问题和抽象概念，能够进行相对复杂的逻辑运算，包括推理、假设和演绎等。

对世界的好奇心增强，注意力更加稳定，记忆力增强，尤其是感兴趣的领域，他们学习新知识的能力加快，但可能因情绪波动而影响学习效果。

批判性思维开始萌芽，能对他人的观点提出质疑并形成自己的见解。如面对老师或家长批评时不仅会为自己辩护，可能还会提出自己的观点。

（2）情感表达的发展

情感更加深刻和复杂，对同伴和家庭成员的情感反应更加敏感，在日常沟通中语气语调会带有明显的情感色彩。

情绪状态受环境因素的影响明显，自我情绪控制能力较弱，情绪的波动较大，情绪转换比较快。如容易因为一些小事而生气。

开始尝试与朋友之间建立更深层次的情感联系，如充满浪漫色彩的友谊和情感，对人际关系开始感兴趣。

情感表达时会伴随一些肢体动作，情感表达过程更加细腻丰富。比如女孩子感到害羞时会用手捂住眼睛。

（3）社会角色的发展

更明确地理解自己在不同社会群体中的角色及其行为规范，如与同学相处时、与老师沟通时、与家长对话时会有明显不同的言行表现。

对社会责任和期望有了更实际的认识，可能会尝试承担不同的社会角色和行为，以寻找适合自己身份的感觉，还会尝试在不同角色中找到平衡。如在家里的宠物面前会尝试抚养者的角色，承担一些具体的抚养工作职责，并且能够感受到这个角色带给自己的快乐。

（4）同伴关系的发展

八年级学生非常重视同伴关系，他们认为好朋友对自己是非常重要的，他们尤其看重与自己性别相同的好朋友。这时候班主任会发现两个男生或女生经常处在一起，一起学习，一起吃饭，或者一起回家，甚至一起上洗手间。

开始希望建立更稳定的同伴友谊，会主动关心同伴，好朋友之间的交流也更加深入，几乎无话不谈。这一时期，好朋友和家人成为初中生社会支持系统中最主要的角色，即学生们可以从好朋友和家人那里得到关注、宣泄情绪、获得心理安慰。

群体归属感增强，同伴的意见和行为对他们具有很大的影响力，他们愿意遵守所在群体的规则，期待得到所在群体的伙伴的认同和接纳。同时，群体归属的心理需求也可能会让八年级学生承受来自同伴的无形压力，如果遭受群体排斥时容易对他们造成心理伤害。如在校园霸凌现象中有不少就是孩子们被某个群体排斥、孤立，遭到群体伙伴的指责甚至打骂欺凌，如果班主任没有发现或不及时制止这样的校园霸凌，就有可能导致被霸凌的孩子出现心理问题，甚至心理危机。

（5）自我概念的发展（对自己的认识和理解）

自我认识进一步深化，自我意识急剧增强，开始对自己的身份进行探索和质疑。自尊心增强，自我效能感（自信心）受到学业和社交成功的影响。如考试成绩不好，被老师当众批评，心里会感到羞愧，自我效能感下降，会怀疑和否认自己的学习能力，在学习上产生自卑心理。再如自己在篮球场上的表现出色，边上的同学们为自己喝彩鼓掌，可以视为社交场合的成功表现，学生们会因此而自我效能感上升，变得更加自信、阳光。

八年级学生开始对自己的外表长相和行为举止更加敏感，比以往更关注自我形象，他们可能会因为小事感到纠结、尴尬或羞愧。如脸上长了几颗青春痘，觉得影响了自己的容貌，心里会耿耿于怀，非常难受。

这个时期的孩子开始朦胧地思考自己未来的职业和生活目标，对自我预期开始变得更具体，对未来职业生涯所产生的兴趣会深刻影响他们将来的学业发展道路（选择文科还是理科、报考什么大学、选择什么专业），还直接影响了他们选择什么样的课外活动（参加兴趣班、校外培训班、加入学校社团）。

性意识开始觉醒，对自己的性别角色认同度增强，开始模仿成人的性别行为特征，如男学生会开始模仿自己的父亲、男老师或者影视剧里他所崇拜的同性别偶像的语言行为。同时，八年级学生开始对异性产生强烈好奇和兴趣，他们可能会尝试从各种渠道获得更多的性知识，也可能会尝试暗中模仿成年人与异性建立起所谓的"恋爱关系"（早恋）。

（6）逆反行为

生理变化对心理活动造成很大冲击，八年级学生的身体外形发生较大变化，让他们产生了成人感，导致他们渴望尽快进入成人世界，摆脱童年生活的模式。心理上的成人感与幼稚性并存的状态，使八年级学生的心理活动常常处于矛盾冲突状态，在待人接物的过程中会让老师和家长都会感受到他们与以前大不相同。

开始自我探索，希望探索并确立自己独特的个性，他们可能会通过服装、语言或兴趣爱好等方式来表达自己的个性，不再遵从学校、老师、家长的指令。

自我意识增强，凸显出反抗性和依赖性并存的现象。八年级学生的反抗性表现在他们渴望独立，可能会以不同形式表现出反抗父母和老师的权威，试图建立自己的规则和边界，同时他们在生活上、情感上又摆脱不了对父母的依赖。

风险行为的可能性增加。由于希望彰显自己的个性，但缺乏社会经验，对很多潜在危险缺乏完全的认识，他们可能会模仿成年人的一些不良行为或风险行为，如暗中尝试吸烟、饮酒。

3. 九年级（初三）学生心理发展的主要特点

（1）认知发展

认知能力接近成人水平，对于抽象概念的理解能力进一步提高，能够进行更复杂的逻辑推理，具备了解决比较复杂问题的能力。

独立思考能力增强，对周围的人、事、物有自己的看法和判断，不再完全依赖或相信家长和老师的意见。

临近中考，学业上的压力大幅增加，他们会努力尝试更高层次的自我管理，调整自己的学习策略。但不一定都能做好，需要班主任和家长的指导和监督。

（2）情感表达的发展

情感更加丰富细腻，能够更好地理解和表达复杂的情绪，同时内心也变得更加敏感。这个阶段的学生更关注自己的容貌形象和他人对自己的评价，在情感表达上更加在意自己的感受和需求。

由于自我意识的增强，九年级学生可能会与父母产生一定的情感距离，表现出对父母的依赖减少。

感到困扰需要帮助时，他们不愿意向老师、家长求助，更倾向于与自己的好朋友分享内心的情感体验，寻求支持和帮助。

开始认识到情感的长期影响，在人际交往中选择性更强，寻求心理的共鸣，开始建立比较稳定的同伴友谊。

可能会因为生理和心理上的变化以及学业压力等因素，导致情绪不稳定，更容易出现情绪波动。

（3）社会角色的发展

对成人世界的规则和期望有了更清晰的认识，开始为成年生活做准备。

九年级学生开始更加重视朋友关系，也更愿意关心帮助自己的同伴，当发现同伴被他人欺负，他们会挺身而出打抱不平。

他们会通过参加社团、兴趣小组等方式来拓展自己的社交圈子，认识新朋友，发展友谊。

他们乐于参加一些社会活动，如做志愿者和义工，能够进一步加深对社会的认识，并希望借此呈现出自己的社会价值。

（4）同伴关系的发展

九年级学生群体中可能会形成一些小团体或小圈子，这些团体通常由具有相似兴趣或共同经历的人组成，这样的小团体或小圈子往往具有排他性，有独特的规则，违背者会被惩罚或排斥。外人很难介入这样的小团体或小圈子，班主任和家长也无法了解其中的情况。

出于对异性的好奇，在文学作品、影视剧的影响下，他们对恋爱关系的探索增加，异性同学之间会出现超出友谊的带有恋爱色彩的交往。

进入互联网时代，九年级学生可能会找机会参与网络社交，结交网友，通过社交媒体平台与同伴保持联系。

（5）自我概念的发展（对自己的认识和理解）

更加关注自己的内在特质、兴趣爱好和能力，对自己有更清晰的认识，他们会在自己的学业成绩、社交能力、道德品质等方面初步形成对自己的全面评价。

这一阶段的学生开始探索自己的身份认同，包括性别认同、文化认同等，并且思考自己在社会中的位置。

自我认知能力提高，九年级学生的自尊和自信进一步增强，他们可能会更加重视自己的观点和意见，并且愿意表达出来。

自我效能感和独立性不断增强，对自己的能力和潜力有更高的期待，九年级学生会把自己与同伴进行比较，产生较强的竞争意识。

开始关注自我的发展，思考自己的未来规划，包括学习目标、学业道路、职业选择等。

（6）逆反行为

这一时期，学生们的身体和心理都在发生巨大的变化，他们可能会对自己的身高、体重、体型或者皮肤出现的问题（如痤疮）感到困扰，导致他们情绪不稳定，容易产生冲动和逆反行为。班主任和家长要给予理解和关心，保持耐心和宽容，注意做好孩子的情绪疏导工作，而不是简单的批评或压制。

随着自我意识的增强，九年级学生开始更加关注自己的感受和需求，希望能够独立自主地做出决策，挑战权威。他们容易对家长、老师的要求产生抵触情绪，如在家庭教育过程中，会讨厌家长不愿意接受家长的意见。

随着中考的压力和对未来的忧虑，学生更关注学业成绩，逆反行为可能会减少。同样，过度的学业压力和考试焦虑也可能会加强他们的叛逆行为，如产生厌学、逃课、辍学等现象。

（三）初中班主任学生心理工作要点

初中生在认知发展、情感表达和理解、社会角色理解、同伴关系建立的过程、自我概念形成与变化、生理变化和逆反行为等维度上都经历着显著的变化。这些变化受到生理成熟、社会环境和个人经历的共同影响。每个学生的发展路径是独一无二的，教育者和家长应提供支持和指导，帮助他们顺利度过这一关键的成长阶段。初中班主任开展学生心理工作要注意如下几点：

1. 建立信任关系

与学生建立信任是开展心理辅导工作的基础。班主任应该经常关心学生的生活、学习和情感状态，表达对他们的关注和支持，通过关心学生的个人和家庭情况，让他们感受到班主任是真心在乎他们。

保持公正和公平：在处理学生问题时，要保持公正和公平。不偏袒任何一个学生，对待每个人都一视同仁。这样可以让学生相信班主任是公正的，值得信赖的。

信守承诺：对于承诺学生的事情，一定要尽力兑现。如果无法兑现，要及时与学生沟通并解释原因。这样可以建立起学生对班主任的信任感。

鼓励自主性：给予学生适当的自主权，让他们有机会参与班级决策和活动组织。这样可以增强学生的自信心和责任感，同时也增进了他们对班主任的信任。

建立积极的关系：除了学习方面，班主任可以与学生建立积极的互动关系，例如一起参加课外活动或者关心学生的兴趣爱好。这样可以增进师生之间的情感联系，促进信任的建立。建立信任关系需要时间和努力，班主任要持续地关注学生的需求，并通过积极的互动和支持来赢得学生的信任。

2. 建立沟通渠道

保持开放、透明的沟通渠道，让学生知道他们可以随时与班主任交流。可以设立定期的班会或者单独谈话的时间，让学生有机会表达自己的想法和意见。

3. 倾听和理解

在心理辅导工作中给予学生充分的倾听和理解，班主任可以通过积极的倾听技巧，如提问、复述和共情，帮助学生充分表达内心的感受和困惑。让他们感受到自己说的话被老师重视，他们的情感得到了老师的理解。

4. 尊重学生隐私

在心理辅导过程中，班主任要注意尊重学生的隐私，不能轻易地把与学生的谈话内容告诉其他老师、家长或学生。尊重学生的隐私是维护学生对班主任信任关系非常重要的前提条件，一旦学生发现自己的隐私被班主任泄露给他人，他们会很难过，并且不再愿意与老师交流，更不会袒露真实的想法和感受。班主任和家长或其他老师沟通时，需要谈及孩子的隐私问题时，必须事先征求孩子的意见，获得同意。但是，当心理辅导过程中发现涉及学生的身心安全的严重问题时，班主任可以打破保密原则，及时通告校方、家长或心理老师，甚至报警，应该尽可能确保孩子的安全。

5. 提供支持和指导

根据学生的需求，班主任应该在学习方法、时间管理、压力纾解、考试焦虑、冲突应对等方面提供建议、支持和指导。当孩子遇到身心健康的严重问题时，如遭受校园霸凌时，除了调动校方、任课老师、同学、家长等各种资源帮助学生之外，还应该给予更多的关注和陪伴，同时支持和指导学生合理地应对现实的威胁。

6. 给予赋能和鼓励

九年级学生的学业压力大，可能会面对更复杂的同学关系、家庭问题，班主任是学生心理上的重要支持者，经常给予积极鼓励。当他们行为表现良好或取得好成绩时，班主任应该在同学面前进行公开的表扬，为学生赋能，鼓舞信心，培养积极的心态，更好地面对各种挑战和困难。

7. 倡导健康生活方式

在班级里倡导健康的生活方式，包括良好的作息习惯、饮食习惯，有效的体育运动，有益的课外活动等。这些好的行为和习惯能够帮助学生减轻学习压力、疏导负面情绪，增加知识、促进健康。

8. 引导和培养解决问题的能力

班主任可以通过头脑风暴、小组讨论等活动形式，激发学生的创造力，让他们学会从不同角度思考问题。培养他们分析问题、制订解决方案和执行计划的能力。如举办主题班会，在班会中抛出问题，鼓励学生发言，讲述自己的看法、提出自己的解决方案。学生发言过程中班主任不轻易打断，不简单判断是非对错，引导和鼓励他们的思考，培养他们的创造力和创新思维。班主任可以在最后给予点评，点评的重点应该放在引导学生关注自身的优点和潜力，培养他们敢于面对和解决问题的自信，同时总结提炼大家提出的解决问题的经验和方法，指出其中的利弊，供同学们借鉴。

9. 提供资源和转介

如果班主任发现学生的负面情绪很严重，明显影响了学习、生活或正常的人际交往，需要更专业的心理咨询时，班主任应该为学生提供引导和提示，并主动联系学校的心理老师，及时为学生开展深入的心理咨询。如果有必要应在心理老师指导下转介到专业机构开展心理治疗。

10. 班主任应该具备一定的心理学专业知识和技能

社会快速发展带给人们的各种压力和负面情绪容易通过家长、老师、同学传递给学生。班主任学习掌握一些心理知识，一方面也能够更好地开展自我心理调适，促进自己的身心健康，在教学工作中把积极的情绪传递给学生；另一方面，有能力早期识别孩子的心理问题，有能力提供及时的帮助，有效预防学生心理危机的出现。

三、高中生心理发展规律及班主任心理工作要点

高中生处于青春期的中后期，是从青春期到成年期的过渡阶段。在经历了青春期早、中期的快速发育生长后，他们身体的生长发育速度进入了相对减缓的阶段，生理结构和机能逐步趋向成熟。但是，这一时期他们的身体发育程度会有明显的个体差异。与之相应，高中生的心理也在不断发展，但还未成熟，同时，高中生的学业压力非常大，并开始思考和展望自己的未来。由于这个阶段他们生理、心理上的变化以及面临即将到来的社会角色转变，高中时期的学生容易出现各种困惑、烦恼和心理问题。高中班主任应该深入了解学生的身心特征，适时地开展心理辅导，支持和帮助他们顺利完成学业，健康成长。

（一）高中生身体发展的主要特点

高中生（14—18岁）处于青春期后期到成年的过渡阶段，受到遗传、营养、环境和其他健康状况的影响，同龄人之间可能存在显著的身体发展差异。但是可以根据一般的生长发育规律做出以下概括：

1. 高一（15—16岁）

生长速度开始放缓，尤其是在身高上，男生可能会经历最后一次生长高峰。男生的肌肉量继续增加，身体开始显得更加结实。有些女生的身体发育可能已经接近成熟，生长速度减慢。第二性征继续发展，如女生乳房发育、男生喉结突出等更加明显。

2.高二（16—17岁）

男生的身高增长可能开始减缓，接近成人身高。身体比例接近成人模式，四肢生长完成，身体线条变得更加成熟。男生的声音变得更加低沉，可能已经完成变声。女生的身体发育在这个阶段基本完成，月经周期也趋于规律。

3.高三（17—18岁）

大多数学生的身高增长已经结束或接近结束。身体力量和耐力继续增强，尤其是男生。生殖系统发育成熟。随着荷尔蒙水平的稳定，青春痘可能开始减少。

4.高中毕业（17—18岁）

绝大多数高中生的生长骨骺（生长板）关闭，身体发育基本完成。男女生都达到或接近其成人的体态和身体能力。个别晚熟的学生可能在高中后期仍有一定的身高增长。

（二）高中生心理发展的主要特点

与身体发展趋向成熟的情况相反，高中生的心理发展是多元化和复杂的，他们在认知、情感、社会化、性格、行为、自我概念、学业、职业以及性心理等方面都会经历显著的成长和变化。

1.认知发展

（1）逻辑思考与抽象能力

高中生的逻辑思考和抽象理解能力达到新高度。他们能够理解并运用高阶的逻辑概念，包括反讽、类比、符号以及更复杂的数学和科学原理。他们的思维不再局限于具体事实，而是能够进行假设性思考和理论探索。

（2）批判性思维

在这一阶段，高中生会逐渐形成自己的见解，并能够批判性地评价信息来源和内容，这种批判性思维是其认知发展的重要部分。

（3）决策能力

随着认知能力的提高，高中生在决策时能够考虑更多的变量和可能的后果。他们开始理解长期规划的重要性，能够为自己的未来做出更加深思熟虑的决策。

2. 情感发展

（1）情绪波动与管理

虽然高中生的情绪波动可能比初中时期有所减少，但仍会受到荷尔蒙水平变化的影响。他们正在学习如何更好地管理和表达自己的情感。

（2）自我概念与自尊

在这一时期，青少年对自我有了更深刻的认识。他们开始意识到自身的长处和短处，并在此基础上建立自尊。自我概念的发展成为他们心理成长的核心。

（3）情感依恋与恋爱关系

高中生可能开始经历更深层次的情感依恋，包括浪漫关系。他们开始探索与异性或同性的亲密关系，并学习如何处理恋爱中的复杂情感。

3. 社会化特点

（1）同伴影响与社交网络

虽然同伴的影响依旧重要，但高中生开始能够独立于同伴压力做出自己的决策。他们的社交网络更加广泛，不仅局限于学校，也可能延伸至线上社区和兴趣小组。

（2）社会角色与责任感

随着年龄的增长，高中生开始承担更多社会角色和责任，如家里的帮手、兼职工作等。这些角色的承担有助于他们形成责任感和自我效能感。

（3）道德和价值观的发展

高中生开始更加积极地探索个人的道德观念和价值观。他们能够理解社会规范背后的原理，形成个人的道德判断，并将之应用于日常生活中。

4. 性格和行为发展

（1）独立性与自我主张

高中生的独立性和自我主张更加明显。他们希望在生活的各个方面，包括学习、社交和家庭生活中有更多的自主权。

（2）风险行为

由于对挑战和新鲜事物的好奇，高中生可能会参与一些风险行为。然而，与初中生相比，他们在评估风险和后果时更加谨慎。

（3）自我探索与身份认同

这一时期的青少年正处于探索自我和形成身份认同的关键阶段。他们可能尝试不同的生活方式、兴趣爱好和社交圈子，以寻找最适合自己的身份。

5. 身份和自我概念发展

（1）**身份认同的探索**

高中阶段是青少年形成稳定身份认同的关键时期，他们可能会对自己的性别、种族、宗教和职业前景等方面进行深入探索。

（2）**自我效能感**

高中生开始建立自我效能感，即对自己能够成功完成任务和面对挑战的信心。这种感觉在他们的学业、社交和个人目标达成中起到了积极作用。

（3）**自尊和自我价值感**

自尊和自我价值感是高中生心理健康的核心。他们如何看待自己，在很大程度上影响着他们的行为和幸福感。

6. 学业和职业发展

（1）**学业成就的追求**

高中生的学业成绩对他们来说至关重要，特别是在升学和未来职业规划方面。他们愿意投入大量时间和精力来提高学业表现。

（2）**未来规划和职业兴趣探索**

高中生更加关注未来，开始为大学和职业生涯做规划，他们可能会通过参加实习、志愿服务或课外活动来探索未来的可能性。随着对未来的关注增加，高中生开始探索自己的职业兴趣，并通过各种途径了解不同专业的发展方向和职业领域。

（3）**自我管理与压力调适**

高中生必须面对繁重的学科学习，还要合理安排课外活动和社交生活，有效的时间管理和自我监控是他们能够顺利完成高中学业取得好成绩的重要能力。同时，高中生会面临来自学业、同伴和家庭等方面的各种压力，尤其在高三年级，他们学习有效的压力应对策略和自我调适方法对于保持他们良好的应考状态和心理健康至关重要。

7. 性心理发展

高中生的性心理发展是青春期心理成长的重要组成部分。在这一阶段，他们的性身份、性知识、性态度与性行为等方面会有显著的发展。高中生在性心理发展方面非常需要正确的指导，家庭、学校和社会应提供科学的性教育和安全的讨论环境，同时鼓励高中生向老师和家长提问寻求指导，以帮助他们正确理解和处理与性相关的情感和关系问题。

（1）**性身份的认同**

高中生开始更加明确地认识到自己的性取向和性别认同，他们可能会对不同的性取向和性别表达方式进行探索。性心理的健康发展与高中生的自我意识和自尊密切相关，身体形象、性能力、性取向和同伴接纳等问题可能会严重影响他们的自尊心和心理健康。

（2）**性知识的增长**

随着对性的自然好奇心和接触到更多性教育信息，高中生的性知识会逐渐增长。他们可能对生殖健康、性传播疾病、避孕方法等方面有所了解，但信息的准确性可能会因教育资源和个人经历而异。

（3）**性态度的形成**

性态度开始形成并逐渐稳固，受到家庭、文化背景、宗教信仰和社会价值观的影响。他们可能开始对不同的性行为和性关系持有个人看法，并可能在同伴之间讨论这些看法。

（4）**性行为的探索**

这个阶段，一些高中生可能会开始探索性行为，包括自慰和与他人的性接触。他们可能会体验到初恋和初次性经历，这些经历会对他们的性心理发展产生重要影响。他们希望了解更多的性知识，如果没有合适的渠道开展性教育，他们可能会通过互联网、同伴交流或杂志书籍等自我学习，因此很容易受到不良信息的影响。高中阶段，班主任要关注学生们的责任心培养，使他们清晰地认识到必须对自己的行为承担责任。

（5）**情感关系的发展**

高中生可能开始寻求更深层次的情感联系，他们的恋爱关系可能比初中时期更为复杂和严肃。在这个过程中，他们开始学习如何处理爱情、嫉妒、拒绝和分手等情感问题。

（6）风险行为的意识

随着对性的认识的深入，他们对性行为的潜在风险有所认识，如怀孕风险、性传播疾病等。但由于冲动控制和风险评估能力仍在发展，他们在实际行为中可能无法做出安全的选择。

8. 心理健康问题和挑战

高中阶段，因为学业繁重、同学竞争、老师家长的关注、考试压力以及对未来发展的困惑等因素，青少年比较容易出现心理健康问题，如焦虑、抑郁、睡眠问题等。我们在心理咨询和治疗的实践中遇到不少抑郁症、焦虑症、双相障碍的学生，班主任和家长不仅要关注高中生的学习成绩，还需要经常关心高中生的心理健康，如果需要应及时提供必要的帮助。

（三）高中班主任学生心理工作的要点和建议

高中班主任在学生心理辅导工作中扮演着至关重要的角色，是高中生心理发展的促进者，也是他们心理健康的守护者，能够早期发现问题，并及时提供帮助，包括开展心理辅导、情绪疏导、协助解决实际问题、指导家庭教育、及时联系心理老师给予帮助等。以下是班主任更有效地进行心理辅导几个关键点：

1. 建立和维护师生间的信任关系

班主任需要通过日常的互动建立起与学生之间的信任关系，让学生感到班主任是可以信赖和依靠的。以下做法能够增进师生的相互信任：

在学生生日时给予主动问候，体现班主任对学生的珍视和关心。

在处理班级事务中尊重学生的意见，在处理问题时不仅关注事务还应该关注学生的内心体验，让学生有机会表达自己的想法和感受。

在处理班级规则和纪律问题时，应保持对所有学生的公平、公正。

发现学生遇到困难时主动表达自己愿意提供帮助，并给予积极协助，包括提供资源、给予指导、协助制订解决方案等。

经常公开表达对学生的进步的赞扬和鼓励，如表扬某个学生成绩提高、主动关心同学、主动参与班级义务劳动、比以前更遵守纪律等。

在繁忙的工作中抽出时间参与学生喜欢的活动，如参加学校的体育赛事、艺术表演等，并成为他们的啦啦队成员，为他们取得的成绩欢呼，与他们共同面对失败的痛苦，给予安慰，这样可以在非正式的环境中建立良好的关系。

班主任在与某些学生建立了良好的个人关系后，要注意保持专业的边界，避免过度亲近或偏袒，反而造成其他学生的疏远。

2. 注重倾听，开展有效沟通

在日常教学工作中，投入一定的时间与学生保持常态化的沟通。在沟通过程注意先处理好自己的情绪，不带预判地耐心倾听他们的描述和想法，鼓励他们敞开心扉吐露心声，鼓励他们提出问题表达意见，沟通谈话的内容不仅仅局限在学生成绩、学习态度、行为规范等，同时也要涉及他们的情绪状态、家庭环境、睡眠饮食、情感生活等各方面。

高中生已经具备了独立思考和是非判断能力，而且自尊心很强，班主任对于学生的错误行为或态度，应该采取与学生"一对一"的沟通，沟通中不要急于给出自己的是非判断，不要急于批评指正，应该在倾听学生表达之后，通过提问的方式引导和鼓励学生进行自我反思，帮助他们认识到自己的行为如何影响自己的学习、影响他人和班级氛围，出现了问题之后自己应该如何做才能减少负面影响，并且引以为戒。学生自己认识到问题，提出解决方案并做出承诺，比老师直接批评学生再提出要求会有效得多。

3. 保持日常对学生的观察

在日常教学和班级管理中注意观察学生的行为变化，从同学反馈中了解更多更全面的信息，对学生的变化发展趋势做到心中有数。需要留意观察的地方包括：学生的情绪波动、学习状态变化、遵守学校纪律情况、生活习惯变化、同学间人际关系变化、身体健康状态、家庭环境变化等。这些观察点往往会呈现出学生内心问题的信号，班主任可以借助自己的观察及时发现问题，也有助于早期解决问题。

4. 尊重学生的隐私

班主任主动与学生开展"一对一"的交流时，尤其是对于那些显得特别内向或有特殊问题的学生，如果学生愿意讲述隐藏在自己心里的事情，应该尊重他们的隐私，向学生承诺为他们保密，并且切实做到承诺。如果家校沟通，或者与其他老师和同学沟通可能会涉及这些隐私信息，应该事先征得该学生的同意。保护学生的隐私是班主任开展学生心理辅导的基本原则，除非学生的行为可能危及自己或他人的安全（如有明显的自伤自杀倾向、有强烈伤害他人的想法和计划、有严重违法乱纪行为等），班主任可以打破保密原则，及时向学校相关部门、学生家长、心理老师报告，并明确提出需要协助的要求，共同防止学生心理危机或极端行为的产生。

5. 为学生提供方法指导

高中生的学业压力大，竞争激烈，学生们更注重知识的学习和记忆，但有不少学生缺乏好的学习策略和自我管理方法，一旦成绩下降被老师或家长批评，容易灰心丧气，影响学业发展。班主任应该借助各种机会为学生提供学习方法和自我管理方法的指导，比如思维方法记忆策略、压力自我调适方法、时间管理方法、人际交往技巧等。这些指导有助于学生提升学习效率，改善人际关系，减少负面情绪的影响，促进学习成绩的提升，有利于学生在考试时正常发挥。

6. 营造积极健康的班级文化

高中学生能够实现健康的心理发展，需要社会支持系统的保障。高中生社会支持系统宏观上包括学校、家庭、社会三个支柱，学校的心理支柱作用主要在班主任、班级同学、心理老师中体现出来，其中班主任和班级同学尤为重要。由于班主任工作繁重，精力有限，如果在班级里营造同学间相互关心、相互支持、相互监督的积极氛围，能够很好地减轻班主任的工作压力，同学在遇到困难或心理困扰时能够得到来自同学的支持和赋能。营造积极健康的班级文化，我们对班主任提出如下建议：

班主任应与学生一起讨论、创建班级守则或公约，班里每个学生都有发言权，提出自己的观点和建议，并且确保每个学生都理解、同意并承诺共同遵守这个行为标准和价值观。

班主任在日常班级管理工作中，经常鼓励学生遵守班级守则或公约，时刻留意并表扬遵守班级守则或公约精神的积极行为，如表扬同学间的团队合作、相互帮助、相互关爱、友善行为、守纪模范等，通过高频度的正面反馈来促进学生对班级守则或公约的重视。

倡导营造一个尊重和包容的环境，确保所有学生无论性别、种族、宗教或其他的差异都感到被接纳。班主任在工作中绝不能片面强调学生的某种差异性，如女生考试成绩普遍不佳时，批评女生不如男生聪明，脑子笨。这样会使被批评的学生心理受伤，他们会变得更逆反或者更自卑，严重影响他们的心理发展。

班主任应定期召开班级会议，讨论班级的具体事务、解决存在的问题，同时请学生分享自己的经验和建议，增强学生对班级的归属感、参与感和责任感。

班主任要以身作则，做好自己的心理建设，做好自我情绪管理，不能在班级里经常发脾气，随自己的性子任意批评和处罚表现不好的学生，应该展示积极的行为和态度，成为学生的榜样。

开展主题班会活动，庆祝班级学生取得的任何成就，不局限于学生取得了优秀的学习成绩，还要庆祝学生在个人成长、艺术才能、体育锻炼、服务社会等方面取得的成就，请学生分享自己的经验和体会。让每个学生都能感受到自己的价值和成就，提升他们的自我价值感和自信心。

遇到重要节日和学校举办大型活动，班主任应该组织班里的学生共同讨论活动的策划方案，让学生参与决策过程，比如艺术表演的内容和形式、班级内部的装饰方案、体育比赛的人选和训练计划等。这有助于每个学生都感到自己对班级文化具有影响力，增强集体荣誉感，更愿意支持配合班主任工作。

7. 开展职业生涯启蒙教育、性教育和心理健康教育

高中生对自己未来的发展有朦胧的意识，但需要专业的职业生涯规划指导，未来发展目标越明确，他们学习的动力就会增强，抗压能力也会被激发出来。

高中生的性发育趋向成熟，这也意味着他们内心会受到更多关于性方面的困扰，如对自己性别形象的接纳、性冲动的控制、对性知识的渴求、异性对自己的吸引、情感关系的建立以及交往原则等，这些困扰埋藏在学生的心里，班主任应该配合学校心理老师或者专业人员通过科学的性教育进行指导。

高中阶段是学生心理问题容易出现的时期，高中生的心理过程变得比以往更加复杂而敏感，如果学生出现了心理问题得不到及时的科学处置，随着时间推移会越来越严重，最后导致心理疾病甚至心理危机。班主任适时开展心理健康教育活动，帮助学生理解自己的心理过程，了解心理健康的基础常识，学习掌握自我心理调适和如何求助的方法，是非常必要的。

8. 常态化心理关爱和心理危机预防

当班主任通过日常观察和学生沟通发现学生有可能存在心理问题时，应该及时开展该学生的心理辅导工作，进一步深入了解情况，包括学生的情绪状态、行为表现、身体健康状态、睡眠情况、家庭情况、内心感受等，帮助学生疏导负面情绪，给予理解支持，提供力所能及的切实帮助。

如果发现学生心理问题比较明显，需要更专业的心理帮助时，应及时与学校心理老师联系，安排学生接受心理咨询。

如果心理老师反馈该生需要接受心理治疗时，班主任应配合心理老师、学生家长向专业机构转介学生，确保能够及时开展心理治疗。

班主任发现学生负面情绪强烈，甚至出现自伤行为和自杀倾向时，应该立即向学校领导、学校心理老师、家长反映情况，启动危机预防工作。同时，除了密切关注该学生的情况外，也应要求班干部、班里该学生的好朋友更多地关心关爱这个学生，发现问题及时报告班主任，共同构筑起学生心理危机预防的防线。

9. 加强家校合作

高中班主任开展家校合作教育是一个涉及沟通、理解和合作的动态过程。通过有效的家校合作，班主任可以与家长共同努力，为学生提供一个更加全面的支持系统。

（1）班主任与家长一起推动

班主任需要注意的是，家校合作的目的不是仅在学生出现问题时与家长沟通，要求家长配合解决问题，而是班主任与家长一起推动学生不断地进步成长。因此，班主任在与家长沟通时，既要谈及问题，反馈学生的学习进展、行为表现，还要分享学生的积极变化和进步，建立积极向上的家校沟通氛围，同时告知家长学校或班级的重要事件和活动。建议班主任与家长约定时间，定期开展沟通联络，可以利用家长会、微信、电话、电子邮件、校园 App 等多种渠道与家长保持定期的沟通。

（2）不定期举办家长会议

可以通过举办线上或线下的家长会议来邀请相关的家长们一起讨论学校和家长共同关心的话题，如青少年心理健康、学习方法、升学指导等。班主任应抱着开放的心态，鼓励家长提出意见和建议，对于家长的反馈应认真聆听并给予适当的回应。家长们的反馈和建议，可能会为班主任提供有用的资源，开拓学生工作的思路。

（3）进行个别家访

对于一些特殊情况或需要个别关注的学生，班主任应该进行家访。家访的目标：一是深入了解家庭情况，更客观地分析学生出现的问题与家庭环境和家长教育方式之间的关系。二是与学生家长建立良好关系，加深彼此的理解，有助于后续的家校合作。三是与家长深入沟通，共同讨论如何相互配合解决目前的问题，探讨帮助学生促进学业、健康发展的方法。

（4）鼓励家长参与学校活动

还可以鼓励家长成为志愿者，一起协助支持学生活动的开展，如邀请家长们参加学生的读书活动、辩论活动、体育比赛，或者邀请家长参加有关职业规划辅导、心理健康讲座等学习活动。这样能够帮助家长更全面地了解自己的孩子，看到孩子的成长发展，指导家长学习新的知识，更好地开展家庭教育。实践证明，家长参与学校活动，能够有效地改善家庭教育，家长也更愿意配合班主任的工作。

第二章

班主任常用心理疏导技术

第一节 学生心理健康评估技术

一、学生心理健康评估方法及步骤

（一）学生心理健康评估方法

学生心理健康评估是采用心理学方法和一定操作程序对学生的心理健康状况进行评估的过程。以下是一些常见的学生心理健康评估方法：

1. 观察法

教师可以通过直接观察学生日常的行为、言语、情绪等方面的表现，尤其是前后表现的差异，来评估学生心理健康状况。观察法通常不依赖于学生的自我报告，而是通过客观的观察来获取信息，具有一定的客观性。但教师对学生表现的评估又有主观性，因此，观察法要求班主任具备一定的心理健康知识和技能，才能较为准确地解读和分析学生的心理健康状况。一般来说，观察法可以用于学生心理健康的早期发现和预警，是班主任作为"心理哨兵"必须掌握的一种方法。

2. 访谈法

访谈法是教师通过与学生进行面对面的交流来评估其心理健康状态的方法，它可分为结构式访谈和非结构式访谈。结构式访谈是一种按照事先设计好的问题和顺序进行访谈的方法，通常要求访谈者提前准备一份详细的访谈提纲。而非结构式访谈则是一种更加灵活和开放的访谈方法，访谈者没有固定的问题和顺序，而是根据学生的回答和情况进行追问和深入探讨。一般对学生心理健康状况的评估采用结构式访谈法，班主任在观察学生表现的基础上拟定一个访谈提纲，以进一步了解学生异常表现背后发生的事件和主观感受，为教师制订心理疏导方案提供支持。

访谈法的优点是可以获得学生的主观感受、经历和态度等方面的丰富信息，从而更全面地了解其心理状态。此外，教师可以根据学生的回答和表现进一步的提问，以深入了解其心理问题的根源和影响。但其缺点是可能受到学生的主观报告和表达能力的限制，以及教师的主观判断和偏见的影响。

3. 心理测验法

心理测验法是通过使用标准化的心理测验工具，对学生心理健康状况进行科学评估的方法，如人格测验、智力测验、心理健康评定量表等。心理健康测验工具是心理学专业工作者通过大量数据收集、分析和验证后编制的，具有科学性和准确性，一般由受过训练的心理咨询师、心理治疗师、精神科医师等专业工作者使用。班主任在经过培训后，可以借助心理健康测验工具准确了解学生心理问题的症状表现和严重程度，明确是否需要转介。但必须强调的是，任何心理健康测验都不能做疾病诊断，例如通过抑郁自评量表（SDS）测出某学生抑郁情绪严重，并不能表明该学生患了抑郁症。

4. 临床评估法

临床评估法是由有资质的精神科医师、临床心理咨询和治疗师，基于专业的标准和程序，在面对面交流的基础上，对学生是否存在心理问题或心理障碍做出评估的方法。在中国，心理障碍的医学诊断只有具备资质的精神科医师才可以出具。因此，对于可能存在心理障碍的学生，学校应该建议家长带领学生到精神卫生机构进行评估、诊断，以便及时得到专业医学治疗。

（二）班主任如何评估学生心理健康状况

1. 观察发现可能存在心理问题的学生

早期发现是班主任作为"心理哨兵"最重要的职责，班主任在日常学习和生活中可以通过以下几个方面来观察发现可能存在心理问题的学生：

行为变化：观察学生的行为是否有突然的变化，如突然变得沉默寡言、孤僻、易怒、情绪不稳定等。这些变化可能表明学生正在经历心理压力或困扰。

言语变化：注意学生的言论和表达方式，如上课与老师发生言语对抗、平时经常表达消极情绪、自卑、无望等。这些言论可能表明学生正在经历心理问题。

社交变化：观察学生的社交互动是否有变化，如突然变得孤僻、不愿意参加集体活动、与同学关系紧张等。这些变化可能表明学生正在经历心理问题，如社交焦虑、人际关系困扰等。

学习成绩变化：学生的学习成绩突然下降，或者对学习失去兴趣，可能是因为他们正在面临心理问题，如学习压力、焦虑、抑郁等。

身体状况变化：学生的身体状况突然变化，如失眠、食欲不振、头痛、肚子痛等，可能是因为他们正在经历心理问题，如焦虑、抑郁等。

除了班主任自己的观察，还可以在初中以上班级设置心理委员或安全委员，做好班主任的眼睛，为班主任提供同学的心理变化信息，弥补班主任观察的不足。

班级心理委员

班级心理委员是负责关注和支持班级同学心理健康的学生干部。他们需要由学校心理健康教师进行培训，具备一定的心理健康知识和技能，能够在日常学习生活中发现同学的异常表现，为需要的同学提供情感支持，并促进班级的心理健康氛围。

一、心理委员的要求

1.为人乐观开朗，心理健康状况良好。

2.人际关系良好，有广泛的群众基础。

3.善于与人沟通，具有较好的倾听共情能力。

4.热心班级心理工作，具有服务意识。

二、班级心理委员的主要职责

1.观察和报告：观察同学们的心理状态，包括情绪、行为和人际关系等方面的变化。如果发现有同学出现异常情况，及时向班主任或学校心理健康老师报告。

2. 提供支持和帮助：倾听同学们的问题和困扰，给予理解、鼓励和建议。可以引导同学们寻求专业心理咨询师的帮助。

3. 宣传心理健康知识：通过多种形式，如班级活动、宣传墙报海报等，向同学们宣传心理健康知识，提高他们的心理健康意识和自我保护能力。

4. 组织心理健康活动：协助班级组织各类心理健康教育活动，如心理讲座、心理拓展训练等，促进同学们的心理健康发展。

5. 维护班级心理环境：积极营造和谐、包容、支持的班级心理环境，鼓励同学之间相互关心、帮助和支持。

6. 保护同学隐私：在工作中严格遵守保密原则，尊重同学们的个人隐私。

7. 自我成长：不断提升自己的心理健康知识和技能，通过参加培训、阅读相关书籍等方式，提高自己的工作能力。

班级心理委员在学校心理健康教育中起到了重要的作用，他们是同学们身边的心理支持者，能够为同学们的心理健康提供及时的帮助和支持。

观察的时间也非常重要，学生的情绪行为每天都在动态变化着，遇到一件不开心的事，情绪变得低落实属正常。班主任不能因为学生一天两天的情绪变化而杯弓蛇影，一般需要观察记录至少1周以上，才能作为学生心理是否存在心理问题的依据。

班主任在观察学生时，应该保持敏感和关注，同时尊重学生的隐私。如果发现学生可能存在心理问题，需要与学生进行单独谈话，以了解他们的情况。

2. 访谈了解引发学生心理困扰的因素

在观察发现学生可能存在心理问题时，班主任应该及时与学生单独沟通，以了解引发学生心理困扰的内外因素，但这种沟通不同于平常的谈心，一般采用结构式访谈方法，在营造舒适安全的氛围下，班主任应该以倾听者的角色，仔细聆听学生的问题和困扰，并通过询问来深入了解学生的详细情况。首先，可以询问学生的家庭情况、学习状况、人际关系等方面的问题，以了解学生的生活背景和可能的压力源。其次，班主任应询问学生近一段时间的心理症状表现和持续时间，如情绪状态、行为表现、内心想法，以及睡眠饮食等身体状况，以初步估计学生心理问题的严重程度。有关班主任结构式访谈的技巧，在下一节详细论述。

3. 测验评估学生心理健康问题的严重程度

在访谈后，班主任对学生表现出来的心理症状有所了解，知道学生是焦虑，还是抑郁，或者强迫，等等，但班主任很难做到像心理咨询和治疗师一样，对学生心理健康问题的严重程度做出比较准确评估。此时，班主任可以借助一些科学的心理测验，如焦虑自评量表（SAS，见附录1）、抑郁自评量表（SDS，见附录2）、症状自评量表（SCL-90，见附录3）等，这些工具如同用体温计可以测出孩子是低热还是高热一样，可以帮助老师对学生心理问题症状表现和严重程度做出一个相对准确的评估，以决定是否需要转介。

4. 转介需要进一步评估和干预的学生

对于存在明显心理问题的学生，班主任应该及时转介给学校心理健康教师，由其进一步评估和干预，但转介之后仍需得到班主任的支持和配合，如心理疏导、持续心理支持、家长沟通、同学关系调和等，可以说班主任在解决学生现实困境方面更有优势。

二、学生心理健康评估访谈技术

（一）营造安全的访谈环境

在心理访谈中，学生只有感受到安全和舒适，才可能坦诚暴露自己，分享自己的困扰。因此，班主任应该选择一个相对私密的场所进行访谈，避免其他学生或教师的干扰，保护学生隐私。建议学校专门设置一个班主任访谈室。

（二）访谈引导语——"我"句式

"我"句式是访谈通用的引导语，它一般句式为：

我观察到……（事实），我感到……（感受），我希望……

例如：老师发现你最近上课注意力不集中，似乎心事重重，我很担心，是不是遇到一些烦心事了，我很想给你一些帮助，你能不能跟我说说。

这个句式表达了老师对学生的用心和关心。"用心"体现在我一直在观察你，你的变化我看见了。"关心"体现在我为你的状况感到担心，想给你一些帮助。

如果遇到阻抗，学生不愿意说，班主任可以采用以下几种句式跟进。

1. 共情式表达

也许你有些顾虑，而不愿意说，但老师很想帮助你，也愿意帮你保密。

2. 引导性提问

是不是家里发生一些事，让你不开心了？

是不是与同学发生矛盾了？

是不是最近学习压力大？

是老师批评你了吗？ ……

根据学生的反应做出判断，如迅速否定，或犹豫，可以大概判断学生可能遇到的是哪方面的事情。

3. 压力式表达

老师很想帮你，但只有你告诉老师，相信老师才能帮你。

如果学生仍然沉默，说明他／她还没有准备好，有顾虑，可能涉及家庭或老师本身，或者情感等隐私方面。此时，建议班主任要保持耐心，避免情绪化语言，可以用以下表达。

4. 等待式表达

你今天似乎还没有准备好跟老师说，那老师给你一点时间考虑，好吗？

接下来，班主任应该通过周围人了解该学生的一些信息，如班上的好朋友、家长等，在收集了比较明确的信息后，再约谈学生。

（三）访谈提问和追问

评估性访谈的目的是收集信息，班主任应该做好倾听，让学生说，自己少说，切忌劝导、教导、指责等。

为了获取详细的信息，班主任在访谈中需要采用一些开放式提问，以了解学生两方面的信息：

一方面是究竟发生了什么事引发了学生心理的反常变化。一般来说，引发学生心理困扰的事无非来自家庭冲突、学业压力、同学关系、师生冲突、情感纠葛几个方面，班主任可以就这些提问。

另一方面是这些事导致学生出现哪些心理及生理症状，如学生的情绪体验、内心感受、行为表现等心理症状，以及睡眠、饮食、头痛肚子痛等躯体症状。这些症状以及持续时间，是班主任对学生心理问题严重程度评估的依据。因此，班主任也应该通过提问了解这些症状。

追问是访谈中一种比较灵活的收集信息方法，通过追问班主任可以更多地了解某方面信息。比如，如当学生说到自己与同学发生冲突时，班主任可以追问冲突发生的具体情景；当学生说睡眠不好，可以进一步追问：

你每天能睡几个小时，这种情况持续多长时间了？

（四）访谈结束语

访谈结束后，班主任可以用如下通用的句式结束访谈：

谢谢你对老师的信任，跟我分享了你的这么多困扰，我们一起想办法来克服它，好吗？

（五）访谈记录和评估

在访谈中，班主任可以记录重点信息，以防遗漏或遗忘。此外，在访谈中，班主任也可适时对学生进行心理健康测验，以获得精准的测评（下一节论述）。

访谈结束后，班主任应及时根据访谈信息和心理测验反馈结果，对学生的心理健康状况进行评估，以明确是否需要转介。如果学生访谈信息中表达出明显的焦虑、抑郁、自伤甚至有自杀念头，对正常的学习生活产生显著影响，或者心理测验反馈结果建议转介，则建议班主任把学生转介给心理健康教师。如果无须转介，则班主任应定期给予学生心理疏导和帮助，直到学生恢复正常。

班主任学生心理健康评估访谈实例

班主任：最近一周，老师发现你上课心不在焉，情绪似乎很低落。我很担心，是不是发生什么事了，你能跟老师说说吗？

学生：老师，没事。

班主任：但老师看到你与原来不一样，很想帮帮你，你是不是有所顾虑而不愿意说。

学生：哎，说了也没有用。

班主任：也许我不能给你提供实质性的帮助，但老师可以与你一起想想办法啊。

学生：老师，我不想上学了。

班主任：哦，老师听了很意外，一定是发生什么事了，才让你有这个想法，你跟我说说，也许老师能给你出出主意呢。

学生：我爸在外打工，摔伤了，不能挣钱了，我想出去打工，供妹妹上学。

班主任：你挺懂事的，你爸爸情况怎么样？

学生：听我妈妈说，爸爸在建筑工地从楼上摔下来，腰摔断了，恢复后也不能干重活，我家里条件不好，还有妹妹要读书，我只能去打工赚钱。

班主任：听到这个消息，我也挺难过的，很心疼你，你跟家里人商量过吗？

学生：我跟爷爷和妈妈说过。

班主任：那他们的意见呢？

学生：我爷爷没有说话，妈妈不让我去打工，让我好好读书，他们赚少点，节省点，也会供我们读书。

班主任：那你自己的想法呢？

学生：（沉默……）我也不知道怎么办，妈妈身体不是很好，现在爸爸不能干活了，我是家里唯一的男子，能怎么办呢？哎。

班主任：你很有责任感，心里也有些纠结。一方面想出去打工，为家里承担责任；另一方面，你似乎也并不想放弃学业，是吗？

学生：嗯。

班主任：老师看你最近总是心事重重的样子，是为这件事焦虑吗？

学生：是的，我实在静不下心来，整天想着这个事。

班主任：你最近是不是睡也睡不好，吃也吃不好？

学生：是的，每天要很晚才能睡，总是想着这个事，想也想不清楚，直到累了才睡着。

班主任：老师真的很欣慰你有责任感，现在你家里确实遇到困难了，但要相信老师和学校，我们一起去解决这个问题，好吗？

学生：好的，老师，谢谢您！

班主任：老师也很感谢你对我说这些。另外，在问题没有解决前，你再焦虑也无济于事，你不如先静下心来，好好学习，好吗？老师会帮你想办法的。

……

三、学生心理健康评估测验技术

（一）常用的学生心理健康评定量表

在心理测量学中，一般把心理健康测验称为心理健康评定量表，这类量表主要基于心理问题的症状表现而设计，它们类似于体温计、血压仪，可以量化评估心理问题的严重程度，为临床心理工作者提供较为准确的评估依据。

心理健康评定量表可以分为两类：一类是自评量表，即由学生自己根据自身症状表现来填写，这类量表的准确性依赖学生的回答是否真实；另一类是他评量表，即由家长、教师或临床心理工作者等他人根据对学生的观察或访谈进行量化评估，这类量表具有一定的主观性。

严格地说，心理健康评定量表要求使用者具备所使用量表内容相关的专业知识，并接受专业培训。对班主任而言只需要掌握少量与学生心理问题相关的量表，作为辅助性工具即可。以下介绍三个常用的心理健康评定量表。

1. **焦虑自评量表（SAS）**

焦虑是学生心理问题最常见的症状表现之一，通过焦虑自评量表，班主任可以较为准确地评估学生的焦虑水平。该量表包含了 20 项与焦虑症状表现相关的条目，由学生根据自己最近一周的实际情况勾选，然后通过得分确定该学生焦虑的轻重程度。焦虑自评量表只适合初中及以上学生填写，不适合小学生填写。

2. **抑郁自评量表（SDS）**

抑郁也是学生心理问题最常见的症状表现之一。抑郁自评量表包含了 20 项抑郁症状表现的条目，同样由学生根据自己最近一周的实际情况勾选，然后班主任通过得分可以确定该学生抑郁的轻重程度。抑郁自评量表也只适合初中及以上学生填写，不适合小学生填写。

3. **症状自评量表（SCL-90）**

该量表是一种综合性的学生心理健康评定工具，它评估的症状范围广泛，包括以下 10 个方面的症状：

（1）躯体化：主要反映身体不适感，包括心血管、胃肠道、呼吸和其他系统的不适，和头痛、背痛、肌肉酸痛，以及焦虑等躯体不适表现。

（2）强迫症状：主要指那些明知没有必要，但又无法摆脱的无意义的思想、冲动和行为，还有一些比较一般的认知障碍的行为征象也在这一因子中反映。

（3）人际关系敏感：主要是指某些人际关系中的不自在与自卑感，特别是与其他人相比较时更加突出。在人际交往中的自卑感、心神不安、明显的不自在，以及人际交流中的不良自我暗示、消极的期待等是这方面症状的典型原因。

（4）抑郁：苦闷的情感与心境为代表性症状，还以生活兴趣的减退、动力缺乏、活力丧失等为特征。表现出失望、悲观以及与抑郁相联系的认知和躯体方面的感受，还包括有关死亡的思想和自杀观念。

（5）焦虑：一般指那些烦躁、坐立不安、神经过敏、紧张以及由此产生的躯体征象，如震颤等。

（6）敌对：主要表现在思想、感情及行为三方面。其项目包括厌烦的感觉、摔物、争论直到不可控制的脾气暴发等各方面。

（7）恐怖：恐惧的对象包括出门旅行、空旷场地、人群或公共场所和交通工具。此外，还有社交恐怖。

（8）偏执：主要指投射性思维、敌对、猜疑、妄想、被动体验和夸大等。

（9）精神病性：反映各式各样的急性症状和行为，即限定不严的精神病性过程的症状表现。

（10）其他项目：主要反映睡眠及饮食不良。

症状自评量表包含了90道题目，由学生根据自己最近一周的实际情况勾选，然后班主任通过得分可以确定该学生心理健康整体状况以及以上10个方面症状的轻重程度。症状自评量表小学生不适用。

（二）班主任如何使用心理健康评定量表

1. 使用前：建立信任关系

学生对老师的信任建立在老师对他/她关心和尊重的基础上，班主任提出测评要求前，应该从关心学生和尊重学生意愿的角度告知学生为什么要做测验，例如：

在与你沟通中，我感觉你有些焦虑，但老师并不能确定你的焦虑程度。我将借助一个心理测评工具，帮助你了解自己的焦虑水平，也好让老师能更好帮助你，测试的结果我会为你保密，不知你是否愿意？

2. 使用中：严格按照指导语作答

每个心理健康评定量表都有对应的指导语，班主任在征得学生同意后，读一遍量表的指导语。例如焦虑自评量表（SAS）指导语如下：

请仔细地阅读每一条，然后根据最近一周以内下述情况影响你的实际情况或使你感到苦恼的程度，在 4 个选项内选择最合适的一项，打一个钩，如"√"。请不要漏掉问题。①很少 = 没有或很少时间；②有时 = 少部分时间；③经常 = 相当多时间；④持续 = 绝大部分或全部时间。

读完后，然后让学生自己安静作答，直到答完，如果学生有不明白的，可以做出解释。

3. 使用后：谨慎反馈评估结果

测试反馈结果后，班主任对结果的解释应该遵循慎重原则。第一，不做疾病诊断。任何心理测验结果都不能直接做出疾病诊断，心理测验通常用于评估个体的心理特征、行为模式、情绪状态等方面，但它们并不能确定一个人是否患有具体的心理疾病。就像某学生焦虑自评量表得分高，只能说明该学生焦虑情绪明显，但并非焦虑症。第二，基于测试结果。班主任应该告知学生反馈的结果是基于本次测评而言，每个人的情绪都会随时间和事件而变化，它只是反映了你最近一段时间的情绪状态，不要给自己贴标签，也不要有心理负担。第三，建议与转介。根据量表自动反馈的结果，班主任可以为学生提供一些建议，对于需要转介给学校心理健康老师，班主任应该真诚而平和地表达：

从测试结果来看，你焦虑情绪明显，为了更快改善自己的情绪，我们一起向学校心理老师寻求更专业的帮助和指导，你看可否？

如果班主任评估学生可能存在自杀等危机风险，应该突破保密原则，告知学校和家长，协同开展危机干预。

第二节　班主任沟通与情绪疏导技术

一、师生沟通技术

　　班主任在日常工作中最常见也是最重要的任务是与不同的学生沟通，处理各类问题，班主任是否能够与学生之间开展有效的沟通，对于学生的个人发展、学业成就和心理健康至关重要。在学生管理工作实践中，班主任在与学生沟通的过程中，比较重视问题的解决，往往会就事论事，遇到学生学习态度不好、违反学校纪律、同学间矛盾冲突等问题，会直接做出评价，当面给予批评指正。这样的沟通方式常常不能让学生心服口服，即使嘴上认错，心里还有很多想法，时间一长可能又会重复出现同样的问题。为了帮助班主任提升师生间有效沟通的能力，我们综合梳理了心理咨询各流派的沟通技术，包括传统心理咨询技术、NLP神经语言学咨询技术、后现代心理咨询技术（短期焦点、合作对话、叙事疗法）等，从中选择提炼出与班主任师生交流场景比较相符的且实用有效的沟通技术，并给予技术说明和应用方法指导，同时提供学校应用场景的示例，供班主任在实际工作中参考、应用。

（一）无条件积极关注

　　无条件积极关注是心理学家卡尔·罗杰斯在人本主义心理治疗中提出的概念，指的是在与他人的互动中展现出来的全面接纳和支持态度，不论对方的行为、感受或想法如何。无条件积极关注不是一种简单的谈话技术，而是基于以人为本的信念采取的对他人的接纳和包容的态度，这种信念和态度应该体现在所有班主任在与学生沟通的过程中。班主任对学生的无条件积极关注不是赞同学生所有的想法和行为，而是理解学生的这些想法和行为必有其合理的心理变化过程，应予以接纳，同时关注学生认知和行为上的积极因素，不轻易地评价或批评他们。要做到无条件积极关注，班主任可以尝试以下几个沟通模式和沟通技术：

1. 接受学生的多样

理解每个学生都是独特的，他们的观点、喜好、情感和行为是多元化的，即使学生的表现不符合老师或家长的期望，班主任也应保持接纳态度。

※ 示例

学生：我不想参加任何课外活动，我更喜欢独自阅读。

班主任：我理解你有自己的兴趣和喜好。阅读是一种很好的学习和放松方式，你最近读了哪些有趣的书？

2. 积极肯定学生

很多老师心里总是想着学生不足的地方，批改试卷也聚焦在错误之处，容易忽略学生的优势和进步，因此在教学中容易批评学生。班主任要尝试既看到学生不足，又能积极地看待学生的行为和成就，即使是小的进步或尝试，也要给予肯定和鼓励。

※ 示例

学生：我已努力尝试去解这道数学题，但我还是不太懂。

班主任：我很高兴你能够主动尝试去解数学题，这种学习态度值得表扬，现在我们一起来看看哪一部分对你来说是难点，然后一步步攻克它。

3. 保持耐心和理解

即使学生的语言或行为挑战了班主任的耐心，班主任也应该保持平静和理解的态度。

※ 示例

学生：我不能按时交作业，我来不及做。

班主任：现在的作业确实比较多，你来不及做，我理解你一定是有自己的理由，问题会不会出在时间管理方面或者做作业的效率方面，今天我们讨论一下，看看如何帮助你解决这个问题。

4. 避免条件性评价

班主任在评价学生时，避免使用使学生感到只有在满足某些条件时才被接受的言语。如班主任要避免只关注成绩，让学生错误地感觉只有成绩好的学生才是好学生，学习再努力考不好等于白搭。

※ 示例

学生：我这次考试又考砸了，成绩不好。

班主任：成绩并不是衡量你价值的全部。我们关心的是你的成长和学习，而不仅仅是分数。我看到了你一直在努力……

5. 展现真诚和一致性

班主任的言行一致，真诚地表达自己的想法和感受，同时也尊重学生的表达。

※ 示例

学生：我感觉自己在班上很不受同学欢迎，感到被排斥。

班主任：很感谢你告诉我你的感受，这需要很大的勇气。在我眼中你是一个很棒的学生，至于为什么你会觉得同学们不欢迎你，我们一起分析一下原因吧。

（二）倾听技术

倾听是一种基本的沟通技能，是心理咨询中的一项关键技术，对于班主任开展师生沟通也至关重要。倾听技术不仅仅是指用耳听对方讲话的内容，除了听明白对方讲的话，更重要的是鼓励对方继续说出事情的来龙去脉、宣泄压抑的情绪、充分表达自己的感受和想法。因此，倾听过程中也需要适时地说话或做些小的动作，来回应和鼓励对方进行表达。

倾听技术主要分为两类：一类是主动倾听，就是指班主任全神贯注地聆听学生的话语，不仅仅是听他们说了什么，还要注意他们怎么说的（如说话的语气、语速、语调），以及他们没有准确表达出来的信息（如情绪、感受、想法等）。第二类是反应性倾听，即班主任通过复述或总结学生的话来表明自己在认真听，给予学生尊重感，并确保自己正确理解了他们表达的意思。

1. 主动倾听技术的要点是全神贯注，认真听学生表达

班主任应该专注于学生，放下手中其他的事情，与学生保持眼神接触

（温和地看着学生），使用简单的语言（如"嗯""明白""理解"等词语）给予回复，鼓励学生继续表达，或者用非语言行为（如：点头）给予回应，暗示学生继续说下去。

※ **示例**

学生：（有些紧张，用低低的声音说）今天上学迟到这么长时间是因为我遇到了突发的事情，这事儿得从头说起。

班主任：（放下手中正在写的学生手册，关心地看着低着脑袋的学生，感受到了他说话时的紧张，知道学生遇到了一些问题想要更多表达，于是点头说）嗯，好的。

2. 反应性倾听技术的要点是把听到的内容提炼后重新描述

在主动倾听的基础上，把前面听到的内容经过提炼总结后用自己的语言简洁地向学生重新描述一下。

※ **示例**

学生：（喃喃地低声说）我今天早上起床晚了，没听到闹钟响，被妈妈叫起来，匆忙吃了早饭，就骑车出门了。车骑得很快，有个老爷爷突然穿马路过来，我急忙刹车，控制不住摔倒了，还好没有撞上老爷爷，但是裤子撕破了个大口子，自行车胎也扭弯了，我只能扛着自行车回家换衣服。

班主任：噢，你因为早上起晚了着急骑车出门，遇到老爷爷穿马路没有刹住车，自己摔倒了，车子坏了，衣服也破了，不得不回家换，对吗？

学生：（不住地点头）是的，是的。

运用好倾听技术能够帮助班主任对学生的了解，同时也向学生准确传递了老师对他们的关心和尊重，学生会因感到安全更愿意表达。在讲述中释放压抑的自己情绪，有助于良好师生关系的建立，为后续开展有效的师生沟通打好基础。

（三）共情、共感技术

共情和共感在心理咨询技术中是两个相近但有本质区别的概念。它们都是关于对他人情感的回应，但它们的焦点和所采取的态度有所不同。共情和共感技术的主要差别在于，共情技术更强调客观理性地理解和反映他人的内心体验，而共感技术则包含了对他人情境的情感共鸣和同情。

1. 共情技术

共情技术是指在保持自我与对方情感界限的同时，理解和感受他人的情绪、思想和经验。对班主任而言，共情是在沟通中对学生内心世界的理解和认同，交流过程中班主任虽然有情感的表达，但仍然保持客观和理性的状态。

※ 示例

一个学生对班主任说他感到压力很大，因为他的父母期望他取得优异的成绩，但是他觉得自己达不到父母的要求。班主任在共情的情况下会说：

你感觉到了很多来自家庭的压力，并且担心不能达到他们的期望，因为这些目标对你来说很困难。

2. 共感技术

共感技术是对他人的不幸或痛苦的一种情感反应，它涉及对他人所经历的痛苦的同情和关心。在心理咨询过程中，共感通常意味着咨询师在情感上与来访者产生共鸣，可能伴随着对来访者情况的惋惜或者想要提供帮助的冲动。班主任在与学生沟通时应用共感技术，可能会从内心里油然而生地对学生遭遇的困境产生同情和关爱之情，班主任这种感同身受般的情感共鸣会在与学生的沟通中真实而自然地流露出来，仿佛是自己遭遇了同样的困境一般，学生能够深切地感受到班主任对自己的情感共鸣和关爱之心。

※ 示例

学生：老师我不能再上学了，爸妈离婚，我和妹妹跟着爸爸生活，爸爸到城里找工作去了，已经去了很久。爸爸说到现在还没找到合适工作，家里没钱了付不起学费，我想去打工赚钱，我还要照顾在家的妹妹。

班主任：我知道你们家里非常困难，你一边上学还要照顾妹妹，非常不容易，今天听到你说不能再上学，老师很心痛呀！你不要着急，老师会陪着你一起想办法解决燃眉之急，相信政府一定会帮助你们的。

班主任可以根据自己的实际情况选择使用共情技术或共感技术，由于班主任对学生是无微不至地关心照顾，对于学生而言班主任如同学校里的父母一般，或多或少对班主任都有情感上的依赖感，尤其低年龄的小学生。班主任与学生的沟通不是心理咨询的过程，共感技术的运用导致师生间产生情感上的共鸣，对班主任和学生来说并无坏处，是一个能够为学生提供安全感和心理赋能的重要方法。

（四）封闭式提问技术

封闭式提问要求，问题的答案通常是"是"或"否"，或者在可选的范围内选择一个或多个答案。类似考试试卷中的单选题或多选题。

1. 应用场景

在班主任与学生沟通中，封闭式提问技术可以用于澄清事实、确认理解或引导学生快速做出决定。应用封闭式提问技术的好处是提问比较精准，答案比较固定，其缺点是可能会限制了学生思考和表达的广度和深度。封闭式提问技术可广泛地应用于各种场景，如：

（1）确认出勤情况

班主任：你今天上数学课了吗？

学生：是的。

（2）检查作业完成情况

班主任：你完成昨天的英语作业了吗？

学生：没有。

（3）了解学生的特定需求

班主任：你需要额外的帮助来准备即将到来的考试吗？

学生：不需要了。

（4）确认学生对规则的理解

班主任：你知道校规禁止在上课的时候吃东西吗？

学生：我知道。

（5）快速决策

班主任：你参加下周学校运动会的 4×100 米接力跑比赛吗？

学生：参加。

（6）评估学生的情绪状态

班主任：你今天感觉情绪状态好一点儿了吗？

学生：没有。

2. 注意事项

封闭式提问技术在某些情境下非常有用，比如当时间有限或需要快速获取或确认信息时。使用封闭式提问技术时需要注意的事项：

封闭式提问技术应与开放式提问技术结合使用，以免对话变得过于单调和限制性。

尽量不要使用那些可能引导或暗示学生给出特定答案的封闭式问题。如你是不是觉得下课调皮捣蛋是件光荣的事呀？

在得到封闭式回答后，班主任可以跟进一个开放式问题来进一步探讨学生的想法和感受。如你这次没有按时交作业，接下来会怎么做呢？

（五）开放式提问技术

开放式提问技术与封闭式提问技术不同，开放式问题是一种不能用简单的是或否，或者在规定选项中选取答案来回答的问题，开放式提问技术常常用于鼓励被提问者进行更深入的思考和表达。班主任在与学生沟通时运用开放式提问技术可以激发学生的思考，有助于了解学生的想法、感受和动机，促进双方的深入交流。我们可以在如下的实际应用中，感受到开放式提问技术与封闭式提问技术的差异。

1. 鼓励学生描述自己的想法、感受或经历

封闭式提问：你今天觉得开心吗？

开放式提问：你今天过得怎么样？有什么特别的事情发生吗？

2. 探究原因：鼓励学生探讨事物背后的原因和动机

封闭式提问：你喜欢这个项目吗？

开放式提问：你对这个项目有什么看法或建议？

3. 促进自我反思：鼓励学生对自己的行为或选择进行反思

封闭式提问：你完成作业了吗？

开放式提问：你在完成作业时遇到了哪些挑战？你是如何解决的？

4. 探索可能性：鼓励学生思考未来的可能性和解决问题的方案

封闭式提问：你会选择数学课外辅导吗？

开放式提问：你认为哪种方式可以帮助你提高数学成绩？为什么？

5. 新老知识建立联系：鼓励学生建立不同概念、事件或感受之间的联系

封闭式提问：你今天学到了新知识吗？

开放式提问：你今天学到的哪些知识和你之前的经验相关联？

6. 强化情感交流：鼓励学生表达并分享他们的情感和心理状态

封闭式提问：你和你的朋友吵架了吗？

开放式提问：你能描述一下你和朋友之间发生了什么事情吗？这件事情对你有什么影响？

由上述对比可见，通过运用开放式提问技术，班主任不仅能够引导学生的思维、提高表达能力，还能培养学生批判性思维和自我反思的能力。与封闭式提问技术相比较，在师生沟通中运用开放式提问技术有助于建立一种更平等、自由、积极的师生对话环境。

（六）澄清技术

澄清是心理咨询中一种重要的技术，它们有助于提高咨询过程中各种信息的清晰度。班主任采用这种沟通技术与学生交流，能够帮助学生更好地理解自己的想法和感受，帮助学生理清思路，更清晰准确地表达自己想要表达的内容。

1. 应用方法

班主任用自己的语言重新概括描述一下学生讲的内容，帮助他们理解自己所表达的想法和感受。

如果学生的话语内容含糊不清或存在自相矛盾的地方，班主任可以用封闭式问题或开放式问题直接进行提问，请学生继续深入详细地描述。

在全面理解了学生的想法和需求之后，班主任再将这些信息回馈给学生并要求他们确认这是不是他们想表达的内容。

2.应用示例

学生：我对即将到来的数学考试感到害怕，怕考不好。

班主任：你提到自己担心接下来的数学考试考不好，那是因为你担心某个部分的知识没掌握？还是对考试本身特别焦虑？或其他的原因？

学生：我认真复习了，也做了考试模拟的卷子，基本上都做对了，但就是怕数学考试。因为上次数学摸底考试，不知为什么，我看到考卷就感觉头脑空白，差点儿不及格，被数学老师批评了。

班主任：我听下来，你其实都认真复习了，只是因为上学期发生过的考试失误导致你现在特别担心，害怕自己在这次考试时会过于紧张而考不好，对吗？

学生：是的！

（七）具体化技术

具体化是心理咨询中的一个常用技术，运用具体化沟通技术可以帮助班主任引导学生从抽象的描述中转向具体的情境、行为和感受，班主任可以帮助学生从模糊的描述中理清头绪，更清楚地理解自己的问题表达需求。这样的沟通方式不仅有助于班主任更有效地了解和帮助学生，还能教会学生如何具体地思考问题和解决问题，班主任运用具体化技术的步骤和方法如下：

1.描述细节与具体场景

班主任引导和鼓励学生描述他们遇到问题的具体场景，包括具体时间、地点、人物、学习内容或发生的行为细节。

※ 示例

学生：这次数学测验不及格，是因为我觉得几何很难，我学不会。

班主任：请你举一个具体的例子，说明一下在学习几何时，哪一部分内容你遇到了困难，感觉学不会，好吗？

学生：我在求多边形面积的时候，不知道怎么添加辅助线，做题总是出错，数学老师讲解了，我还是没理解，所以我觉得几何很难学。

2. 了解学生在特定情境下的内心感受和他们做出的具体反应

※ 示例

学生：我讨厌小组讨论，我不想发言。

班主任：能说说你们小组讨论时的具体情况吗？小组的同学们在干什么？你在干什么？你的感受是什么？

学生：同学们都抢着大声说话还经常争论，我连说话的机会都没有，我感觉自己被忽视了，所以我讨厌小组讨论，就不愿意发言。

3. 探讨具体的行为和后果，要求学生描述他们的行为以及造成的结果

※ 示例

学生：（气鼓鼓地说）是小明先在后面推我，我生气了，才打他的。

班主任：你具体说说中午休息期间班级里到底发生了什么事情？

学生：中午休息的时候，很多同学在教室里说话，我觉得有点儿累，趴在桌上睡觉。小明叫了我两次，我没理他。他就在背后用力推我的凳子，我差点儿掉到地上。于是我很生气，站起来用拳头打了他的胸口。他好烦！

班主任：我明白了，我会找小明谈。不过你还记得上次有同学在课堂上打人，后来是怎么处理的吗？

学生：记得，被罚了，站在教室后面听课，我不愿意被罚站。

4. 鼓励学生描述具体的思考过程，理解他们的困惑，引导他们做合理决策

※ 示例

学生：老师，我不知道该不该参加学校的排球队。

班主任：你可以告诉我你在选择参不参加运动队时，是怎么想的吗？

学生：我自己挺喜欢排球的，而且体育老师说我基础不错而且个子高有优势，但是爸妈反对，说会影响学习。数学老师听说了也表示反对，所以我很犹豫。

班主任：你了解过排球队是什么时候训练的吗？在多大程度上会占用你的学习时间呢？被占用的时间你能通过时间管理弥补回来吗？

学生：我不知道，我去问问体育老师，看看其他排球队员是怎么安排时间的。

5. 与学生一起设定清晰具体的目标，并探讨他们对未来的具体期望

※ 示例

学生：虽然这次考试成绩不理想，我会努力提高我的英语成绩的。

班主任：非常好！老师特别喜欢你这种积极的学习态度。你希望在期末考试时，你的英语成绩达到什么分数水平？为了达到这个目标，你打算采取哪些具体的学习策略？

（八）复述技术

复述是一种基础的心理咨询技术，即用自己的话简明扼要地重复叙述一下学生所表达的内容。这样做不仅可以向学生表明班主任正在积极倾听，还可以澄清学生的想法，确保双方的理解一致，并鼓励学生继续分享更多有用的信息。

1. 应用方法

班主任通过复述来确保自己正确理解了学生的意思，并给学生机会纠正任何沟通中的误解。

※ 示例

学生：我觉得这门课程太无聊了，我根本学不进去。

班主任：你觉得课程内容不吸引你，导致学习起来很困难，对吗？

学生：这课学起来倒不困难，就是没意思，我静不下心去看书。

通过复述学生的话，班主任表达对学生感受的关注和理解。

※ 示例

学生：我今天考试没考好，真的感觉很丧。

班主任：看来你今天的考试发挥失常了，让你很不开心。

学生：是呀！在交卷前再检查一遍就好了，后悔。

当学生表达强烈情绪时，班主任通过复述可以帮助学生感受到自己的情绪被接纳，从而释放压抑的负面情绪。

※ 示例

学生：我真的很生气，因为感觉老师总是挑我的刺。

班主任：你现在感到非常愤怒，因为你觉得老师对你有些不公平。

2. 注意事项

避免机械复述：复述不是简单地重复学生说的话，而是要消化理解后表达出来，以显示理解和同理心。

不作评判：复述时的态度应该是非评判性的，主要是显示出对学生感受的关注和理解。

使用时机恰当：适时使用复述技术，不要频繁打断学生，应在他们完成一个想法或情感表达后进行。

鼓励对话探讨：复述后应鼓励学生继续谈论他们的想法或情感，而不是结束沟通，班主任可以使用开放式问题开启下一个对话的内容。

（九）鼓励探索技术

班主任在与学生沟通时，通过运用鼓励探索技术，可以帮助学生打开思路，探寻问题的根源，以及更多可能的解决方案。班主任在沟通中采用鼓励探索技术，能够促进学生自主思考，提高自我洞察力，增强学生解决问题的能力。运用鼓励探索技术的方法：

1. 保持好奇心，与学生共同探寻问题的根源，不主观判断

※ 示例

学生：我觉得最近学习没有动力，我不想上学。

班主任：你一直是个学习成绩优秀的学生。还有半年要高考了，我很好奇发生了什么事情让你失去学习动力，而且厌学了呢？

学生：我觉得太累了，做作业注意力难以集中，晚上还睡不着觉，感觉自己高考考不过别人。

班主任：你觉得太累，是因为作息时间不合理，学习进度跟不上，还是习题作业太多完不成，还是有其他原因呢？

学生：我觉得是心累吧。爸妈每天给我做各种菜说要补营养，总是唠叨，希望我考上好大学。我听得好烦呀！我也想考清北，这么多学生相互竞争，努力就一定可以考上吗？而且我觉得自己已经拼尽全力学习了，如果考不上

好学校，我该怎么办呀！

2.鼓励学生深入思考自己的情感和行为模式

※ 示例

学生：我总是在考试的时候犯一些平时不犯的错误。

班主任：你能回想一下上次考试时的情况吗？你当时是怎么准备的，有没有注意到哪些情绪或想法可能影响了你的发挥？

学生：我一遇到考试就会很紧张，拿到试卷就想着快点儿做题，我字写得慢，总是要到差不多考试结束时才做完卷子，来不及检查。可能太紧张。答题时数字都会写错。

班主任：如果考试不紧张，还会答题时间不够，来不及检查吗？

学生：如果不紧张，应该来得及检查。因为我在考试时，总是喜欢翻着看后面的题目，如果感觉不太会做，就更紧张了。这样挺耽误时间的。

3.鼓励学生设定实现目标的具体步骤和行动计划

※ 示例

学生：我一直不喜欢运动，最怕跑800米了。

班主任：体育成绩很重要，你认为可以采取哪些具体措施来提高你800米跑的成绩？我们能一起制订一个详细的训练计划吗？

学生：好的，我回去想想，制订一个训练计划。老师，我能不能请小丽陪我一起跑呀，两个人跑我可能会坚持下来。

（十）对质技术

在心理咨询中，对质（Confrontation）是一种咨询师用来帮助来访者认识到自己行为和思想之间不一致的沟通技术。这种技术的优点是直接击中对方的自相矛盾之处，促使对方不得不进行反思改变。但需要谨慎使用，使用不当可能会让对方感到被攻击或进入自我防御，不愿继续沟通。班主任在与学生沟通时可以运用这种技术，但是必须在建立了彼此信任的关系之上。不能沟通一开始就采用对质技术，在使用对质技术时也要以温和的语气语调、支持性的词语和富有同情心的态度进行。

1. 应用方法

观察和反馈学生言行中的不一致性。班主任可以指出学生言行之间的矛盾，促使学生进行自我反思。

※ **示例**

学生：我上课都在认真听老师讲，没有开小差。

班主任：（微笑着说）老师也希望你能认真听讲。不过为什么上课的时候你把废纸塞到前排同学的脖子里呢？

学生：我？？！！

温和地挑战学生的信念和假设，班主任可以引导学生质疑自己的某些不合理归因，打破他们的思维局限。

※ **示例**

学生：我在数学上没救了，老爸骂我是笨蛋，我认了。

班主任：你也觉得自己很笨吗？但是我知道你在其他学科上表现都很好呢！这是否意味着你有能力学好数学，只是还没找到合适的方法？

鼓励学生打破固有习惯，进行新的自我探索。

※ **示例**

学生：我得了拖延症，总是熬夜写作业，早上起不来，所以经常上课迟到。

班主任：晚上熬夜影响了你的睡眠和第二天的状态，也影响你的健康，可能还影响到你长个子，这样的习惯对你来说有什么意义？是不是该治一治拖延症了？

学生：啊？这还影响长个子呀！好吧，老师您帮我治治拖延症吧，我改。

在提出疑问时，班主任应表现出对学生的理解，给予引导，而不是批评指责。

※ **示例**

学生：我不喜欢集体班会活动，我宁愿独自写作业。

班主任：我看到你和同学们相处时很开心，也很受欢迎。你现在说不喜欢集体班会活动，这让我很好奇，发生了情况让你产生不喜欢的感觉？

2. 注意事项

先建立师生关系：在使用对质技术之前，班主任应当确保与学生之间有良好的沟通基础。

非言语交流：在使用对质技术时，班主任的肢体语言和措辞非常重要，态度应该是开放和友好的，而不是具有攻击性的。

避免过度对质：使用对质技术时，需要避免问题过于尖锐深刻，这可能导致学生感到无力应对，从而产生反感和抵触，沟通反而无效。

强调学生自主：使用对质技术的目的是促进学生自我认知和自主性改善，而不是强制他们接受班主任的观点。

（十一）量化询问技术

量化询问是一种将抽象的感受、经历和问题等概念转化为可以量化的数据的心理咨询技术。通过询问具体的频率、程度或数量，班主任可以帮助学生更清晰地了解自己的情况，并做出相应的评估和决策。这种技术有助于理清问题的严重程度和影响范围。量化询问技术的使用方法：

1. 询问频率

用于询问学生某种行为或感受出现的频率，帮助学生认识到问题的规律性和频繁程度。

※ 示例

学生：我总是觉得很焦虑。

班主任：你能说说一周大约有几天你会感到焦虑吗？通常这种焦虑感觉会持续多长时间？

2. 评估强度

询问学生感受的强度，帮助学生更加准确地描述其内心体验。

※ 示例

学生：我对即将到来的考试很害怕。

班主任：如果用 1 到 10 来评估你的害怕程度，1 表示不害怕，10 表示非常害怕，你现在会给自己的感受打多少分？

学生：我打 8 分。

班主任：噢，看来你对考试的害怕程度的确挺高的，这会严重影响你在考试中的发挥。我们现在一起讨论一下有什么方法可以帮助你把这种害怕程度降低一些。

3. 测量持续时间

询问某个情况或心情持续的时间，以便更好地了解问题。

※ 示例

学生：我在家里做作业时很难集中注意力。

班主任：你在学校做作业能集中注意力多长时间？在家做作业时，你每次开始做作业之后多久会感到自己开始分心？

学生：大概半个小时左右。

班主任：半小时左右家里有什么情况会影响到你做作业吗？

学生：奶奶会叫我洗手，给我吃东西，吃东西的时候我还能看手机。

班主任：那么可否在你回家的时候就洗手、吃东西？吃东西时不看手机，吃完就做作业。这样你在家里做作业是否可以集中注意力 1 小时以上了？

4. 评估改变

询问自上次沟通以来情况是否有所改变以及改变的程度，帮助学生自我觉察，班主任可以借此观察师生沟通的效果。

※ 示例

学生：之前表示自己在课堂上不愿意举手发言，发言的时候特别紧张。

班主任：自从我们上次谈话以来，你在课堂上发言的次数有增加吗？可以具体说说每天大概有几次吗？

学生：我每天在课堂上都会举手 2—3 次，任课老师还表扬了我。

班主任：那么举手发言还紧张吗？上次你给自己紧张水平打了 7 分（最紧张为 10 分），现在你发言时候的紧张水平能打几分呀？

学生：现在好多了，紧张水平打 3 分吧。

（十二）奇迹询问技术

奇迹询问是一种非常有效的心理咨询技术，咨询师常常用于帮助来访者想象在克服了当前问题或困难的情况下，他们的生活会是什么样子。这种技术鼓励来访者描述一个自己向往的理想未来，并探索实现那个理想未来自己所需做出努力的具体步骤，思考现有什么资源可以充分利用起来支持目标的实现。

现实中，不少学生会因为学习中的某些困难而停止努力，丧失信心。班主任可以通过运用奇迹询问的技术来激发学生的想象力，帮助他们设定理想目标，并能启发引导他们设计可行的行动步骤去克服困难，用理想目标激发学生努力前进的精神动力。奇迹询问技术的运用方法如下：

1. 构建奇迹情景

引导学生想象如果一夜之间发生了奇迹，他们遇到的所有问题都被解决了，第二天他们会有什么不同。

※ 示例

学生：开班会时，我非常害怕站到讲台前发言，担心同学们嘲笑我。因为过度紧张，会记不起自己的演讲词，忘了演讲词又让我更紧张了，真是好尴尬呀！

班主任：假设今晚当你睡觉时发生了一个奇迹，你的这种紧张害怕不再存在，你明天上学会有哪些不同？你会做些什么？

学生：如果不害怕了该多好呀！对于班级工作我有很多想法，我想我会站在讲台前自信地告诉同学们我的思考和方案，他们会为我鼓掌的。

班主任：我看到书中写到，美国第一任总统林肯也非常害怕上讲台，也会忘记演讲词，他用一个方法降低了自己的紧张感。他在上台时，总是手中握着一支他最喜爱的钢笔，林肯说手握钢笔自己就会感到更多的自信，这支钢笔帮助他顺利完成了总统演讲。这个故事对你有什么启发吗？

学生：真的吗？我有一支最喜欢的水笔，下次班会我也握着，祈求这支神奇的笔也带给我自信。有救啦，哈哈，谢谢老师！

2. 详细描述变化

班主任可以运用奇迹询问技术鼓励学生详细描述奇迹发生后的变化，包括他们的感受、行为以及他人的反应，激发他们自我改变的愿望。

※ **示例**

学生：我学习成绩不好，在同学面前总会有自卑感，我不喜欢这种感觉。

班主任：如果当你取得了好成绩，获得自信的时候，你会有什么感觉？

学生：（低头）我考不出好成绩的。

班主任：来，闭上眼睛，想象一下。假设今天晚上发生奇迹，学习上困难都消除了，你成为班上学习成绩最优秀的学生，你在课堂上的行为会有怎样的变化？你的同学、老师、家长会有什么反应呢？

学生：（闭着眼睛说）课堂上老师总让我回答问题，还表扬我答得好。做作业的时候同学们都会来请教我，老师们看到我总是脸上挂着微笑，开家长会的时候我不用再躲了，我爸不会骂我，还带我去吃好吃的。老师，我感觉好开心呢！

班主任：太好了！现在你想不想成为成绩优秀的学生呢？

3. 制订行动计划

以奇迹询问为基础，帮助学生制订一个实际的行动计划，以实现他们的理想状态。

※ **示例**

学生：（接前面的案例）我想！但我该怎么做到呢？

班主任：老师愿意帮你一起努力成为优秀学生，你一定能做到的。从现在开始，你觉得可以采取哪些小步骤来让自己逐渐变得像那个自信的你？

学生：我上课认真听，主动举手回答老师的问题，得到老师表扬，就会自信。

（十三）例外询问技术

例外询问是焦点解决短期心理治疗中的一种心理咨询技术，它着眼于探索问题之外的例外情况，即那些问题没有发生或者影响减少的时候，发生过什么。这种方法可以帮助人们认识到他们已经拥有的资源和能力，从而构建解决问题的新途径，是班主任开展学生心理辅导时的好工具。

1. 具体应用步骤

（1）确定问题

班主任首先需要了解学生面临的具体问题，比如某学生最近成绩下滑，缺乏动力，不愿与同学交流等。

※ 示例

每到期末考试时，你的焦虑水平就会很高，总会担心考不好，是吗？

（2）寻找例外

班主任应询问学生没有遇到问题时的例外情况。

※ 示例

在过去的一段时间里，是否有哪些时刻，你觉得这个问题没有那么严重，或者你处理得比较好？

※ 示例

老师记得上学期有一次数学测验，你得了好成绩，那次你做了些什么不同的事情吗？

（3）放大例外

班主任通过询问细节来放大例外情况。通过这种放大，学生可能会意识到他们其实知道如何改善自己的状态或解决目前的问题，只是自己没有意识到这些策略。

※ 示例

在那次取得好成绩的数学测验前，你是怎么复习的？有没有用特别的方法或者态度上有何不同？

（4）连接例外和解决策略

班主任引导学生将这些例外情况与目前的问题联系起来。

※ 示例

你认为上次数学测试你用的复习方法，能用来帮助你在这次期末考试中提高其他科目的成绩吗？

（5）制订目标或行动计划

班主任利用学生自己提出的方法，与学生一起制订一个目标或行动计划，并鼓励他付诸行动。

※ **示例**

让我们思考一下，这周你能尝试用数学测验时的复习方法来准备你最担心的英语考试吗？我们可以设定一个小目标，比如每天用这种方法复习半小时。建议你立即开始，下周我们再看看效果如何，好吗？

2. **实际案例**

学生小华，他平时在课堂上不愿积极举手发言，感觉自己跟不上课程内容，怕讲错被老师批评。班主任在开展心理辅导时，采用例外询问技术进行沟通。

班主任：小华，我注意到大部分时间你在课堂上都很安静。不过，上星期五语文课上讨论古诗词的时候，你似乎很投入，积极举手发言，还被老师表扬。能跟我分享一下那天你为什么想要发言吗？

小华：那天我其实提前预习了，所以感觉比较有信心，想发言。

班主任：那太好了，你是怎么提前预习的呢？

小华：我仔细看了新课文，不明白的地方还查了词典和一些背景资料。

班主任：那你觉得这种预习方法如果用在其他课上，会不会也有帮助呢？

小华：可能会吧，我可以试试。

班主任：好的，那接下来我们一起制订一个计划，看看你是否可以在下一次历史课之前也做一些预习，这样你也可以像语文课上那样有信心发言了。

通过这样的例外询问，班主任不仅帮助学生认识到自己的能力，还帮助他们将这些成功的经验应用到解决当前问题上，从而激发学生的内在动力和自我效能感。

（十四）转化语言技术

转化语言技术是心理咨询技术中的一种，它指的是咨询师使用积极的、支持性的语言来帮助来访者理解和重塑他们的想法和感受。班主任在与学生沟通时可以运用这一技术，帮助学生从积极的角度看待问题，避免负面情绪的干扰，激发学生内在的动力，发掘潜在的资源，促进学生的发展成长。转化语言技术的应用方法：

1. 重述负面表达为积极措辞

当学生使用消极的语言表达自己的行为结果或感受时，班主任可以帮助他们用更积极的方式重新表述。

※ 示例

学生：我就是不擅长物理，可能永远都学不会。

班主任：你现在觉得物理对你的挑战很大，我观察到你的物理测验成绩在一点点提高呀，这是否说明你还有很大的潜能没有被开发出来呢？我们一起讨论一下有哪些方法可以帮助你更快地提高物理成绩。

2. 将问题视为机遇

帮助学生将面临的问题看作成长和学习的机会。

※ 示例

学生：老师，学校的这个辩论赛辩题太难了，我不知道从哪里开始准备。

班主任：这个比赛确实很有挑战性，你是班里的优秀学生，学习能力很强，这是一个很好的机会来展示你的创造力和解决问题的能力。让我们理理思路，首先分析一下辩题，你觉得可以分解为哪几个子辩题？

3. 强化内在能力和资源

当学生感到挫败和不自信时，班主任可以通过转化语言来提醒他们过去的成功和他们已有的能力，从过去的成功或失败中汲取经验用到未来的学习中去。

※ 示例

学生：老师，我这次数学考试不及格，我不敢把试卷拿回家给爸妈签字，他们会骂我的。

班主任：我知道这次考试你发挥失常，但是你还是做对了很多题呀，我们来一起看看考卷，我很想知道你为什么做对了这些题，你来说说好吗？

学生：好的，这题我做对了，因为老师上课讲过。这道题作业里做过了，这道因式分解的题目我问过老师，所以做对了……

班主任：我们来总结一下，你上课听到的、作业做过的、认真复习到的题目都做对了，很好呀！如果接下来的测验你要取得好成绩，你觉得刚才分析的结果怎么帮助你做对更多的题目呢？

学生：我知道，要认真听课做作业，不懂的地方要马上问老师……

4. 表达理解给予鼓励

班主任运用转化语言技术应该展现出理解和支持，鼓励学生面对和解决问题。

※ 示例

学生：这个化学实验会冒出火焰，我害怕实验步骤上犯错，不敢尝试。

班主任：犯错是学习的一部分，每次尝试都是向前迈进的一步，即使过程中有挫折，也是在越来越接近成功的路上，勇敢尝试，没关系的。

学生：噢，好的，我试试。

（十五）自我暴露技术

自我暴露是一种心理咨询技术，指的是咨询师分享自己的想法、感受、经历或者其他个人信息，以期与来访者建立深入的信任关系，增加亲密感，以及作为一种模范行为来鼓励来访者自我开放。班主任可以适度地使用自我暴露来建立与学生之间的信任和理解，但要注意保持职业边界，并确保披露的内容对学生的发展是有益的。

1. 运用方法

（1）相关性原则

班主任自我暴露的内容应与学生的情况相关联，能够帮助学生更好地理解自己的情感或行为，或是提供解决问题的新视角。

※ 示例

学生：我在班上发言时感到害怕。

班主任：我记得我第一次站在讲台上时也很紧张。我后来发现多练习并且准备充分可以帮助我减轻紧张。

（2）**适度性原则**

班主任自我暴露的内容不应过于深入个人生活的细节，而是应该专注于与学生问题相关的经历或感受。

※ 示例

学生：我觉得物理的力学部分很难，我常常搞不清楚。

班主任：我在学生时代也遇到过特别挑战自己的学科。当时我是通过寻求老师帮助和增加习题练习来提高自己的。

（3）**目的性明确**

班主任运用自我暴露技术时应该有明确的目的，比如建立相互信任、降低学生的焦虑紧张感，或者作为教学工作的一部分内容。

※ 示例

学生：我脸上长了很多青春痘，难看死了，我害怕同学会嘲笑我。

班主任：我理解你的感受。在你们现在这个年龄段，很多人都有这样的烦恼。记得我也曾经为此而烦恼过，只要注意平时的卫生习惯，不要食用刺激性食物，青春痘慢慢都会消退下去的，不必过于担心。

（4）**促进理解和共鸣**

班主任通过运用自我暴露技术，展示对学生问题的理解，从而增进学生的信任，让师生沟通更流畅、更有开放性。

※ 示例

学生：父母闹矛盾，家里的问题让我很分心，我无法集中注意力学习。

班主任：我理解你现在的处境和困难。有时候，外部的压力确实会影响到我们。在我自己的经历中，我发现制订一个固定的学习计划有助于我保持专注。

2. 注意事项

班主任在使用自我暴露时应该谨慎，确保分享的内容对学生是有益的，能够帮助学生学习、成长或解决问题。

班主任需要保持职业边界，避免过度分享个人信息，尤其是那些可能让学生感到不适或者与学生的问题无关的信息。

自我暴露应该是为了支持学生的需要和促进他们的发展，而不是为了满足班主任的个人需求。

（十六）"我句式"沟通技术

在班主任的日常师生沟通中，我们推荐"我句式"技术。这种沟通技术可以广泛地应用于师生沟通和其他人际交流场景中，能够很好地提升沟通效果。"我句式"是心理学中的一个重要的概念，最初由心理学家托马斯·戈登在他的有效沟通和冲突解决理论中提出的。它是一种表达个人感受和需要的沟通方式，强调说话者以自己为出发点进行客观表达，而不是批评或指责他人。

1. 四个基本元素

（1）描述情境

描述引发自己情感或需要反映的具体情况，尽量做到客观和具体，避免模糊和评判性的语言。

※ 示例

课间休息时间，学生们在教室门口的走廊里嬉笑打闹，相互追逐乱跑。

班主任：我看到课间休息时有很多我们班的同学在走廊里打闹，还有男生相互追逐乱跑，甚至躲到男厕所里。其他班的同学却没有这样，都站在走廊边看着你们。

（2）表达感受

直接表达班主任因情境而产生的感受，而不是做出评价或假设对方的意图。使用"我感觉到……"这样的句式开始表达。

※ 示例

（接上面部分）

班主任：作为班主任看到这一幕我感到很羞愧，因为我觉得自己没有管好班级学生，影响到其他班同学，而且这样奔跑打闹，万一出现学生受伤，我没办法向校领导和学生家长交代，所以看着很着急担心，甚至感到愤怒。

（3）阐明需要

说明由于这些感受班主任有哪些需要或期望，这有助于学生了解你的立场，而不是感觉到被攻击。

※ **示例**

（接上面部分）

班主任：做好自我情绪管理是班主任的重要职责，我不能够向学生发脾气，但是我现在真的很生气！我希望那些课间休息时在走廊打闹奔跑的同学能够主动站起来承认自己行为上的问题。

（4）**提出请求**

班主任在表达的最后提出一个具体的请求，但不是命令。这使得学生能够有机会回应班主任的需求，而不是感觉到必须要被迫做某事。

※ **示例**

（接上面部分）

班主任：我很欣赏站起来的同学们，敢于面对自己的问题，我相信知错大家就会改变。我现在有一个请求，请求站起来的同学们你们一起商量选出两位代表，中午休息时间请两位代表到我们隔壁班级向那里的老师和同学表示道歉，并承诺我们班再也不会发生这样的情况。请站着的同学们回答我可以做到吗？

学生：（站着的学生低着头轻声地说）可以。

班主任：谢谢你们。我还有一个请求，请求那些参与走廊打闹但不敢站起来的同学，中午到我的办公室来一下。我相信你们不敢站起来是因为感到心中有愧，你们不要把这种愧疚埋在心里，对你们健康不利，对你们的成长不利，班主任要对你们负责，中午我们关起门好好聊一聊，希望你们放下包袱，努力成为好学生，成为低年级同学的好榜样。

2.**优势**

减少防御性：由于没有指责对方，对方更不容易感受到攻击，因此降低了他们的防御反应，有利于沟通的开展。

提高表达效果：它帮助人们更清楚地表达自己的感受和需要，而不是把情绪投射到他人身上，变成攻击性的表达，或者情绪化的宣泄。

促进解决问题：当人们清晰地表达自己的需要和请求，而不是彼此指责或推脱责任时，更容易达成共识，共同找到解决问题的方法。

维护人际关系：虽然"我句式"沟通技术常常被用于矛盾冲突的场景，但是它并不会让冲突变得更激烈。因为在沟通过程中，它会让人感到你敞开心扉，你尊重对方，你想合理解决问题，所以反而有助于问题的解决，维护人际关系。

3. 局限

尽管"我句式"沟通技术是一种值得推荐的沟通模式，但它有时也可能被人误解为自我中心或不考虑对方感受的沟通过程。因此，使用时，还需要考虑对方的情绪状态、心理感受和文化差异等因素。如对方情绪非常激动的时候，"我句式"沟通技术可能并不一定适用，应该先疏导情绪，等大家都恢复理性后，再开始对话，效果比较好。班主任在实践应用中需要注意。

此外，没有一种沟通技术可以替代其他所有其他的沟通技术，"我句式"不可能解决所有沟通问题，很多时候需要其他沟通技术和冲突解决方法结合使用才能达到比较好的效果。

二、情绪疏导技术

在心理咨询技术中有很多是针对情绪疏导的方法和技巧，这些技术的主要作用是缓解对方的负面情绪。这些技术对于班主任开展学生心理辅导有重要的作用，有利于促进学生的心理健康，帮助他们调节情绪，如焦虑、抑郁的负面情绪，减轻各种心理压力。班主任开展情绪疏导可以避免学生负面情绪的积累，预防心理疾病发生，促进同伴关系，增强环境适应能力，改善学习状态，提升学习成绩。

我们把心理咨询技术中与情绪疏导相关的且适合班主任在学生心理辅导中应用的技术方法提炼出来，配以案例提供详细的说明，以期帮助班主任更好地理解其原理，并应用到学生工作实践中。

（一）"6 秒情绪控制"技术

这是一种简单而有效的心理咨询技巧，旨在帮助个体管理突发情绪，特别是在压力或冲突情况下。这种方法基于情绪智力理论，即人们可以通过理解和调节自己的情绪来提高情绪管理能力。班主任在面对情绪激动的学生时，具体操作步骤如下：

1. 感知情绪

当学生在情绪高涨的一刻，班主任首先要做的是引导学生感觉到自己正体验到的强烈情绪。

※ 示例

学生：教室里正在与同学发生冲突，情绪很激动。

班主任：（轻轻拉住学生的手臂）你可以告诉老师你现在的感受吗？

学生：我很生气！

2. 暂停

当学生已感知到自己的情绪时，班主任需要给学生至少 6 秒钟时间来进行深呼吸，从而暂停这种激烈的情绪。深呼吸有助于减缓心跳、降低血压，以及让身体从应激状态转为相对放松状态。

※ 示例

班主任：请你把身体转过去，眼睛看着窗外，接下来做 3 次深呼吸。

学生：噢。（转过身体朝向窗外，开始深呼吸。大约用 6—9 秒时间可以完成 3 次深呼吸。）

3. 反思

要求学生反思产生这个情绪的原因。

※ 示例

班主任：你为什么会有生气的感觉？它的触发点是什么？

学生：那个同学骂我，所以我很生气，要和他论理。

班主任：明白，你觉得自己被欺负了，所以很生气。

4. 选择反应

引导学生思考如何以一种有建设性的方式回应这个情绪。

※ 示例

班主任：你现在做些什么会让自己不再那么生气？

学生：我想要他向我道歉！（学生还是有点余气未消。）

班主任：还有其他可以做的吗？

学生：想到教室外走廊里待一会儿，透透气。

班主任：还有吗？

学生：想去课桌上拿杯子喝点水。

5. 采取行动

根据学生"不让自己生气"的建议来选择后面的行动。这个行为应当是有意识和考虑过后的，而不是冲动的。

※ 示例

班主任：你觉得这几个方法，哪个会让你心情更好点呢？

学生：我觉得到走廊待一会儿，更好。

这个技术的关键在于给学生一个短暂的时间来打断冲动反应的自动循环，从而有时间选择一个更加理智和有效的反应，班主任可以在工作实践中尝试应用。

（二）情感标记技术

情感标记是心理咨询中的一种技术，它涉及识别、理解和响应咨询对象所表达的情感。班主任可以使用情感标记来加强与学生的沟通，通过这种方式，班主任可以表明自己对学生情感的关注和理解，从而建立信任和支持的关系。

1. 应用方法

（1）识别情感

班主任在沟通中注意学生的言语用词、语气语调、面部表情和肢体语言，以便识别他们可能所处的情感状态。

※ 示例

学生：（面无表情、唉声叹气）同学们都不愿意搭理我，他们都不喜欢我。

（2）命名情感

班主任使用情感词汇来描述学生可能正在经历的情感，帮助他们明确自己的感受。

※ 示例

班主任：你现在因为同学关系不好，感到情绪很低落，对吗？

学生：（点点头）嗯。

（3）表达共情

显示理解和共鸣，让学生知道他们的感受是被理解和接受的。

※ 示例

班主任：老师能够感受到你很希望得到同学们的关注，希望建立起良好的同学关系，但是你不理解为什么他们都冷落自己，并为此而感到难过，情绪低落。

学生：是呀，我不知道他们为什么不愿理我。

（4）验证情感

确认学生的情感是合理的，让他们知道自己感受到这种情感是正常的。

班主任：我们每个人都会希望有好朋友。被朋友忽视的时候，都会觉得难过，感受到情绪低落，这是一种正常的心理反应。

学生：是吗，老师您也会这样吗？

班主任：当然啦，如果老师的同事们都不理我，我也会和你一样情绪低落，心里难的。

学生：噢，老师也会和我一样呀！

（5）探索情感背后的原因

邀请学生讨论他们的感受背后的具体事件或思考。

班主任：今天我们一起讨论一下为什么你会觉得同学们不喜欢你，他们到底做了些什么，让你难过，情绪低落？

学生：他们下课时在一起谈论动漫里的人物，我插了一句话，他们就都不说话了，好奇怪。

班主任：能告诉我你当时说了什么吗？

学生：……

2. 应用示例

一个小学生在与老师的沟通中表示对即将到来的数学考试非常紧张。

学生：我很害怕下周的数学考试，晚上睡不着。

班主任：我听出来你现在对接下来的数学考试感到很紧张，对吗？

学生：嗯！

班主任：这种感觉很正常，特别是在面对重要考试的时候。许多人在考试前都会有这种紧张的感觉。这是参加考试前很正常的心理反应，考试结束后，这种紧张感觉就会没有了。

学生：老师，其他同学现在也会感到紧张吗？

班主任：我问过小明和小丽同学，他们也觉得有些紧张。

学生：噢，他们也会紧张呀！

班主任：你能告诉我，是什么特别的部分让你感到紧张吗？

在此示例中，班主任识别并命名了学生表达的情绪（紧张），表达了共情（说明感到紧张是正常的），并且邀请学生进一步探索和讨论这种情感背后的原因。

通过这样的情感标记，班主任可以帮助学生认识和接受自己的情绪，这种技术的运用有助于班主任更好地支持学生，并在学生心中树立班主任是一个理解和支持他们情感体验的人的形象，这对于建立积极的师生关系非常重要。

（三）情绪宣泄技术

情绪宣泄是一种心理咨询技术，旨在帮助个人表达和处理他们的情绪。对于班主任而言，这意味着提供一个安全、支持的环境，让学生能够自由地表达自己的感受和经历，无论是积极的还是消极的。情绪宣泄不仅有助于减轻压力和紧张，还可以帮助学生更好地理解自己的感受，并促进情绪调节能力的发展。

1. 班主任在与学生沟通时运用情绪宣泄技术的方法

（1）建立信任关系

开始任何情绪宣泄的会话之前，班主任需要确保与学生建立了信任关系。

这意味着保证隐私、展现真诚的关心，并表明自己愿意倾听学生的任何感受。

※ 示例

班主任：我在这里支持你，你可以告诉我任何事情，我会认真倾听。

（2）**提供宣泄的机会**

鼓励学生表达自己的感受，不打断他们，给他们足够的时间来讲述自己的经历和情绪。

※ 示例

学生：我感到非常沮丧，因为我觉得自己做不好。

班主任：我了解你现在感到沮丧，能分享更多你的感受吗？

（3）**使用倾听技术**

运用倾听技术，如点头、保持眼神交流、重复和概括学生的话等方式鼓励学生吐露心声。

※ 示例

学生：我觉得没有人理解我。

班主任：听起来你感到很孤独，感觉无人理解你，这一定让你很难受。

（4）**认可和验证情绪**

认可学生的情绪是正常和合理的，帮助他们理解所有的情绪都是有价值的，并且是人类经验的一部分。

※ 示例

学生：（表示感到愤怒、失望）……

班主任：当你满心的期望没有实现时感到愤怒和失望是很正常的。老师愿意和你一起探讨这背后的原因。

（5）**引导学生探索解决方法**

在适当的时候，帮助学生探索如何处理和表达这些情绪的健康方式。

※ 示例

学生在宣泄负面情绪之后可能会感到更加放松。

班主任：你现在感觉好些了吗？

学生：好些了。

班主任：太好了，我们可以一起想想，下次当这种愤怒、失望的感觉再出现时，你可以怎么做？

2. 注意事项

（1）树立界限

班主任帮助学生宣泄负面情绪有助于促进他们的心理健康。但当学生负面情绪严重，而且持续时间较长时，班主任还是应该建议学生找学校心理老师聊一聊，通过接受专业的心理咨询，比较全面地改善心理状态。

（2）非评判态度

在整个情绪宣泄过程中，班主任应该保持客观、中立的非评判性态度，不对学生的感受和所讲的内容做出任何负面评价，聚焦帮助学生释放压抑的负面情绪。

（3）保护学生隐私

确保学生的个人信息和情绪表达在法律和学校政策允许的范围内得到保护，向学生承诺对彼此谈话的内容保密。

（4）注意自我保护

班主任也要注意自己的情绪状况，确保在帮助学生处理情绪时，自己不会受到负面情绪的影响。

通过运用情绪宣泄技术，班主任不仅能够帮助学生减轻压力，还能教会他们如何有效地识别和处理情绪，这是一项终身受益的技能。

（四）发掘资源技术

发掘资源的心理咨询技术，也被称作资源激活技术，旨在帮助个体识别并利用自己内在和外在的资源来鼓舞信心，应对挑战和问题。班主任与学生沟通时，可以通过运用这种技术来帮助学生摆脱负面情绪和悲观思想，尝试主动解决问题。

1. 使用方法

（1）识别个人资源

鼓励学生回顾过去成功解决问题或克服困难的经历。

※ 示例

班主任：你记得你上次遇到困难时是怎么解决的吗？那个时候你用了哪些方法或技巧？

（2）识别社会资源

帮助学生意识到他们身边的支持系统，如家庭、朋友、老师或社团。

※ 示例

班主任：当你感到困难或压力时，你通常会和谁谈论？在学校里，有没有人或者社团可以为你提供帮助呢？

（3）加强积极信念

鼓励学生发展积极的信念，强调他们具备了一定的能力和经验可以帮助他们取得更好的成绩，树立信心，并引导学生探讨如何将这些能力和经验应用到当前的挑战中。

※ 示例

班主任：你在数学竞赛中表现得很好，这显示了你逻辑思维和解决问题的能力都很出色。你思考一下，这些能力对你克服当前的困难会有什么帮助呢？

（4）制订行动计划

与学生一起制订具体的行动计划，明确如何利用这些内在和外在的资源来应对当前的挑战。

※ 示例

班主任：我们已经讨论了你拥有的能力和经验，也梳理了可以寻求的帮助支持，现在我们一起列一个计划，把这些自身能力和外部支持都调动起来，解决目前要遇到的难题。

2. 注意事项

（1）个体差异

每个学生的资源都是独特的，班主任在沟通时应个性化地对待每个学生，发掘资源的方向可能会不同。

（2）积极聆听

在发掘资源的过程中，班主任需要仔细聆听学生的说话，从中识别和分析潜在的资源。学生自我探索资源的过程，往往也是从悲观到积极、从无力无助到看到希望的情绪转化过程。

（3）鼓励和认可

对学生过去的成功经验和现有资源给予积极的反馈和认可。帮助学生看到希望，树立信心。

（4）资源的可达性

确保提议的资源是学生能够实际访问和利用的。

（5）持续支持

沟通之后，班主任应该持续跟进学生的进展，并在需要时提供额外的支持和引导。

通过运用发掘资源的技术，班主任可以帮助学生更好地认识到自己的优势和可利用的支持系统，从而提高他们应对生活挑战的能力。这种方法不仅有助于解决当前的问题，还能够增强学生的自我效能感和自主性，为战胜未来的挑战打下基础。

（五）积极赋能技术

积极赋能的心理咨询技术是指通过鼓励、肯定和支持来增强个体的自我价值感、自信心和能力感。学生通过宣泄释放了负面情绪，但并不意味着他们就会产生积极的情绪，班主任在与学生沟通时，运用积极赋能技术可以唤起学生的积极情绪，提振信心。

1. 运用方法

（1）肯定个人价值

班主任认可学生作为个体的价值，并表达对他们的尊重和接纳。

※ 示例

班主任：我注意到你经常主动帮助同学，而且总是表现得很耐心，这是一种非常宝贵的优秀品质。

（2）强化积极行为

班主任应当寻找机会肯定学生的正面行为和成就，哪怕是小的进步。

※ 示例

班主任：老师看到你这次数学测验成绩比上次提高了 5 分，这说明你付出的努力取得了成效，非常好！老师很高兴，希望你继续加油！

（3）**设置可实现的目标**

班主任应该帮助学生设定比较具体、可衡量、可实现的目标，并庆祝实现这些目标的每一小步。

※ 示例

班主任：让我们一起设置一个目标，这周的英语单词默写测验，你的准确率再提高 10%，达到 90 分，你觉得怎么样？

（4）**提供支持和资源**

提供必要的资源和支持，帮助学生克服挑战，实现目标。

※ 示例

班主任：我很高兴你积极参与这次学校的演讲比赛，如果你在准备演讲方面需要帮助，我可以在课后给你一些建议。

（5）**培养解决问题的技能**

教授学生解决问题的方法，但不直接帮他们解决问题，让他们能够独立面对挑战。

※ 示例

班主任：当你遇到类似今天这样的难题时，不要急于求成，先停下来，列出问题的不同方面，然后尝试一步步去解决。你今天回去试试看，好吗？

（6）**鼓励自我反思**

鼓励学生进行自我反思，识别自己的长处和改进的空间。

※ 示例

班主任：你认为自己这次期中考试考得怎么样？有哪些地方是你觉得特别满意的？还有什么地方觉得需要重视和提升的？

（7）**使用激励性语言**

使用积极、激励性的语言，避免批评和负面评论，即使在必须指出改进之处时也要温和地表达，并具有建设性。

※ 示例

班主任：我知道这次考试的成绩没有达到你的预期，但我相信你的能力足以支持你考得更好，我们一起总结经验寻找提升的方法，好吗？

2. 注意事项

（1）真诚

肯定和鼓励必须是真诚的，否则可能产生相反的效果。

（2）个性化

积极赋能的方式应该根据每个学生的个性、兴趣、需求以及所处的场景来定制。

（3）平衡

在赋能的同时，班主任也应该帮助学生保持现实的合理的期望，避免过度乐观导致的失望。

（4）持续性

积极赋能是一个持续的过程，需要在日常师生的互动中不断持续。

（5）边界

班主任在赋能学生时，也应该意识到自己的角色并设定合适的边界，不替学生做决定，而是引导并支持他们自主做出选择。

通过运用积极赋能的技术，班主任可以帮助学生建立自信，激发他们的潜能和积极的情绪状态，并鼓励他们成为更加独立和自主的学习者。这种技术的核心在于激发学生内在的动机，帮助他们认识到自己的力量，并促进他们的个人成长和发展。

（六）沉默技术

在心理咨询中，沉默可以是一种强有力的交流工具。它能够给予个体更多的时间去冷静思考、体验感受自己的情绪、反思他们以往的想法或做法，也能够鼓励个体进一步表达自己的内心世界。班主任在与学生沟通时，合理运用沉默技术可以帮助学生自我调节情绪，更深入地探索自己的问题，同时也表明班主任对学生的尊重和理解。

1. 运用方法

（1）谈话中给予学生思考的时间

当学生表达了一个重要的想法或情感后，班主任可以适当地保持沉默，给予学生时间去进一步思考他们的感受和想法。

※ 示例

学生：我感到心里非常压抑，因为我无法达到父母的期望。

班主任：（沉默几秒钟以后，温和地说）听起来父母对你提出了太高的要求，很让你为难……处于这样的压抑心情下，你是怎么坚持学习的呢？

（2）观察非言语线索

班主任在保持沉默的时间里，可以仔细观察学生的眼神、表情、动作、姿态等，更好地理解学生的内在状态及其变化，伺机推动沟通的深入。

※ 示例

学生：我知道谁故意弄坏课桌的，是……（学生突然发现自己说漏嘴了，有点儿紧张，不知该不该告诉班主任，连忙用手捂着嘴，不说下去了。）

班主任：（保持沉默，同时温和地带着微笑地注视着学生，以示关注和理解，等待学生在准备好时继续。过了一会儿）我相信你也觉得破坏公物是不对的，我们是否应该提醒一下那位同学，帮助他改正呢？你不用担心，老师知道该怎么做。

学生：（犹豫了一下）是小明弄坏的，老师可不要和同学说是我告诉你的呀！

（3）鼓励深入探讨

通过沉默，班主任可以鼓励学生进行自我探索和思考，而不是立即给出判断或建议。

※ 示例

学生：我不知道为什么总是在考试中表现不好。

班主任：（保持沉默，用鼓励的眼神与学生保持眼神接触，给予学生机会自己深入思考可能的原因）……

学生：可能我太想考出好成绩，反而过度紧张了。

班主任：噢，是这样呀！那还会有其他因素的影响吗？（继续沉默）

学生：（低头思考片刻后）可能对考试也不太自信吧。

（4）减少防御性

如果学生表现出阻抗或防御性，不愿意主动说话，班主任可以通过沉默来减少对话时的紧张感，让学生放下防御。通过沉默，班主任也会向阻抗的学生传递无声的心理压力，迫使他变得主动，同时班主任可以避免过早的评判或评论，增加学生的心理防御。

※ **示例**

妈妈带着待在家里玩游戏不肯上学的小飞来见班主任。

学生：（心里很不愿意来校，见到老师低头不语）……

妈妈：你看到老师也不问好？没礼貌。

班主任：（微笑不语，示意妈妈不要说话，默默地关注着学生，等待学生冷静下来）……

学生：（憋了一会儿，轻声说了一句）老师好！（老师的沉默给他带来了心理上的压力感，不得不先开口。）

班主任：小飞好！老师很高兴见到你来校。你想和老师说点儿什么吗？

学生：（用手胡乱地挠着脑袋）我……

班主任：……（继续保持沉默，微笑地看着小飞，注意到小飞的动作，知道他没想好怎么说，给他一点儿时间，继续等待他的表达。）

学生：我觉得自己学不好了，不想上学。

（5）**支持自主表达**

班主任在沉默时，可以用肢体语言来回应和鼓励学生，表明自己对学生的尊重，支持学生自主地表达自己的想法和感受。

※ **示例**

李明上课不遵守纪律，被任课老师批评，并被罚站听课。下课后被任课老师带到办公室，向班主任告状。

学生：（站在班主任面前低头不语，两只垂着的小手在不停地捏来捏去）……

班主任：（看到李明的小动作，注意到办公室里有很多老师，于是站起来，轻轻拍拍李明的肩膀，示意他到没有人的走廊上谈话。班主任温和地看着李明，继续保持沉默，等待他开口）……

学生：（慢慢抬起头看着班主任，低声说）我今天上课和同学讲话，被老师批评罚站了。

班主任：（继续温和地看着李明，点点头，鼓励他继续说）……

学生：其实不是我想讲话，是同桌老和我说话，我回答的时候被老师看见了……

2.注意事项

班主任保持沉默时，需要密切注意学生的反应，确保这种沉默对学生来说是舒适和有益的。如果学生对沉默感到不安或困惑，班主任应该适时打破沉默，提供必要的支持和指导。

如果学生一直不主动表达，班主任不能沉默时间过长，会让学生觉得班主任也不知道要谈什么，所以需要主动打破沉默进行沟通。

班主任发现沉默时，学生的负面情绪没有得到缓解，反而越来越激动时，需要主动打破沉默，用其他方法疏导学生的情绪。

班主任的沉默没有有效消除学生的防御或阻抗时，不应继续保持沉默，学生会误解为班主任拿他没有办法，需要主动打破沉默，采用其他沟通技术进行心理辅导。如可以用开放式提问技术、对质技术、具体化技术等开启对话。

（七）同理心断言技术

同理心断言是指在沟通中既表达自己的感受和需求，又能体会和尊重对方的感受和需求的心理咨询技术。这个技术在班主任与学生的沟通中非常有用，它可以帮助建立双方的信任，化解负面情绪，减少冲突，并促进更有效的沟通。

1.运用方法

（1）倾听和理解

在学生表达自己的感受和需求时，班主任应该认真倾听，避免打断，尝试准确理解学生的感受和想法。

※ **示例**

学生：我觉得数学太难了，我跟不上。

班主任：你说你觉得数学很有挑战，你担心跟不上课程的进度，是吗？

（2）**表达理解**

在表达自己的观点之前，首先要确认学生的感受，表达对他们情绪的理解。

※ **示例**

学生：我不会做作业里的数学题，尤其几何题，不知道怎么添辅助线。

班主任：你在学习数学时遇到困难了，现在可能感到压力很大，学好数学对很多学生来说的确是个挑战。

学生：是个大挑战，压力太大啦！

（3）**断言自己的观点**

在展现出对学生感受的理解后，班主任需要清晰、坚定但又温和地表达自己的观点或需要。

※ **示例**

班主任：尽管数学是个挑战，但我相信通过努力和正确的学习方法一定可以学好的。老师以前带的班，也有很多学生曾经觉得数学好难，但后来都考出了不错的成绩，你也一定可以学好的！

学生：真的吗？我能学好数学？

班主任：老师相信你能学好，我们一起来寻找好的学习方法吧！

（4）**提供帮助和支持**

在"断言"的基础上提出具体的建议，提供实际的帮助，以解决学生的问题或满足他们的需求。

※ **示例**

学生：有什么方法可以学好数学呢？

班主任：让我们一起看看你在哪些具体的部分感到困难。刚才你提到了几何，还有哪部分你觉得难呢？然后我们可以制订一个学习计划，逐步克服这些难点，还可以请数学老师来帮忙指导。

（5）听取反馈

在对话过程中，留意学生的反馈，确认是否正确理解了他们的观点和需要，及时调整建议和方法。

※ 示例

学生：我觉得解方程也挺难的，我作业的答案经常会出错。

班主任：好的，那我们可以从基础知识做起，把基本概念搞清楚，做习题就不难了，一步步来。

2. 运用同理心断言技术时的注意事项

在使用同理心断言时，班主任的面部表情、肢体语言和语调都应该传达出一种理解和关心的态度。

在进行断言时，必须是正面的、积极的、鼓励性的，要避免使用指责或贬低的语言，即使是在讨论学生的不足之处也是如此。

运用同理心断言技术的目标是鼓舞学生信心，并达成一种师生双方都接受的解决方案，而不是班主任单方面提出要求或做出决定。

（八）情感反应技术

情感反应是心理咨询中的一项重要技术，它有助于建立信任关系，让对方强烈感受到被理解和尊重。班主任可以运用情感反应技术迅速地与学生建立起良好的关系，有助于学生宣泄负面情绪，敞开心扉。

1. 运用方法

（1）积极倾听

班主任需要用开放的姿态倾听学生的讲述，让学生感受到自己的声音被听到、被重视。

例如，学生谈论自己在家庭中的困难时，班主任可以通过点头、保持眼神交流等非言语行为来展示关注。

（2）反映情感

班主任在听到学生的讲述后，可以用自己的话语来表达对学生情感的理解，最重要的是能够对学生所描述的情绪和情感进行准确的反馈。

※ 示例

学生：我昨天的考试没考好，在最后检查试卷的时候居然没有看到答案写错了，我好后悔呀，太难过了。

班主任：看来你在昨天考试中出现了不该有的失误，感到懊悔不已，到现在还是心里很难受。

学生：是呀！这题分数很多呢！

（3）**共情理解**

班主任应尝试站在学生的角度更深入地理解其情绪和经历，感同身受。

※ 示例

班主任：老师看到你复习迎考时很认真努力，你的平时成绩一直在年级里名列前茅，我和同学们都觉得你在这次考试中会表现很出色，取得好成绩。如果因为一点小失误而丢了很多分，太可惜了，换了任何一个人都会觉得非常后悔和难过的。

学生：呜呜……（开始流泪了，压抑的情绪得到宣泄和释放。）

（4）**接纳感受**

对学生的感受给予正面的认可，让学生知道他们的感觉是合理的，帮助学生进行自我接纳。

※ 示例

班主任：（给学生递上纸巾擦拭眼泪，沉默等待一会儿，再缓缓地说）老师非常理解你当下的感受，当我们产生失误或遇到挫折时，心里都会非常难过。不过，虽然当下感受不好，但是这种痛苦体验也会带来益处，它在提示我们需要做出一些改变，让我们改变之后会变得更好，你说对吗？

学生：（点点头）嗯，是的。

（5）**给予赋能**

引导学生向往更好的明天，鼓舞信心，不让学生停留在后悔、自责、焦虑、抑郁等负面情绪状态。

※ 示例

班主任：你很好强，希望通过努力让自己变得越来越优秀，想通过考试来证明自己的优秀，老师一直看在眼里。老师觉得这次考试失误反而会带给你更多动力，帮助你看到自己需要提升的地方，不断自我完善，老师相信你一定会在今后的考试中取得令人瞩目的成绩。

2.注意事项

避免评判：班主任应避免在学生表达的过程中做出任何评判，如"答案也会写错，你太粗心大意了"。全程聚焦学生的情绪状态，积极引导。

确保情感反应是真诚和适时的：过度夸张或不真诚的反应可能会适得其反。

要有耐心，语速放缓：有时候学生可能需要一段时间才能完全打开心扉。

班主任适时运用情绪疏导技术开展学生心理辅导，能够为学生带来很多益处。这些益处不仅体现在能够稳定学生情绪、促进学生的心理健康，还有助于激发他们的内在动力、提高学习效率、提升自尊自信、改善同伴关系、减少问题行为，同时，也能够有效预防学生心理危机的发生。

三、家校沟通方法

班主任在家校共育中扮演着桥梁的角色，旨在建立家庭和学校之间的良好沟通和合作，共同促进学生的健康成长。但是，班主任会在各种场景中与学生家长进行沟通。由于环境不同、目标不同，班主任采用的沟通策略和方法也会不同。我们对班主任可能会涉及的常见的家校共育场景进行区分，尝试在不同的场景中，深入分析班主任可能遇到的情况，探索班主任可以采用的应对策略、沟通方法及可能达到的预期效果。

（一）学校家长会

1.场景分析

家长会是家校沟通的正式场合，班主任应该在会上介绍班级的整体情况、学生整体上的学习和行为表现，以及后续的教育教学计划，宣布并解释学校新的政策措施或规定。班主任可能会遇到的情况是：家长对学校的措施或规定不太了解甚至不赞同，对老师教学方式有意见或建议，对孩子的学习状态、在校表现、学习成绩心怀担忧。

2. 沟通策略和方法

班主任应事先做好准备，对学校新的政策措施或制度规定给予深入解析，并预留足够的问答时间，接受学生家长的提问，并耐心解答，尽可能达成共识。只有家长充分理解学校这些措施规定的内容和意义，才有可能主动配合班主任认真贯彻执行。

班主任介绍班级情况时，应该以整体反馈为主，面对所有家长，班主任可以点名表扬表现优秀的学生，但是尽可能避免点名批评表现不佳、学习成绩下降的学生。批评某个学生，会让该学生的家长非常难堪，心生怨气，这种怨气可能会导致家长对老师产生不满，更可能他们回家后会打骂学生，反而影响家校沟通的效果。

家长会规定议程结束后，建议班主任仍然留在现场，接受家长个别咨询，为家长们提供指导，听取家长反馈学生情况，实现双向沟通。尤其对于学习状态不好、成绩下降以及心理健康状态不佳的学生的家长，更应该单独交流，深入了解情况，共同探讨后续家校共育的方案和计划。在与家长交流过程中，班主任应该放下自己的角色身份，自己如孩子家长一般地平等交流，这样的沟通方式更容易得到家长的认可和配合。

遇到家长对学校新的措施或规定表达不理解或反对意见时，班主任应该及时与该家长打招呼，并告知家长会后专门聊一下，并向学校反馈家长的意见或建议。

3. 预期效果

通过家长会上的相互沟通交流，促进家长对学校政策措施和相关规定的理解，能够积极配合班主任做好学生管理工作。借助与家长的个别沟通，全面了解学生的情况，班主任与家长达成教育目标的共识，一起制订或调整个性化的家校共育方案。

（二）学校开展校园活动

1. 场景分析

家长会被邀请参与观摩学校举办的各种活动（如学校组织的运动会、艺术节、教师节等活动，或者学生社团组织的演讲会、演唱会、辩论会等），参与这些活动提供了家长参与学校生活的机会，更深入了解学生在学校的学习生活，是家校共育的一个重要方法。

邀请家长参与观摩学校举办的活动，班主任可能会遇到一些情况：很多家长会非常热情地积极参与，有些家长受到邀请后会因为各种客观或主观原因不能来校，有些参与观摩活动的家长可能会对学校活动的某些方面不满意提出意见，还有可能有家长不遵守学校的规定（如随意走进教室、翻动学生物品）或违反活动的规则（如活动中大声提示自己的孩子、给孩子带食物、拉着孩子讲话）。

2. 沟通策略和方法

每次学校或班级举办活动，班主任是学校里最忙碌的人群之一，准备工作、学生动员、设计策划、组织安排、预先排练、质量监督、安全保障、发函邀请、家长接待……事务繁多，非常辛苦。但是，这样的活动对孩子成长和家校共育有着重要的意义，班主任的付出是值得的。家长参与学校活动，为家校沟通提供了良好的机会，班主任也可以借此增进与家长的交流。

提前预告可以增加家长参与活动的可能性。尽可能在活动举办前一周向家长发正式邀请函，让他们有安排时间的余地。邀请函可以是书面形式的，由学生带给家长，也可以在家校沟通平台或微信上发邀请函。邀请函的内容不仅是活动的时间、地点、内容、意义、邀请人数（有时只能一个家长出席）、家长确认出席的反馈时间，同时还应该包括家长来校需要注意的事项和应该遵守的活动规则。

对于高年级的学生，班主任可以组建志愿者队伍，由班上学生自愿报名参加，协助老师开展家长登记、接待、引导、服务等工作。学生们参与组织服务工作，会带给家长更好的体验，也有助于提升家长们参加活动时的行为自律。班主任要记得给志愿者学生胸口贴上可爱漂亮且明显的标志，带给他们身份的荣誉感，这是培养学生优秀品质的好机会。

家长们前往观摩学生的活动往往会有一种新奇和兴奋感，这种心理状态使他们更开放，容易接收新的信息，是沟通的好时机。班主任可以选择几位需要深入沟通的学生家长，陪同其参观学校或活动场地。但不建议班主任与家长立即深入讨论学生的问题，维持良好的宽松的交流氛围会更好，即使家长主动提及学生问题，建议班主任也推迟一下，因为此刻的任务是观摩学生的活动，时间有限，班主任无法有效把握与家长交流的效果。

在活动中如果出现家长违反活动规定的现象，班主任和其他老师不应立即出现并提示家长，建议让现场的志愿者学生去提示家长。这样做的好处是家长受到老师的提示会觉得尴尬，学生提示他们，会更容易接受。

如果活动中家长提出意见或表达不满，班主任应该主动与家长沟通，立即陪同家长离开活动现场，在安静的不影响活动的地方，单独与家长交流。耐心听取家长的意见，不要急于评判或解释，不受家长负面情绪的影响，等家长说完，班主任应该告知家长，您的意见和建议我记下了，我会认真对待的。如果家长不愿意再参与活动，班主任应把家长送到校门口，保证其离开学校。如果家长愿意继续参加活动，班主任应陪同家长回到活动现场。

活动结束后，班主任可以有意寻找家庭教育方式有问题的家长（如教育方式简单粗暴、家校共育配合度低），抓住这个机会，引导家长积极看待自己孩子的成长，给家长提出改善家庭教育的建议，可能会起到较好的沟通效果。

活动结束后，班主任应将活动的报道或视频发给未参与的家长，并对学生在活动中的表现给予欣赏和赞扬，不管学生是不是活动的参与者、志愿者还是仅仅是观众，都应该积极反馈。这样的反馈可以体现学校教育的积极成果，也体现学生在不断进步，更能促进良好的家校沟通。

3. 预期效果

班主任邀请家长参与和观摩学校活动，有助于学生发挥潜能展示才艺，能够增加家长对学生在学校学习生活和成长发展的感知，帮助家长更全面地理解自己的孩子，同时也提供了良好的家校沟通机会，增进班主任与家长之间的相互关系，形成家校共育的良好氛围。

（三）家长个别沟通

1. 场景分析

班主任经常因为个别学生的情况，需要与该学生的家长进行沟通，最常用的方式是班主任通过电话、微信、家校联系平台等方式与家长沟通，也可能通过家校联系册反馈学生信息，或者直接约家长到学校进行面谈。这样的个别沟通往往是因为学生遇到了一些问题，班主任需要家长配合协助时进行的。同样，也可能是家长遇到家庭教育问题主动联系老师请求帮助。在与家长的个别沟通中班主任可能会遇到各种情况，如学生在学习方面出现问题（态度不好、不完成作业、成绩明显下降等），身体健康方面出现问题，行为举止方面出现问题（违反校纪校规、同学间矛盾冲突、发生意外事故），或者发现心理健康方面的问题（焦虑抑郁、自我伤害）等，甚至还有可能会面对家长对学校的投诉。

2. 沟通策略和方法

班主任通过文字形式与家长沟通或反馈学生情况（如微信、家校联系App、家校联系册等），需要注意措辞和信息的准确性，注重礼貌用语，尽可能准确完整地描述学生的情况，避免产生歧义，即使学生犯错也应该理性客观地表述，避免情绪化表达和批评指责，采用积极正面的指导性语言。如学生情绪冲动与同学打架了，班主任描述了具体发生的事情之后，可以用"希望家长配合班主任一起关注该学生的行为教育，学习自我情绪管理"这样的语言结构给家长提出家庭教育的要求。

如果是班主任打电话给家长，班主任要先调整好自己的情绪，让自己冷静下来，思考一下解决问题的路径，希望家长如何配合，考虑比较周全了再与家长通话，尽可能避免电话里有情绪化的表达，不利于家校合作。

如果家长主动来学校找班主任，对学校的规定提出批评，或投诉老师，班主任在接待家长时，应安排一个安静的环境，不要站在教室走廊里说话，不干扰正常教学。班主任要管理好自己的情绪，保持冷静和理性的职业态度，真诚地接待家长，听取意见。不管家长提出的要求或意见是否合理，建议班主任在沟通之后几天给家长一个回复，以表达对家长意见的重视。

如果学生出现身体健康问题或受到意外伤害，班主任应首先保证学生的安全，及时开展救助或治疗，给予陪伴，同时电话通知家长，告知家长目前学生的情况和已采取的救助或治疗措施，避免家长过度紧张产生负面情绪。

如果学生出现心理健康问题，如考试焦虑、情绪低落抑郁、上课注意力无法保持且多动，班主任应该鼓励或陪同孩子主动找心理老师寻求帮助。班主任应该听取心理老师的指导和建议开展后续该学生的心理辅导工作，并保持与家长的沟通，把学生的情况以及心理老师的建议转达给家长。

如果学生出现心理危机现象，如情绪失控（大哭大叫）、内心苦恼用刀片割伤自己手臂等，甚至有自杀倾向，班主任应尽快赶到现场，把学生带到安全的地方（如办公室、学校心理咨询室），尽可能避免惊吓到其他同学。班主任一直陪伴在学生身边（或者安排专人守护），确保其安全，并且第一时间通知心理老师和学校管理层立即介入，开展专业的心理评估，调动学校资源启动学生心理危机干预机制。待学生心理状态稳定之后，班主任应电话通知家长，电话中只需告知家长学生现在有些情绪状态不稳定，要求家长到学校面对面交流一下（避免家长过度紧张），在此期间班主任应陪伴学生直到家长到来。

班主任与出现心理危机的学生的家长面谈时，应该以关切和同情的态度开启与家长的对话，先告知家长学校已采取了哪些措施对学生进行关爱和保护，然后给家长描述自己观察到的学生的言行以及心理老师的评估结果，让家长知道事情的严重性，建议家长带着孩子寻求专业的心理咨询或心理治疗（如去精神卫生中心检查就医）。整个沟通过程，班主任应保持冷静，明确自己的角色定位，即班主任是提供信息、协助和支持者而不是诊断或治疗者，班主任还可以安排家长与心理老师进行沟通听取专业指导。班主任与家长沟通结束后，必须由家长亲自把孩子接回家。

3. 预期效果

班主任与学生家长的沟通是家校共育中重要的一环，有利于家长更好地了解孩子的情况，推动家长配合学校开展有效的家庭教育，共同解决学生成长发展过程中遇到的各种问题。能够有效地保护学生的身心健康，及时化解学生的心理危机，保障学生的安全。

（四）班主任开展学生家庭访问

1. 场景分析

班主任经常通过学生家访活动，全面深入了解学生所处的家庭环境、学习和生活习惯、家长如何开展家庭教育等情况。在学生家访的过程中，大多数家长都会表现出非常热情欢迎的态度，不少家长会向班主任表达对如何开展有效家庭教育的困惑。但开展学生家访并不是总是顺利的，班主任可能会遇到家长对学校的误解或者抱怨、家长情绪激动当着班主任的面对学生进行责骂、家长不愿配合班主任工作、无原则溺爱袒护自己的孩子等情况。

2. 沟通策略和方法

班主任应该调整好自己的情绪状态，面带微笑地去见家长，不能带着上门告状的心态去学生家中。

班主任在整个家访过程中，应该始终注重建立和维护与学生家长的良好关系，尽可能争取家长更多地主动积极配合班主任的工作。

在与家长沟通过程中，班主任应多采用倾听的沟通技术，倾听家长的反馈、家长的情感表达，了解他们的想法和需求。对他们的困难之处应采用共情或共感的沟通技术，表达自己对家长处境的理解和同情。在沟通中建议班主任采用开放式提问技术，了解学生在家里更多的学习、生活情况。

在家访后，班主任要尊重学生家庭的隐私，注意不轻易在其他老师、同学面前提及该学生的家庭隐私信息（如父母关系、家庭矛盾、经济条件等）。

对于家长在开展家庭教育中的困惑，班主任应给予耐心的专业指导，提供建议或方案，并告知家长自己也会在日常工作中给予关注配合，共同促进学生的健康发展。

班主任向家长反馈学生在校情况时，切忌开门见山一上来就说学生的问题以及造成的后果，要本着"无条件积极关注"的原则，先反馈学生的优点、积极的行为表现、取得的进步或成就，再谈及学生现在的问题和班主任的期望。

对于心理健康出现问题的学生，班主任应该做好充分准备（学习心理知识、听取心理老师建议），科学地指导家长如何在家里关爱孩子，普及心理健康知识，帮助家长和学生改变对心理健康的忽视或恐惧的思想，消除"病耻感"（对孩子患心理疾病感到羞耻），与家长携手，家校协同帮助学生尽快走出心理阴霾，预防学生心理危机发生。

遇到情绪激动的家长，班主任不能受到负面情绪的影响，保持理性状态，可以采用倾听技术，让家长充分表达宣泄情绪，不要急于解释或评论对错，不必在意家长说了什么，注意观察他们的情绪变化，等其情绪平静下来之后，再深入沟通探讨要处理的问题。

如果家长情绪激动打骂孩子，班主任应立即出面制止，同时把学生劝离现场，到家长目光看不到的地方休息，保护好学生。对家长进行劝慰、安抚，等待家长情绪平复后，再进行沟通。后续沟通的内容不应停留在孩子的问题上，而是引导家长共同探讨解决问题的具体方法，并商量今后如何开展有效的家校联动教育，避免类似问题发生。

当班主任需要表达自己的情绪或感受，并要求家长配合自己做某些工作时，可以使用"我句式"沟通技术，理性恰当地表达自己的感受和需求，同时，对家长、学生提出自己的"请求"，这样更容易得到家长和学生的理解和配合。

3. 预期效果

班主任开展学生家访工作非常有助于建立和维护良好的学校和家长之间的信任关系，更多更全面地了解和掌握学生各方面的情况，帮助家长深入了解学生目前的状态，促进家长理解并配合学校的各项政策措施和相关规定，有效指导家庭教育。班主任与家长共同制订并实施个性化的家校共育方案，及时获得家长的配合处理好学生遇到的各种问题或困难（如学习问题、行为问题、心理健康问题，甚至心理危机预防）。

第三章
学生常见心理健康问题疏导

第一节　中小学生常见心理健康问题分类

一、心理健康问题分类

一般把心理健康问题分为如下两类：

（一）心理问题

心理问题也称为心理困扰，具有明显的偶发性、暂时性和非病理性三个特点。通常，心理问题是由日常生活中的一些应激事件、环境变化或个人情感困扰所引起，常与一定的情境相联系，脱离该情景，个体的心理活动则恢复正常。而非病理性是心理问题的核心特征，它指的是心理问题是正常的心理状态，达不到心理障碍的程度，而且这些问题通常不会对个体的日常生活和社会功能造成严重影响，但可能会导致一些不适或困扰。心理问题可以通过自我调节、寻求支持、心理咨询等方式来缓解。

（二）心理障碍

心理障碍也称精神障碍，是一种心理的异常状态，而且严重影响个体正常生活工作和学习。通俗地说，心理障碍是一种病，而心理问题不是病。就像抑郁情绪和抑郁症，前者是心理问题，后者是心理障碍。在临床上，心理障碍必须由有资质的专业精神科医师诊断明确，通常需要接受心理治疗或药物治疗才能康复。

需要注意的是，心理问题和心理障碍是个连续体，它们之间并没有明确的界限，而且可能相互转化。如果心理问题得不到及时的调适和干预，就可能会发展成为更为严重的心理障碍。因此，对于任何心理问题，及时寻求专业帮助是重要的。

二、中小学生常见的心理健康问题

（一）学习适应问题

学习适应问题是指学生在学习过程中遇到压力、困难和挫败等情况，导致他们无法有效适应学习环境，从而引发心理困扰。中小学生常见的学习适应问题有：

1. 学习压力过大

学习压力大可以说是当今中小学生面临的普遍现状，它表现为两种情况：一种是学业负荷过大带来的外在压力，作业繁重、考试频繁、休息和睡眠减少，让学生不堪重负，身心倦怠；另一种是学习成绩达不到自己的预期引发的内在压力。

2. 学习习惯不良

学习习惯不良是中小学生常见的学习适应问题，如上课注意力不集中、作业拖沓、学习自主性差等。这些不良习惯往往会导致学生学习成绩不好或内在挫败感，加上来自老师和家长的压力，可能会引发学生的心理困扰。

3. 学习动机缺乏

学习动机缺乏是指学生缺乏推动自己学习的内驱力，它可以表现为从轻度的学习目标不明确、兴趣缺乏，到严重的厌学、逃学和辍学。导致学生学习动机缺乏的因素很多，主要包括学习反复挫败引发的习得性无助、学习压力过重导致的学习倦怠、长期缺乏来自老师和家长的正向赋能（如认可、激励），以及其他干扰因素，如师生冲突、家庭矛盾、情感困扰等。

4. 考试焦虑

考试焦虑是指因考试而引发的较为严重的焦虑状态，以过度担忧、害怕、紧张为主要特征。从时间上分，考试焦虑可以分为考前焦虑、考中焦虑和考后焦虑。考前焦虑常表现为临考前担心自己会考不好、注意力难以集中、记忆力下降、失眠等；考中焦虑主要表现为考试中出现过度紧张、思维混乱、提取困难，尤其是一遇到做不出的题目，容易陷入头脑空白、身体发抖、尿频尿急等，从而考试成绩产生严重偏差；考后焦虑主要体现为对考试结果的消极预期，担心考不好的各种后果。考试焦虑的直接结果就是导致学生发挥不出正常水平，就像老师们常说的"平常成绩还可以，一到大考就掉链子"，这就是典型的考试焦虑。

（二）行为相关的心理问题或障碍

1. 人际关系问题

学生的人际关系问题主要包括亲子关系问题、师生矛盾、同伴冲突和社交焦虑等。对于中小学生而言，父母、同伴和老师是其最重要的三大社会支持体系，也是影响学生健康成长的重要因素，无论哪种关系出现紧张和冲突，都会对学生产生持续的心理困扰，甚至导致学生出现心理障碍。

2. 强迫性行为与强迫症

当学生面临学业压力、人际关系紧张、家庭期望等各种心理压力时，可能导致他们产生强迫性行为来应对或缓解焦虑，如反复检查、擦写、计数，过度清洁、整洁，重复某些动作等。需要注意的是，这些强迫性行为并不一定代表学生患有强迫症，强迫性行为在一定程度上是正常的，但如果这些行为严重影响到日常生活、学习和社交功能，或者给中学生带来了极大的痛苦和困扰，并且持续时间较长，就需要寻求专业心理或精神卫生机构的帮助，以确定是不是强迫症。强迫症是一种心理障碍，一般需要接受心理治疗和药物治疗。

3. 青春期过度逆反

青春期逆反是指青少年在青春期阶段出现的一种对家长、老师或其他权威人物的反叛和对抗行为，如对家长或老师的要求表现出不合作或挑衅的行为、质疑和挑战权威、故意违反学校或社会的规则、追逐奇装异服等。从本质上，青春期逆反是中学生自我意识显著增强、彰显独立和自主的一种表现，他们渴望摆脱家长或老师的控制，试图建立自己的身份和价值观。可以说，青春期逆反是青少年成长过程中的一种正常现象，只有过度逆反，如逆反行为过于严重或持续时间过长，才可能会对青少年的发展和健康产生负面影响。因此，家长和老师应该理解和尊重青少年的需求，与他们进行有效的沟通和互动，帮助他们建立积极的自我形象和价值观。如果问题严重，也可以考虑寻求专业心理咨询师或青少年专家的帮助。

4. 品行不良与品行障碍

品行不良通常是指青少年的一些不良行为表现，这些行为可能违反社会规范、道德准则或法律规定，如撒谎、偷窃、打架、逃学、吸烟、饮酒等。品行不良的行为往往是偶发的，或者是在特定情境下的少发性行为。而品行障碍则是一种更严重的行为问题，被归类为心理障碍的一种。品行障碍的特征是持续的、反复出现的严重违反社会规范和道德准则的行为模式。这些行为可能包括攻击性、破坏性行为，撒谎、偷窃、纵火、逃学、离家出走等。品行障碍的行为模式通常持续至少 6 个月以上，并且对个人、家庭和社会造成了显著的困扰和损害。

5. 非自杀性自伤行为

非自杀性自伤行为是指个体在没有自杀意图的情况下，故意、直接、反复地损害自己身体组织的一种行为。中学生自伤行为主要表现为三种方式：①割伤。使用利器如刀片、剪刀或针等在皮肤上划出伤口，通常是手臂、腿部或其他容易接近的部位。②撞击。故意撞击身体的某个部位，如用头撞墙、用手拍打自己的脸部或身体。③烫或烧。故意用火、烟头或热物体接触皮肤，导致烧伤或烫伤。

自伤行为在青少年人群中较为普遍，国外研究报道其发生率在 17.0%—18.0%，而国内研究报道自伤行为检出率差异较大，最低为 5.4%，最高为 44.3%。韩阿珠等一项 Meta 分析显示，中国大陆中学生自伤行为检出率为 27.4%。可见，自伤行为已逐渐成为一个严重的精神卫生问题。

青少年自伤的原因有三个：一是缓解负面情绪。自伤行为既是一种消极应对方式，也是一种调节情绪行为，当学生积累了强烈负面情绪时，如抑郁、无助等，可能通过即刻的疼痛释放压抑的情绪，正如疼并快乐一样，短暂的愉悦又强化了自伤反复发生，形成一种习惯性的方式。可以说，大多数青少年自伤行为是由此引发的。二是继发性获益。当学生第一次自伤被父母或老师发现后，得到了关注或者愿望被满足，使其获益，从而导致自伤在愿望受阻时再次发生，但这种情况与缓解负面情绪不同，自伤者会刻意让父母或老师看到。三是内向攻击。人遭遇挫败会产生愤怒，愤怒常常引发攻击行为，如果把挫败归因于他人，可能会引发对他人的外向攻击。如果把挫败归因于自己无能，可能会引发自伤、自残、自杀等自我攻击行为。无论是哪种原因引发的自伤行为，都是严重的心理问题，必须引起家长和老师的高度关注。研究表明，自伤与自杀存在相关性，是自杀的早期症状表现之一，需要接受专业的心理咨询和治疗。

6. 网络游戏成瘾

青少年沉迷于网络游戏是社会普遍关注的一个问题，其危害性不言而喻。在 2019 年世界卫生组织新发布的《国际疾病分类》第 11 版（简称 ICD-11）把网络游戏成瘾纳入心理障碍类别，并给出了明确的诊断标准。网络游戏成瘾主要表现为：

（1）对游戏行为的控制力减弱，如无法控制游戏行为的发生、频率、持续时间、终止时间等。

（2）游戏的优先级高于日常生活和其他正常兴趣爱好。

（3）尽管出现了负面后果，如人际关系破裂、职业或学业受影响、健康损害等，仍然无法停止游戏。

（4）以上行为模式需要持续至少 12 个月才能作为诊断依据，但如果症状足够严重且满足其他诊断要点，持续时间可短于 12 个月。

许多研究表明，网络游戏成瘾不仅会导致心理的依赖，也会产生生理的依赖，戒断困难，是一种较为严重的心理障碍。

7. 多动症

多动症全称为"注意缺陷与多动障碍"（ADHD），它有三个方面的症状：①注意缺陷。主要表现为要求保持注意力集中的任务或活动，大多数情况下都表现出注意力不能集中。②多动与冲动。主要表现为要求保持安静的场合（如教室、吃饭、做作业、电影院等），大多数情况下都表现出多动（扭动、说话、奔跑等），像上了发条一样，一刻不停。③而且这些症状必须 12 岁以前被观察到，并持续 6 个月以上。多动症是儿童常见的一种心理障碍，如果不及时治疗，往往会导致儿童出现学习、情绪和行为问题。

（三）情绪情感相关的心理问题或障碍

1. 焦虑情绪与焦虑症

焦虑是人们在面对压力、挑战或不确定性时所产生的一种情绪状态。它可以是暂时的、适度的，并在特定情境下出现。例如，在重要考试前、公开演讲前或面临生活中的重大决策时，人们可能会体验到焦虑情绪。适度的焦虑可以激发人们的动力和警觉性，促使人们更好地应对挑战。因此，我们要理解适度焦虑、过度焦虑和焦虑症之间的差异。

如果我们把焦虑看成一个连续体，过度焦虑就是介于适度焦虑和焦虑症之间的一种焦虑状态。它的特点是：①与遭遇的事件密切相关，并由该事件引发，如学习成绩退步明显、同伴冲突等；②明显影响个体正常学习和生活，表现为过度担忧、害怕和烦躁，注意力难以集中，记忆力下降，思维混乱，出现失眠、胸闷、胃痛等身体症状；③达不到焦虑症诊断标准。在临床上，精神科医师一般采用排除法来判断，在排除焦虑症之后，又超出了正常焦虑，就判断为过度焦虑，如中度焦虑情绪等。

焦虑症则是一种心理障碍，是焦虑情绪的过度和持续表现，超出了正常的范围和程度。焦虑症患者常常体验到过度的、无法控制的焦虑，伴随着身体和心理上的不适症状，如心动加速、呼吸急促、出汗、头痛、肌肉紧张、失眠、烦躁不安等。这些症状严重影响了患者的日常生活、工作和社交功能。焦虑症主要包括惊恐障碍和广泛性焦虑症两种。惊恐障碍是一种短暂发作、强烈恐惧的急性焦虑状态，并伴有显著的生理反应，以及濒死感或失控感。广泛性焦虑症则是一种慢性焦虑，没有明确对象，总是担心这担心那，常伴有长期失眠、身体不适等躯体症状，持续时间要超过 6 个月。焦虑症通常需要专业的评估和诊断，并且可能需要心理治疗、药物治疗或综合治疗来帮助患者管理和缓解症状。

在中小学生群体中，焦虑症的发生率低，绝大多数属于过度焦虑。需要指出的是，过度焦虑属于心理问题，而非心理障碍。

2. 抑郁情绪与抑郁症

严格意义上来讲，抑郁情绪与抑郁症之间有本质的区别。抑郁情绪通常是学生面对生活学习中的压力、挫败等负性事件应对无效后的一种情绪状态，通常表现为无助、沮丧、悲观等情绪低落，也可能伴有焦虑、易怒等表现，但通常不会持续很长时间，也不会严重影响日常生活。抑郁情绪一般是事出有因，可以通过外界环境的变化、事情的变化而消失。如果遇到一件开心的事情，可能你的心情会随之变好。

抑郁症则是一种严重的心理障碍，主要表现为持续的心境低落和无乐趣感，其特征是持续的悲伤、绝望、无助、自责和对日常活动失去兴趣等，抑郁症的抑郁常常是事出无因，无缘无故就出现了，与当下的处境和遭遇并不符合。抑郁症可能会持续数周、数月甚至更长时间，并且会对个人的工作、学习、社交和家庭生活造成严重影响，甚至部分患者会出现自杀、自伤行为。

虽然抑郁情绪和抑郁症有所不同，但它们之间也存在联系。长期的抑郁情绪可能会增加患上抑郁症的风险，而抑郁症患者也可能曾经经历过抑郁情绪。如果个体抑郁情绪持续时间较长、严重影响日常生活，或者出现了其他抑郁症的症状，如睡眠问题、食欲改变、疲劳、自杀念头等，建议及时寻求专业心理健康帮助，如心理咨询师或精神科医师，他们可以对你的情况进行评估，并提供适当的治疗建议和支持。

3. 自卑

自卑是学生常见的心理问题之一，它是指个体对自己的能力、价值、外貌或其他方面缺乏自信和认同的一种心理状态。导致学生自卑的因素很多，如：学业上反复挫败，产生习得性无助，从而形成对自己能力否定的自卑感；也可能因为自身身材、容貌、家境不如他人，形成身体自卑、家境自卑；还可能由于从小来自父母的过度否定或缺乏关爱，形成不被喜爱的自卑感。

从某种意义上，人都是自卑与自尊的结合体，每个人都或多或少在某些方面存在自卑感。自卑对个体的发展既可能成为动力，也可能成为阻力，如果学生采取补偿的方式，把自卑转化为对学业、运动、艺术的追求动力，就超越了自卑。如果学生陷入自卑情结之中，自怨自艾、退缩、消沉，自卑就可能变成发展的阻力。

家长和老师在孩子自尊的形成过程中扮演着关键角色，对孩子持续的积极关注是维护其自尊、消除自卑感最有效的方法。

（四）心理危机

心理危机是指个体在遇到了突发事件或面临重大的挫折和困难，当事人自己既不能回避又无法用自己的资源和应对方式来解决时，所出现的心理反应。这种状态通常会导致个体陷入极度痛苦、焦虑、绝望、无助等情绪之中，并且可能导致自杀、暴力或创伤后应激障碍等严重心理和行为问题。其中，自杀是青少年最常见的心理危机。

有学者通过对自杀案例的回顾性调查发现，影响学生自杀的因素依次为：①家庭冲突；②学业压力；③师生矛盾；④心理问题或障碍，如抑郁症等；⑤情感纠葛，如失恋等；⑥校园霸凌；⑦其他。当然，这些因素只是诱因，只有当这些事件带给学生强烈或持续的痛苦和绝望感，又缺乏外部有力的支持和内在有效的自我调节时，才可能演变为自杀悲剧。学校对学生自杀的干预应侧重早发现、早干预、早预防的原则和策略。

除了自杀这一心理危机，学生还可能因为遭遇灾难、身体严重伤害、校园霸凌，以及目睹自杀等引发创伤后应激障碍，这类危机需要及时给予专业的应激干预。

第二节　学习相关问题的心理疏导

一、从不自主到自主学习，班主任如何助力

案例1：14天，从"我无所谓"到"我想好好读书"

"老师你好，我们家这个孩子对学习一点儿都不着急、无所谓，我们觉得他对自己一点儿都不负责任。现在八年级都快结束了，明年就要中考了，还是吊儿郎当的。学习都要靠我们父母催。每天放学回家就先看手机，手机给他没收了就看电视，电视的机顶盒我们拿走了，他就看小说看漫画。一定要等到六点半，他爸回家了，吃完饭了才开始做作业。好不容易开始做作业了，一会儿对着窗户发呆，一会儿找各种文具和学习资料，一会儿又要手机，说是不知道作业是什么，要和同学核对，然后就是整整半个多小时偷偷地和同学聊天。每天都是他爸爸实在看不下去了，对他大吼大叫，他才勉勉强强有了点儿效率。完成基本的学校作业都要到每天十一点多了。

"我也和他苦口婆心地讲过道理，学习都是为了他自己，现在多吃学习的苦，未来才能少吃生活的苦，长大了都要靠他自己。诸如这些话，说了不知道多少遍了。小学的时候这些话说出来，他好像还有点儿触动，能去认真学几个小时。现在八年级了，脸皮也厚了，对这些话好像也都免疫了。我们说了半天，他也就看看我们，什么都不说。说多了，还不耐烦，竟然敢让我闭嘴。他爸爸看不下去了，和我说，不要和他讲道理了，不认真学习就棍棒伺候。

"我学过一点点教育学和心理学，我知道他爸爸的这种做法是不对的，但有时候也很无奈。好好和孩子说就是没用的，只有他爸爸凶起来，孩子才好一点儿。老师，你说这个孩子是不是犯贱啊。后来我也开始和孩子讨论，将来他打算做些什么。因为听了一些家庭教育的讲座，专家说要去激发孩子的学习动力、学习兴趣，要为孩子建立长远的目标。没想到，这招对孩子也没用。我问他，将来想干什么，对什么感兴趣？他竟然告诉我，他将来什么都不想干，待在家里挺好的。我问他，对于未来有什么理想？他竟然告诉我，他的理想就是每天躺在家里刷刷手机，追追剧，生活简单点儿挺好的。我又问他，不想吃点儿好的、玩点儿好的吗？刷手机，看漫画也是要花钱的呀！这些钱怎么来呢？他竟然告诉我，自己的物质需求很低，没钱的话，每天吃吃方便面就够了。再算上上网的钱，每月有个一两千块钱也就够自己花销了。然后他还反问我，就算你们退休了，不工作了，难道每月一两千块钱都拿不出来吗？我当时气死了，就说，那爸爸妈妈哪天不在了，谁给你钱呢？他看看我，竟然说，家里三室两厅的房子，大不了出租两间给别人。

"最后，孩子竟然反过来给我洗脑，说现在这个时代，读书已经不是唯一选择了。孩子还说，在上心理课的时候，老师也说过，学习不是唯一的出路，心理健康的人才能走到最后，获得成功。要不是为了让我和他爸爸开心，他早就不去上学了。他自己对学习是无所谓的。我们愿意催他，他就学一点儿。我们不催他，他肯定不会学的。现在自己八年级，再过一年，九年级毕业了，拿了初中文凭，也就不想继续读下去了。我听他连这种胡话都说出来了，心里觉得堵得慌，当时就觉得很难受。老师，你说现在孩子怎么会这样想啊？怎么才能救救这个孩子，让他有点儿学习动力，让他能够认识到学习是他自己的事情，能够自主地去学习啊？孩子还有希望吗？"

这是一位八年级男孩子的妈妈在咨询室中对咨询师的倾诉，当时能感受到，这位妈妈的情绪都快崩溃了。面对孩子没有学习动力，对学习无所谓的态度非常绝望。这个男孩子，我们就叫他浩然（化名）吧，天赋其实挺高的，就读于某个区重点初中。和绝大部分父母对自己孩子的评价一样，也是"我们家孩子很聪明，考班上前十名没问题。就是心思不在学习上，不想读书"。

咨询师和孩子本人交流后，发现孩子也没有什么特别的心理问题导致他对学习失去兴趣。论成绩，他的成绩处在班级的中游，不高也不低，很普通。论师生关系，他和老师关系一般，有老师觉得他聪明，欣赏他；也有老师觉得他一般，忽略他，但并没有老师讨厌他、针对他。论同学关系，他在班级里尽管不处在人际关系的核心位置，但也有自己的朋友，会一起打球、一起讨论游戏、一起做些轻微违反校纪校规的"坏事"，大家也都觉得没有必要死磕学习。问起他，有什么特别感兴趣的活动，逢年过节有没有特别想买的衣服、鞋子、篮球装备或者手机之类的，孩子回答说是无所谓。平时自己用的东西都是父母买好的，他自己没什么要求。

看起来，这就是一个普通又平凡、低欲望、无欲无求的孩子。唯一的问题就仅仅是不想读书。老实说，这样的孩子现在在咨询室里越来越多了。没有学习兴趣，没有学习动力，没有学习的理由，能亦步亦趋地跟着学校进度学就很不错了，根本就谈不上自主学习。让老师、父母都产生了深深的无力感。

这类孩子是怎么产生的？怎么能够培养这些孩子的自主学习？我们班主任能做些什么呢？在这一章节中，我们会做一些简单的分析。也提前向读者们预告一下，最后咨询师有了一些方法，仅仅14天后，这个孩子就对妈妈说了"我想好好读书"。

（一）什么是自主学习

自主学习可以说是家长和老师对孩子最深切的渴望，尤其那些经常困扰在陪读、督促冲突之中的家长，总期待着哪天孩子懂事了，再也不需要为他/她的学习操心。但憧憬很丰满，现实很骨感。为什么在当下学校和家长如此重视学业的时代，"没有必要死磕学习"的孩子越来越多，这值得我们深思。

什么是自主学习？通俗地说，就是指学生自己主宰自己的学习。从深层次上，自主学习包含两方面的要求：一是有自己主动学习的意愿，把学习当成自己的责任，不需要他人的管束，这是自主学习的前提；二是有自主学习的能力。从心理学上，自主学习包含如下三个过程和三种能力：

（1）对自己学习活动的事先计划和安排。对应的是学习计划能力，即学生能根据自己的学习任务，合理设置目标和时间管理的能力，它包含了时间管理能力和目标设置能力。例如：依据今天布置的作业量，安排每门课程的作业时间、设定作业完成质量等。

（2）对自己学习活动的监察、评价和反馈。对应的是学习监控与评估能力，即对学习过程进行监控和回顾，并对学习效果进行自我评价，以做出调整。例如，今天英语作业花费的时间远超出了事先的计划，通过回顾分析其原因。

（3）对自己学习活动进行调节、修正和控制。对应的是学习调节能力，即根据学习任务的量和学习过程的评估，对学习计划和方法进行修正和调整。例如，考虑到今天老师布置的家庭作业有点多，则对作业时间进行调整，如提前在学校完成部分作业等。

自主学习既是一种能力也是一个习惯，是可以培养的，如果老师和家长能在孩子学习过程中进行指导性参与，可以帮助孩子建立起自主学习习惯，形成自动化反应模式，此时，孩子就能自主学习了。

（二）影响自主学习的因素

1. 家庭因素

（1）家庭内耗

传统上，我们会认为父母的教养方式会影响孩子的学习兴趣和自主学习。比如在案例中，我们会看到，爸爸在浩然学习效率降低的时候会采取打骂的方式去干预孩子的作业过程。

在理想的亲子关系中，孩子和父母应该是同盟，父母为孩子提供精神支持和资源支持，大家结盟共同应对繁重的学习任务。但是，父母对孩子的打骂会破坏这样的亲子同盟。没有孩子愿意被父母吼，没有孩子愿意承受皮肉之苦。当父母以打骂的方式教育孩子时，孩子很自然地就会和父母对抗。包括：隐藏自己的一些行为，不想让父母发现；在关于学习、作业的问题上欺骗父母，免于被父母责罚；直接在言语甚至肢体上和父母对抗。精力都用在了对抗父母，能够用来解决学习困难的力量就减少了，也就更没有心思去自主学习了。

（2）父母"越位"

在案例中，我们关注到以下细节：在学习上，最着急的不是浩然自己，而是浩然的父母。浩然自己不承担作业拖拉的责任，反而是父母每天想尽办法去提高浩然的学习效率。在生活上，浩然表现出低欲望，好像对什么都不感兴趣，对什么物质条件、享受都抱着无所谓的态度。但仔细分析就会发现，也许不是浩然的欲望低，而是父母在他没有开口的情况下就会主动为他准备好所有的一切。衣服、鞋子、篮球装备或者手机等电子设备，都是父母主动买好的。在经济上，孩子根本没有自力更生、自食其力的意识。在设想未来生活的时候，都建立在父母的付出上，比如"父母每月拿出一两千块钱"，"家里三室两厅，大不了出租两间出去"。

学习、生活、经济上的这些细节，使得我们看到了父母的"越位"。所有的责任都是父母承担的，生活中都是父母在付出，那么孩子的责任在哪里呢？自主学习这件事本质上是孩子的责任问题。孩子的责任，表现在生活中，是生活自理；表现在经济上，是自食其力；表现在学习中，就是自主学习。父母长期的越俎代庖，就是在打击孩子的"责任心"，打击孩子的自主学习能力。

案例1中，班主任仅仅14天就让浩然从对学习"我无所谓"的态度，转变到"我想学习"的状态，就和改变了父母的"越位"，赋予孩子责任有关。这点我们在谈到干预方式的时候会讲到。

2.学校因素

（1）有限的教学资源

孩子缺失自主学习能力，过往我们往往会认为和学校的目标、任课教师的教法有关，比如课堂中填鸭式的教育、非探索式的教学、相对较重的学业负担和升学压力等。对浩然这样一个区重点中学的八年级学生来说，可以想象的是，他们的课业负担一定是沉重的。在咨询师和浩然的交流中，浩然自己也提到，每天看到厚厚的一叠作业，就觉得心烦，不想去完成。很多时候自己甚至是早上到学校，和同学们一起共同"参详"完成的作业，他还美其名曰为"早晨学习小组"。浩然还提到，每天上课都觉得特别无聊，老师在上面讲，越讲他越烦，有时候索性就睡觉了。也不止他一个人睡觉，有些老师上课的时候，全班同学都是哈欠连天的，根本就不想学。

但站在学校、教师的视角，我们又会觉得，校方在这些问题上同样是非常无奈的。毕竟，客观的考评指标就在那里；毕竟，有限的教学资源也没有办法支持每一个课堂、每一节课都充满趣味性、探索性、开放性。

（2）同辈群体的相互影响

"近朱者赤，近墨者黑。"同辈群体和朋友们的观念对孩子自主学习能力的形成肯定是非常关键的。在案例中，浩然有自己的朋友，但朋友们对于学习的观点竟然是惊人的一致——"没有必要死磕学习"。在这样的环境影响下，孩子们的观念自然就离自主学习越来越远，不认为学习是自己必须完成的任务。

3.社会环境的影响

在谈到同辈群体的相互影响时，我们其实有一个疑问：是什么让浩然和他的同学普遍产生了"没有必要死磕学习"的想法？如同在案例中所说的，类似浩然这样低欲望、缺乏责任心、没有自主学习能力和意识的孩子在当今的学生群体中并不一定是少数派，这个问题是非常普遍的。这一点，相信我们的班主任是有切身体会的。既然是普遍发生的，那么必然就有它的社会背景。

（1）社会经济、生活水平的发展

随着经济的发展，物质生活水平不断提高。我们的这代孩子越来越少地受困于贫穷、匮乏。这使越来越多的孩子"生存需求""安全需求"被过于简单地满足。曾经的"知识改变命运"这句话，对孩子来说，越来越缺少认同感。甚至有孩子会调侃，"千万别改命，我不想过苦日子"。

（2）网络自媒体的负面影响

当下，网络，包括抖音、小红书等自媒体成为青少年业余生活的主渠道，尽管它们为青少年提供了社交互动和自我表达平台，但里面充斥着大量的虚假精彩生活呈现、哗众取宠的行为展示和对物质财富过度追求的内容，使得孩子们容易受到误导，迷失其中，导致中学生价值观的扭曲。部分学生开始不珍惜学习机会，对认真学习失去信心和憧憬，总是幻想着通过不劳而获的途径取得不切实际的成功。

（三）培养学生自主学习，老师可以做点儿什么

1. 通过"赋责"，培养学生的自我责任感

前文中我们提到，孩子自主学习的本质是"责任"。孩子的责任，表现在生活中，是生活自理；表现在经济上，是自食其力；表现在学习中，就是自主学习。那么，如何为孩子"赋责"呢？

（1）在班级中为孩子"赋责"

在过往的校园中，学生自己对教室做大扫除，轮班在课后清洁教室，课间擦黑板。这些都是孩子在用自己的实际行动承担自己作为班级一分子的责任。但随着对校园安全的重视，学生在学校中承担的责任正在减少，至少目前很少有学校敢让学生做诸如爬到高处清扫蜘蛛网、探出窗外擦玻璃、踩在

桌椅上清理风扇等危险行为了。然而，孩子始终是班级的一分子，我们班主任、教师依然可以"懒"一些，设置一些固定的岗位提供给每一个学生，让他承担起自己对于班级的责任。除基本的班级干部外，常见的岗位罗列如下：

· 黑板清理师，负责每节课间擦干净黑板或者白板；

· 各课课代表，负责各课作业的收取，资料发放，以及课前询问老师，有什么材料需要搬到教室去；

· 手机管理员，每天督促同学，把手机、智能手表等电子设备放到指定位置保管；

· 教室巡视员，每天课间负责检查地面是否干净整洁；

· 灯光管理员，负责教室灯光的打开与关闭；

· 作业公告员，负责每天放学前，和同学们核对当天的作业，避免遗漏；

· 小组纪律委员，负责记录每节课中，本组哪些同学违反了纪律，课后提醒同学不能打闹；

· 眼保健操指导员，负责提醒大家认真地做眼保健操，并示范正确的姿势；

· 垃圾桶管理员，负责课间提醒同学们，垃圾要扔进垃圾桶。

（2）为家长普及"赋责"的意识

学校班级只是为孩子"赋责"的一个阵地，家庭才是为孩子"赋责"的主体。老师在与家长沟通时，可以向家长传递一个信息，只有孩子有了责任意识，为自己负责，才会对自己的学习负责，才有可能形成"自主学习"的能力。家庭中常见的为孩子"赋责"的场景包括：

· 整理自己房间；

· 整理自己书包；

· 自行定闹钟起床；

· 洗涤、收晒自己的衣物；

· 自己清洗餐具以及扔垃圾；

· 通过为父母提供服务，赚取零花钱或者娱乐时间；

· 用自己的钱点餐、购买学习用品，不求助父母；

·自行完成作业，父母只负责检查以及答疑；

·父母不主动向孩子提供帮助，除非孩子开口请求。

在案例中，之所以14天就让浩然有了"我想好好读书"的想法，根本原因就是家庭中为浩然"赋责"了。比如，爸爸不再管浩然的作业效率，但每天十点必须熄灯睡觉，作业没有完成的话，除了第二天会被老师批评，还会扣除零花钱与娱乐时间；父母不再主动地为浩然买衣服、鞋子、点外卖，等等，一切都需要浩然用自己的零花钱购买；父母不再只盯着孩子的学习，而是给孩子更多的自主权。浩然可以不想读书，但不读书就要早点儿学会一技之长。同时，父母也开始在浩然面前表现出，自己年龄大了，想要早点儿退休，积蓄都用来退休后享受生活、旅行的想法。而且父母还真的利用年假出去玩了四五天，但没有带上浩然。

孩子有了责任心，才会积极主动地去思考怎么样的方式对自己的未来更加有利。在家长为孩子"赋责"的过程中，我们老师也可以配合家长。对孩子暂时出现的作业没有完成等情况做出反馈，批评学生但宽容家长。

2. 指导学生建立自主学习习惯——自主学习训练"四步法"

自主学习是一种学习方法，教师可以通过一段时间的训练让学生形成习惯，内化为学生自己的学习行为。一般来说，自主学习因为需要学生元认知能力的参与，因此，适合培养自主学习习惯的年龄在小学三年级以后。以下以学生作业自主为例，讲授培养学生自主学习的训练方法。

（1）**动员——提升孩子参与的积极性**

召开以"我的学习我做主"为主题的班会，讲解建立自主学习习惯的重要性，并要求学生以口头或书面承诺的方式，正式启动"自主学习训练月"活动。活动要有仪式感，仪式感可以增加学生行为的依从性。

（2）**方法讲解——让孩子知道怎么做**

以某小学五年级学生自主完成家庭作业为例。下表是自主学习的能力要求和具体描述，以帮助学生理解：

能力要求	行为描述（举例）
1. 时间管理能力	今天晚上 7：00-9：00 完成家庭作业。 ① 7：00-7：40 语文； ② 7：50-8：20 英语； ③ 8：30-9：00 数学。
2. 目标设置能力	①字迹工整； ②语文正确率 90%； ③英语正确率 95%； ④数学正确率 85%。
3. 学习监控与评估能力	①在完成小作文时想起了今天学校发生的一件事，分心了 10 分钟； ②英语完成良好； ③数学有 3 道题不会做，很沮丧，有点儿不想做； ④作业时间超过预定时间 40 分钟； ⑤总体作业质量和完成情况打 60 分（满分 100 分）。
4. 学习调节能力	①控制好做数学时的不良情绪，专注于搞清楚每道题； ②作业出现分心时马上回来； ③作业量有点儿多的时候，提前在学校做一部分。

制定每日任务清单：由学生根据每门科目的作业量，设置完成时间和时段，并依据自己的学科水平，确定作业要求和质量。在刚开始时，学生很难准确把握每门作业需要的时间，甚至可能有较大误差，随着反复训练，学生对时间的把握会显著增强，这也表明学生自主学习水平的提高。

自主完成作业：完全在不受他人监督的情况下自主完成作业。在这一过程中，学生可能出现分心、焦虑、不想做等情况，这是正常的，而发生的这些情况恰恰是以后需要不断调整和改变的，等到学生能做到全神贯注于任务本身，忘记时间，就表示学生自主学习达到了一个很高水平。一般来说，小学生一般难以在完成作业的过程中随时进行调控。

回顾与评价：这是培养自主学习习惯非常重要和关键的一步，要求在学生完成一门作业后，或者完成所有作业后，即刻对作业过程进行复盘，反思刚才出现了什么情况，包括分心、情绪感受、花费的时间等。可以说，提升学生对学习过程的自我觉察水平是自主学习训练的核心。完成复盘后，学生还应对自己的表现给予评价，自我激励。

自我调整：就是根据上一步的回顾，分析哪些是需要调整的、哪些行为是需要改变的、哪些情绪是需要克服的，以及调整的方法与措施。

在实际操作时，建议班主任能提供工具表格（如上表），让学生每日填写。

（3）教师指导——做孩子的顾问

每天固定一个时间，组织学生分享昨天自主完成作业的情况和遇到的困扰，班主任可以采用启发式提问方式，引导孩子发散思维，寻找多种解决办法，并做出自我调整。在此过程中，老师应以鼓励、表扬为主，不要给予批评，对于孩子想出的办法，就算不合理，也不要急着解释。

（4）习惯固化——让自主学习行为自动化

尽管习惯的养成最少需要21天，但我们的实践显示，培养学生自主学习习惯最好坚持3个月。

第一个月：教师每天组织分享和指导；

第二个月：教师每周组织分享和指导；

第二个月：教师不定期组织分享和指导。

由于自主学习习惯培养持续时间长，学生在训练过程中可能会出现难以坚持、消极情绪、缺乏自律、敷衍等各种阻力，班主任应该给予学生持续积极关注、鼓励、指导和外部奖励等，以维持学生训练的积极性，也可要求家长配合，效果会更好。

二、学习压力的心理疏导

案例2：快"爆炸"的男孩儿

"作业好多啊，我不可能完成的。我怎么办啊？我坚持不下去了。"在咨询室中，传出了孩子无助的叫声。

正在咨询室中接受咨询的是皓宇（化名）——一位小学五年级的男孩子。只见皓宇满脸都是痛苦的表情，抱着头。咨询师看到孩子那么痛苦的状态，也就没有再说什么，而是在旁边陪伴着孩子。

一阵情绪过后，皓宇的感觉似乎好了一点儿，整个人蜷着，小声地对咨询师说："老师，爸爸妈妈快逼死我了。学校每天都有三四张试卷要带回家完成，语文老师还要求我们每天把课堂笔记整理一遍，英语老师天天要检查单词、短语、句子的默写。光是这些作业，我都觉得完成起来很吃力了。爸爸妈妈偏偏还给我买了学习机，要我每天跟着学习机刷题。我说作业已经很多了，根本完不成，他们却说我作业磨蹭拖拉，没有认真学习。现在天天盯着我做作业。我伸个懒腰，他们就要咳嗽，提醒我抓紧时间。我上个厕所，妈妈就在那里阴阳怪气地说什么懒人屎尿多。我昨天好不容易逼着自己把作业都完成了，一看时间，只有九点三刻，就想看会儿手机再睡觉。没想到爸爸却对妈妈说，这都是他的功劳，说他盯着我做作业比妈妈有方法。妈妈好像不太开心，说我能完成作业是因为作业太少了，于是又让我再多做一套数学题。我恨死了，这么多作业，怎么可能完成。所以昨天我就冲他们吼了，让他们滚出我的房间。他们今天怎么好意思和你说，我脾气差，我不懂得尊重父母，我作业磨蹭拖拉的？我感到自己是一个快要爆炸的气球。老师，你救救我吧！"

看到孩子快要爆炸了，咨询师就试图让他回忆一些美好的事情。"老师理解你，学习压力那么大。在那么大的压力下，你每天都能完成作业，我觉得你已经非常了不起了。你很不错。"

"不，我就是个垃圾。"出乎意料地，皓宇在听到咨询师的鼓励后并没有得到安慰，情绪反而还更加低落了。

"谁说你是垃圾了？你是一个能够完成自己学习任务的好学生。"咨询师质疑道。

"期中考试，我数学没有及格，我语文刚刚70分，我的英语也才80多分。老师你说，这种成绩不是垃圾吗？我同学说我可能是傻子，有老师说我是多动症，我爸妈说我的心思不在学习上。总之，我是不可救药了。好想重新回到一、二年级去啊，那时候大家都是A、都是A+，爸爸妈妈会对我笑，老师也会鼓励我。现在五年级了，我和同学的差距越来越大了。我也想考90多分、想考100分，想再让爸爸妈妈对我笑，想要老师表扬我，但已经不可能了，眼看马上又是期末考试了。"说着说着，皓宇的眼神更加暗淡了，低着头，不想再说话了。眼泪一滴滴地流了下来，只是忍着没有哭出声。

在向父母了解信息的过程中，咨询师向父母说明了孩子目前承受的巨大压力，快要爆炸了。告诉父母，孩子当前的状态需要处理好学习压力才能继续学习。父母也是唉声叹气的，表示自己在孩子身上花了大量的精力，基本都已经没有了自己的生活。有时候虽然对孩子冷嘲热讽，或者大声地训斥，但实在是没办法，孩子的学习实在太差了。每天学校的语文、英语默写成绩都不好，天天在微信群里被老师点名。自己非常爱孩子，带孩子来找咨询师就是希望能够帮孩子找到一个减压的办法。以前也带孩子去过医院，医生说孩子的注意力不太好，可以吃药。但自己担心对孩子的脑子影响不好，所以就没有吃，希望用爱和教育来帮助孩子。

（一）学习压力的影响因素分析

作为班主任，我们需要客观看待学习压力。一方面，过度的学习压力的确影响了学生的心理健康；但另一方面，适度的学习压力又是一个学生面对学习任务时，保持良好状态所不可或缺的因素。因此，在面对学生的学习压力时，忽略问题、简单地把学习压力不当回事，有诸如"现在的学生就是脆弱，一点儿都吃不了苦"或者"学习谁没压力呢？就你矫情，还不是为了偷懒找借口"的想法，这是不妥当的；盲目地以减压为目的，对学生的学习不做要求，类似于"要为学生减负，有压力就休息一阵子，不要想着学习了"或者"老师对你的学习没有要求，你想学就学，不想学就不学吧"的说法，这也是值得商榷的。

如何正确疏导学生的学习压力？作为维护学生心理健康的第一道防线，班主任需要先了解学生学习压力产生的原因。这样才好对症下药，进行解决。

1. 学生个人的原因

（1）学生个人的学习能力不足

个体的学习能力影响学习的效能，一个学习能力较差的学生，在学习中需要以勤补拙，同样的学习任务比同龄人要花费更多的时间。同样的学习成果，也需要付出比同学们更多的努力。案例 2 中，皓宇的注意力问题就是学生个人能力不足的一个典型表现，只是父母没有按照医生的方案进行处理，而是选择了用爱和教育去帮助孩子。

曾有一位一年级家长反映，自己孩子一个学期结束，语文的拼音、数学的数字顺序都还没有学会。孩子自己每天都会读，家长也会积极地帮助孩子做课后复习，但始终没有很好的进展。一个学期后，父母、孩子的压力都很大，孩子自己也感到学习非常可怕。在学校心理老师的建议下，家长带孩子去医院做了相关的能力评估。评估后，家长为孩子申请了随班就读。孩子的学习压力得到了极大的缓解。

（2）学习策略问题

学生在学习策略、方法上不科学，也会导致学习成果与其付出的努力不成比例，从而产生了较大的学习压力。比如，曾有一位五年级学生家长反馈，自己孩子每天作业都要做到十二点多，其他同学则只要做到九、十点就可以了。经观察发现，孩子有一个特点，所有的作业都要独立完成，有些题目即使不会，也要坚持自己思考、解答。学生本人认为："每道题目都要自己解出来，才是好学生。"没有请教老师、让家长为自己答疑的习惯。

（3）学生自身对学习的结果有较高的期待

这类学生一旦达不到目标，即使自己明知不必要，也会感到自责、自我怀疑，觉得自己成了他人议论的中心，觉得父母、老师会对自己失望。达到目标后又会感到焦虑，担心自己下次考试或者在下阶段的学习中是否达标。因此，会给自己增加许多学习任务，产生了较大的学习压力，陷入巨大的精神内耗。

例如，曾有八年级学生向父母提出不再去学校，在家自学的要求。理由是期中考试没有进入年级前三，觉得非常羞耻，觉得去学校会被同学嘲笑，甚至直言："我不知道怎么去学校，怎么面对老师和同学。我连前三都没进，压力太大了。"

有部分学生坚信，只有知识才能改变命运。同时，对自己未来的职业生涯又没有一个明确的职业规划，只是埋头学习。这导致学生陷入了"学无止境"的状态，不知道自己需要学到什么程度，只能不停地学下去，背负了不该承受的巨大学习压力。

比如，曾有九年级学生面对中考非常焦虑，天天学习到凌晨一两点钟。早上五点多又要定闹钟继续起床学习。睡眠不足导致学生本人的学习效率下降。即使在一些重要的课程中，也容易集中不了注意力，打盹儿睡觉。咨询中询问其中考目标，说自己也不知道，只是希望多学一点儿，分数能考高一点儿。很担心因为自己现在偷懒了，导致考不上好的学校。

2. 家庭因素

（1）家庭期待过高

有的家庭希望孩子能通过读书离开乡村，进入大城市生活、扎根；有的希望孩子能够通过读书，避免像自己一样从事低端工作，获得较高的社会地位；有的希望通过孩子良好的成绩，让自己在亲朋好友，甚至前夫、前妻面前扬眉吐气。

例如，有一位六年级学生在期中考试前割腕了，幸好家人及时发现，割得也不深，所以没有酿成惨剧。咨询中，学生说父母给了自己太大的压力，觉得自己仅仅是逢年过节时父母回乡在亲朋好友面前炫耀的工具。"平时见不到爸爸妈妈，每年春节又要听他们在亲戚面前吹自己会教育。说我读书好，被老师表扬，能得到奖状都是他们教育得好。这次我觉得自己考试应该会考砸的，与其让他们失望，被他们骂，不如我就走了吧。我太累了。"

（2）家长对于学业压力的认知不足

部分家长对孩子的学习压力缺乏足够的认识。当孩子面对比较严重的学习压力时，容易把心理健康问题转变成个人努力问题。首先考虑的不是"孩子最近学习压力很大""孩子比较辛苦"，而是"他在偷懒""他的心思不在学习上"。如同案例中，皓宇已经承受了比较严重的学习压力，父母却依然觉得他是"懒人屎尿多"，不可救药。

3. 学校环境因素

学校的教学环境、教学要求、同学间的相互比较，每天不会间断的学习生活使得学生本人无时无刻地处在学习压力中。因此，学校环境往往是带来学习压力的直接因素。

家长、学校、老师对于学生的学习要求并不是凭空产生的。社会对高素质人才的需求、考试等机制对人的选拔是学习压力产生的根本原因。

归纳下来，学生的学习压力主要来源于两个方面：一是个人的能力难以应付当下的学业负荷；二是学习的结果达不到自己、家人和老师的预期。

（二）学习压力心理疏导方法与技巧

由于学习压力根源于社会的客观状态，也是青少年成长的必经之路，因此注定了学习压力是无法避免的。在学生时代，学生需要去适应学习压力，找到一套属于自己的应对学习压力的方法。在成年后，他才能更成熟地去应对社会挑战，处理职场与工作生活中的其他压力。因此，学习压力的处理目标是帮助学生学会与压力共处。

1. 教师 / 班主任可以对学生做的工作

（1）通过倾听与鼓励，疏导学生压力

对于学生的学习压力，班主任的第一作用是"减压阀"。通过扮演一个平等沟通的角色的方式，让学生说出心中的感受，了解学生学习压力的来源，客观分析学习压力的根源，与学生一起制定应对学习压力的有效办法，为学生提供有力的情感和策略支持。

鼓励是一种正向赋能，更能引导学生向期待的行为转变，也是给习得性无助学生提升自我效能的不二法门。鼓励的作用在于，帮助孩子找到学习过程中的"支点"，帮助其确信自己在学习方面是有能力的，从而建立信心，对抗学习压力带来的自我怀疑、效能感下降、缺乏正反馈等伤害。

鼓励的要点在于"基于事实"，不能凭空鼓励、说空话。要鼓励学生在学

习过程中表现出来的品质，而不是鼓励成绩、结果。因为成绩、结果带有一定的偶然性，学习过程中展现出的良好品质才是稳定的、有益的。列举一下小学阶段，班主任能在学习过程中鼓励孩子的几个方面，供参考：

· 作业效率比昨天更高了；

· 坐姿比昨天更端正了；

· 书桌比昨天更规整了；

· 字迹比昨天更端正了；

· 上课举手的次数更多了；

· 背诵速度比昨天更快了；

· 正确率比昨天更高了；

· 以前做错的题目，今天做对了；

· 原本放弃的题目，今天会去思考了。

（2）学习策略指导

学习压力之所以对学生的心理健康产生影响，并不是因为压力本身，而是因为学生缺乏应对学习压力、提高学业表现的方法。比如：如何背诵语文古文，如何巧记英语单词，怎么能够避免粗心大意，如何记笔记、预复习才能高效，如何梳理知识结构，等等。这些基本的学习技巧其实对大部分学生来说是缺失的，需要被传授的。得到这些技巧后，学生才能提高自己的学习效率。

对学习策略的指导，恰好是我们班主任、任课教师所擅长的，可以教授给学生们的。

2. 教师／班主任可以对学生家长做的工作

（1）降低家长对孩子不合理预期

孩子的学习压力多数来自家长，尤其是家长对孩子学习上的不合理预期，是孩子学习压力的主要根源之一。作为班主任，可以通过以下具体方法来降低家长对孩子学习上的不合理预期：

①定期沟通。保持与家长的定期沟通，让他们了解孩子在学校的真实表现和学习情况。可以通过家长会、电话沟通、短信或电子邮件等方式与家长保持联系。

②强调个体差异。帮助家长认识到每个孩子都有自己的学习节奏和能力，不同的孩子在学习上可能会有不同的表现，让家长理解个体差异的存在。

③设定合理目标。"知止而后有定。"一个明确的、可预期的、在学生能力范围内的目标，能够有效地降低学生的学习压力。班主任可以指导家长为孩子设定合理的学习目标，这些目标应该基于孩子的实际能力。确保目标是具体、可衡量和可实现的，避免过高或不切实际的期望，使得孩子能够规划出一个明确的路径，知道如何去实现自己的目标，把压力转变成动力，而不是让压力无处宣泄，变成焦虑。

④分享多元评价方式。除了学习成绩，向家长介绍孩子在其他方面的发展，如兴趣爱好、社交技能、品德等。强调综合素质的重要性，让家长了解孩子的全面表现。

（2）鼓励家长

如同案例中皓宇父母所陈述的那样，在家校共育的过程中，老师在校园中会照顾孩子的情绪与感受，但在和家长沟通的过程中，部分老师会比较直接。皓宇默写成绩较差的时候，老师会直接把压力给到父母，父母承受了压力后，自己无法解决，就容易把老师的压力以及自己的焦虑一起再施加给孩子。

因此，在向家长反馈孩子学习情况的过程中，我们也可以试着鼓励家长。常见的语句可以是：

××家长，孩子相比上次默写，有××的进步。这周我们对他多提一个要求，希望他××。我们一起努力，帮助孩子达到。

××家长，自从上次反馈后，孩子有了进步。希望我们可以继续保持，在本周的默写中继续保持。

××家长，孩子在学校反馈，您在家里为他的学习做了很多工作，感谢您对学校工作的配合。目前孩子还存在××问题，希望我们可以继续共同帮助他。

此外，针对由于原生家庭环境的影响、学生本人的敏感和自卑的人格特质以及思维层面的错误认知所导致的学习压力问题，班主任要充分考虑这些心理因素的可能性，并将学生转介给学校心理老师。

三、厌学的心理疏导

案例3：从学霸到厌学，只因父母做错了一件事

"为什么一定要逼着我去读书？我不能和你们一样打工赚钱吗？"

"读书是为了你自己好啊！好好读书，考上大学，有个好的学历，以后才能有好工作，不用像我们一样那么累。"

"现在大学生工作又不好找，还不如早点儿和你们一样出去打工。"

"钱没那么好赚的，你不读书，工作都找不到。爸爸妈妈现在又累又苦，还被人看不起。我们都是为了你好，你怎么就不懂呢？"

"我每月几百块钱，看看视频、玩玩游戏就行了。我不相信我连这点儿钱都赚不到。我看别人抖音里面说的，成都几千块钱一个月很轻松的，上海平均都能赚一万多。我只要几百块钱，有什么难的？现在读书我根本就读不进去，上课也听不懂，老师讲课我就想睡觉，还不如早点儿出来工作。"

"你怎么就一点儿都听不懂人话呢？爸爸妈妈不会害你的。抖音里都是瞎说的，钱没那么好赚。你给我好好读书，否则过年回来你爸肯定打死你。"

"我就不读书，你们再逼我，别后悔！"

这段对话发生在一位在外打工的妈妈与他留守在老家的孩子沐晨（化名）之间。妈妈非常不理解地在电话中问咨询师："老师，我小时候想读书没条件，我爸爸妈妈劝我早点儿去打工，把读书的机会让给弟弟。我那时候觉得特别遗憾，后来长大了又觉得特别恨自己父母，耽误了我一辈子。现在我和他爸两个人，就算天再冷，每天早上两三点钟也要起床，准备出摊卖早点。看着那些白领每天都在写字楼里上班，真的希望儿子以后也能和他们一样，不要吃我们的苦，这也是我们现在在上海奋斗的动力。孩子本来是品学兼优、

孝顺懂礼貌的，读书都不用我们操心。可沐晨怎么就不想读书，怎么就不懂事呢？是不是高中老师把他给教坏了？现在的学校太不负责了！我们家孩子还有救吗？"

咨询室中，咨询师耐心地了解了沐晨的情况。孩子原本的成绩一直都不错，九年级的时候还考入了县里最好的高中。那时父母非常高兴，觉得自己辛苦的付出没有白费，孩子终于有出息了。孩子再辛苦三年，考上一所大城市的"985""211"大学，那自己的人生也就圆满了。在升高一的暑假，孩子提出，希望能给自己买一个平板，这样自己就算高中住宿在校，也能经常和父母视频联系了。父母也是非常欣慰，觉得孩子学习好，也孝顺，懂得关心父母。所以原本坚决不肯给孩子买手机、电脑的父母，终于松口，给孩子买了平板电脑。

没想到，上了高中不久，老师就把孩子的平板没收了。原因是：孩子违反了学校平板使用的制度，晚上熄灯后还偷偷玩，要家里人去学校拿。接下来又传来了孩子各科考试都没有及格的消息。到了现在，沐晨已经请假在家，不想去学校读书了。父母不得不赶回老家处理孩子的事情，这才有了上文的那段对话。父母无法理解的是：为什么初中的"别人家的孩子"到了高中就变成了"问题少年"？

（一）学生厌学问题的影响因素

厌学是指学习者对待学习的一种消极心理，内在表现为学习动力不足或丧失，外在体现为对学习活动的排斥和厌恶情绪。厌学是导致学生辍学的主要原因之一。

厌学如今在学生群体中已经成了一个较普遍的现象。相关的调查研究表明，城市学生厌学的发生率介于21.43%—53.49%，农村学生厌学的发生率介于10.99%—54.60%。因此，作为班主任，对于厌学问题应当有足够的了解与敏感性，及时辨识问题并加以介入和处理。关于影响学生厌学产生的因素，主要有以下三个方面：

1.繁重的学习压力，导致学生长期的心理疲劳

心理学研究表明，导致心理疲劳的主要原因包括：①精神紧张程度过高；②长期从事单调的任务；③从事相关任务时，心理压力较大，有挫折、紧张、焦虑等情绪。而以应试教育为目标的学习完全符合这三个特点。

学生在学习过程中，经常要完成一些基础性的学习任务，如背诵、抄写、默写单词或课文等。这些学习任务在低年级孩子看来是枯燥无聊的，但又是学习过程中不可或缺的。这些学习任务往往还会伴随着教师在课堂中的抽查、检查等。这样的学习任务就容易诱发孩子的心理疲劳。部分学生又不善于调节自己的学习方式、情绪压力，容易导致对学习丧失兴趣，进而厌学。

例如，曾有家长反馈，孩子早晨故意拖拉，导致每天上学都会迟到。后来通过对孩子的访谈发现，孩子迟到的主要目的是回避每天早上的语文生字默写。孩子说："班主任每天都要默写。默写不出还要抄写5遍。我记性太差了，根本背不出来。早上迟到最多罚站，我也认了。"

尤其是当下如此高的厌学发生率，与教育的内卷是密切相关的。教育内卷导致社会、学校和家长过度关注升学率，这些压力最终会转嫁到学生身上，繁重的作业、频繁的考试、无休止的课外辅导等，让学生不堪重负，身心疲惫，导致学习倦怠高发。

2.过度关注学习结果的评价体系，造成学生成就感缺失

应试教育的流行冲击了过去多元化教育评价体系，学校和家长一味以考试成绩和升学率为重，导致了学生的学习动力主要来自对考试成绩的追逐，但是现实学习中，能够得到理想考试成绩的学生毕竟是少数。当学生过多将学习动力寄托于成绩时，大部分学生的学习动力水平也就达不到理想的水平，感受不到成就感，进而产生厌学。

以案例3中的沐晨为例，为什么初中时他能保持良好的学习状态，进了高中对学业就丧失了兴趣？一个重要原因就是，初中时沐晨的成绩可以做到名列前茅，考入当地最好的高中。进入高中后，面对更加激烈的竞争，成绩下滑了。成绩下滑带走的不仅仅是孩子的荣誉感、价值感，还带走了孩子的学习动力，导致厌学。

3. 学习上反复受挫，导致习得性无助

习得性无助是指人们都有控制周围环境的需要，当他们控制环境的努力一次又一次失败后，就对控制环境并且达到目的产生无助感或绝望感，而且当他们处于其他的本可以控制的环境中时，也不再努力去控制。对于学习同样如此，一个学生在学习上反复遭遇挫败而又应对无效，就容易形成习得性无助，从而产生一种无助、沮丧、放弃努力的心理状态。

学习上的习得性无助与厌学之间存在密切的关系。当学生在学习过程中频繁经历失败、挫折或缺乏成就感时，他们可能会逐渐产生习得性无助的感觉。这种无助感会导致学生对学习失去兴趣和动力，进而产生厌学情绪。

在现实中，导致学生产生习得性无助的原因多种多样：有的学生因为基础差，长期的挫败感让他们在学习上感到无能为力，进而选择放弃；有的学生因为无论自己怎么努力成绩总达不到自己或家长的期望，深感挫败和无助，进而失去学习兴趣和动力。习得性无助使得学生认为无论自己如何努力，都无法改变学习的结果，从而对学习产生消极态度。他们可能会开始逃避学习，对学校和学习任务感到厌烦和沮丧。

"习得性无助"实验及启示

1967 年，美国心理学家塞利格曼用狗做了一项经典实验。塞利格曼将实验狗分为三组。在三个地板充电的房间里，第一组实验狗被轻微地电击，在它们旁边有一个开关，只要碰一下，就可以停止电击。第二组实验狗也遭受了电击，但它们没有任何方法阻止电击。第三组实验狗则完全没有受到电击。过了一会儿，所有的狗都被关进一个大箱子，箱子边上有着很矮的栏杆，接着实验人员开始对它们进行轻微电击。第一组（曾经被电击但学会了操纵开关停止电击的狗）和第三组（没有被电击过的狗）很快就跳出了栏杆；第二组（之前无法停止所遭受的电击的狗）只是在原地哀嚎，这些狗就是"习得性无助"的受害者。

1975 年，塞利格曼把"习得性无助"的实验扩展到人的身上。他挑选了一些大学生作为实验对象，并且把这些大学生随机地分成三个小组。第一组大学生被安排听噪音，不论他们做出什么样的举动，都不会让噪音消失；第二组大学生也被安排听噪音，不同的是，他们可以通过自己的努力使噪音停止；第三组大学生比较幸运，他们被安排在一个安静的环境中，没有噪音的干扰。当大学生在各自的环境中待了一段时间后，会被安排进行实验的下一个步骤。这个步骤中增添了一个实验设置，即手指穿梭箱。当大学生把手放到手指穿梭箱的一侧时，就会听到令人烦躁的噪音。但是当他们把手放到手指穿梭箱的另一侧时，这种噪音就会消失。实验发现，第二组和第三组的大学生在听到噪音后，都会试图结束噪音，把手移到手指穿梭箱的另一侧。但是第一组大学生在听到噪音后显得有点儿无动于衷，他们不会把手放到手指穿梭箱的另一侧结束噪音的干扰，而是让噪音继续响下去。塞利格曼认为，第一组大学生已经产生了"习得性无助"心理，所以才会出现这种行为。

实验的启示：①人在一个情境中形成的习得性无助会泛化到生活的其他情境，因此帮助个体在另外领域获得成功，是防止泛化的重要手段。②纠正归因偏差。如果一个人总是在一项工作上失败。他就会在这项工作上放弃努力，甚至还会因此对自身产生怀疑，觉得自己"这也不行，那也不行"，无可救药。而事实上，此时此刻的我们并不是"真的不行"，而是陷入了"习得性无助"的心理状态中，这种心理让人们自设樊篱，把失败的原因归结为自身不可改变的因素，放弃继续尝试的勇气和信心。③在挫折教育时应把握度，防止孩子产生"习得性无助"。

4. 网络游戏等带来即时满足，消解了学习动力

学习是一个需要持续努力的过程，它的奖赏需要在付出比较长的意志努力后才能获得，而网络游戏、短视频等带来的即时满足和即刻奖赏，是学习难以达到的。国内许多调查显示，学生沉迷于网络游戏和短视频是引发中小学生厌学的主要原因之一，尤其是厌学在家的孩子，常常伴随的一个行为就是过度使用手机，每天至少6个小时或者以上。一方面，网络游戏和短视频带来的即时满足，让许多自制力不足的学生欲罢不能，减少了学习投入，导致学习成绩下降；另一方面，学习成绩的下降，又会带来挫败感，引发来自家长、老师的压力。这样很容易形成恶性循环，让部分学生越来越依赖网络游戏和短视频获得的短暂快感。

在案例中，当咨询师单独访谈沐晨的时候，他坚决不承认自己有沉迷网络的情况。当问及孩子，既然没有沉迷平板，那为什么会在晚上熄灯后还在用平板？为什么现在每天都在家抱着平板，无法自拔。孩子的回答则是："不看平板还能干啥呢？学习又学不好，作业又不会做，寝室里也没人会理我，只有网上才有朋友。"从沐晨的回答来看，当孩子在学习上没有成就感、在作业上缺乏效能感、在人际关系中得不到支持时，网络就成了孩子唯一的精神支持。在网络中花费的时间越多，用在学习、人际关系中的时间也就越少，剥夺了孩子改善现实问题的机会，最终导致了厌学。

（二）学生厌学问题的心理疏导方法与技巧

厌学既是一个普遍的社会现象，也是个人学习问题。从普遍意义上，学校和教师可以通过改变单一评价机制、丰富教学形式、学业减负等方式减轻学生学习压力，激发学习动力。针对厌学学生个体，班主任可以采用个别疏导方法，消除对学习的排斥与厌恶情绪，帮助学生走出学习困境，获得成就感。

1. 多维度评价学生

在学校，教师对学生评价的主要维度是学习成绩，但学习成绩也并不是评价学生的唯一维度。比如：集体荣誉感、学习习惯、品德操行、互助品质、课外知识、文体活动等，这些都可以是评价一个孩子、鼓励孩子的有效维度。

心理学研究表明，一个领域的成功可以正迁移到另一个领域。当一个人在某个方面取得成功时，可以提升个体自我效能感，增强他们对自己能力的信心。这种信心可以迁移到其他领域，使他们相信自己有能力在新的领域中取得成功。同时，成功带来的积极情绪和动力可以激励个体在其他领域中更加努力地尝试和追求成功。因此，教师可以通过引导学生关注自己擅长的领域或科目，感受到自身的价值感，从而对学校、学习产生兴趣。

2. 丰富教学形式

在日常的教学中，面对枯燥、重复的学习任务，如背诵、默写、抄写等，教师可以变化背诵与检查的形式。比如，使用图形与单词、词语结合的方式；背景故事与背诵内容结合的方式；背诵、默写比赛的方式。

通过丰富多彩的任务形式在一定程度上化解学习任务的枯燥性，减少学生因为心理疲劳而产生的厌学情绪。

3. 家校合作，做好学生电子设备的管理

针对手机、平板电脑等电子设备对学生厌学的负面影响。一方面，学校要加强手机的管理和使用，目前大多数学校对学生在校使用手机管理严格，但许多家长反映老师在布置家庭作业时多依靠网络，这给学生在家滥用手机、平板、电脑提供了合理的理由，而由于家长难以全程监控，导致部分学生容易沉迷其中。另一方面，学校和班主任可以通过家长会、家长课堂讲授网络依赖的危害，指导家长电子设备管理的方法和措施。以下方法被证明是行之有效的，老师和家长可以根据实际情况参考：

周一到周四不允许使用手机玩游戏和看短视频。

每周玩游戏和看短视频的时间总共不超过6小时，每次不超过两小时。

家长为孩子提供电子设备前，要和孩子约法三章，约定好使用的时间、情景。

与孩子约定好，如果违反手机使用规则，父母有权没收手机一定的时间。

规定是红线，必须严格执行。

4. 针对厌学学生，及早发现，及时开展个别心理疏导

调查表明，以下三类学生容易出现厌学，班主任和任课老师应早发现、早干预。

（1）学习困难的学生

一方面学习困难会带给学生强烈挫败感；另一方面，他们通常也可能遭受来自家长、老师、同学的多重压力，多重压力的叠加很容易形成习得性无助，从而引发厌学。针对这类学生，教师应该降低要求，包括作业量、考试成绩等。同时，以个人进步为评价标准，多鼓励、少批评、不歧视，通过持续正向赋能，逐步增强学生自信。

（2）遭遇学习挫折的学生

如果学生在学习中经历了多次失败或挫折，他们可能会对自己的学习能力产生怀疑，进而失去学习的热情。一旦有学生出现以下情况之一：成绩明显下降、学习很努力但成绩提不上、平时考试可以但重要考试总发挥失常，班主任应对这些信号保持敏感，他们可能在学习上遇到挫败了。此时，班主任可以通过个别谈心，详细了解学生情况，疏导学生负面情绪，帮助学生分析原因，指导学生制订有效的应对方案，并跟踪学生学习状况，及时鼓励、引导学生走出失败的阴影。

（3）学习压力过大的学生

这类学生主要的压力来自学习状态或成绩达不到自己或家长或老师的期望所产生的内心冲突，他们不一定会出现成绩的下降，但一定会表现出明显的学习焦虑，如注意力不集中、烦躁、过度学习、强迫性行为（如反复检查、擦写等）等。针对这类学生，班主任同样需要早发现，通过访谈了解压力根源，矫正学生不合理认知，消除内心冲突，纾解压力。

除了以上三类直接与学习相关的因素可能引发厌学之外，家庭冲突、人际关系困扰、心理疾病等也会干扰学习，导致学生对学习的投入度降低，继而引发厌学情绪。班主任对这些情况也应及时干预，预防厌学发生。

此外，对于存在明显厌学倾向的学生，班主任可以转介学校心理老师或专业心理机构。临床实践证明，心理干预模式在处理厌学问题方面也有非常明显的效果。这一模式通常利用目前成熟的心理咨询与治疗技术，来对个体厌学心理结构中存在的错误学习观念、负性学习情绪和适应不良的学习行为进行矫正。

四、考试焦虑的心理疏导

案例4：一遇大考就紧张的晓明

墙上的时针已经指向了23：30，晓明依旧没有睡觉的打算，还在一张张的不停地刷着桌子上堆积如山的卷子，晓明的妈妈敲门走了进来。"快12点了，差不多就睡吧，明天还要考试呢，睡得太晚明天会没精神的。""好的，妈。我做完这几道题就去睡，你别管我了，先睡吧，我很快的。""不着急，我再陪你一会儿。"

第二天是数学的期中考试，晓明暗暗发誓，一定要超过数学课代表5分，上次考试就被他压了一头，太可恶了，这次自己一定要找回面子。成绩很快出来了，这次晓明的成绩不但超了课代表10分，还是全年级数学第一名。同学们都投以羡慕的眼光，关系好的同学还过来套近乎，想让晓明分享一点儿学习心得。"我哪有什么心得呀，你们平时什么时候见过我拼命苦学，我晚上的时间大部分都用来打游戏了。哎，今天晚上谁有时间，一块组队打个吃鸡？""哎呀，考成这个死样子，还打吃鸡呢，今天晚上不被烤着吃了都算好的。"一个同学愁眉苦脸地说。

初中的时候，晓明的成绩在学校始终是名列前茅，并不是他的智商碾压同龄人，而是他不允许自己失败，不允许自己好不容易立起来的学霸人设土崩瓦解。所以，虽然人前他看似悠闲自得、逍遥快活，给人一副从不复习、全凭天赋的印象，私下里，晓明却对自己非常狠，书桌前的座右铭就是"只要学不死，就往死里学"。因为课后花了大量的时间用来预习、复习、刷题，所以初中的成绩一直在年级前三名霸榜，这让晓明很是自豪。

但升入高中之后，一向让晓明引以为傲的学习成绩似乎出现了问题，平时的小考并没有问题，但一到期末大考，成绩就一落千丈。

刚开始，晓明以为是自己发挥失常造成的，为了重回巅峰，晓明变得比平时更加努力，经常学到凌晨两三点才疲惫地睡去。但无论自己怎么拼命，成绩就像是故意和他开玩笑，一遇大考就遭遇"滑铁卢"，而且一次不如一次，一年不如一年。这种情况主要表现在数学、物理、化学这三门学科上，平时课下有同学遇到难题向晓明请教的时候，他都可以从容作答，思路敏捷。但一到期末大考，他就像换了个人，脑子浑浑噩噩，思路也变得迟钝异常，平时会答的题这会儿也看不懂了，从来没错过的地方答案也是漏洞百出，甚至还经常出现计算疏漏、看错题这样的低级错误。

出现了这种情况之后，老师和家长也非常着急，大家都百思不得其解：要说晓明不努力吧，他的认真拼命家长都看在眼里；要说不理解、没学会吧，每次小考成绩都名列前茅。那到底是怎么回事呢？求助了心理医生之后，晓明才讲出了自己大考前的睡眠问题，经常会被噩梦所侵扰，梦里都是自己高考失利、名落孙山的场面，无论他怎么努力都改变不了这个事实，在梦里，他哭到崩溃、歇斯底里……明明老师们都说，只要自己努力，考上清北都是有可能的，可是梦里的自己别说清北了，连读二本的机会都没有。每次醒来，他都泪流满面、抖如筛糠……

（一）考试焦虑的评估方法

但凡涉及排名、升学的重要考试，很多的学生或多或少会有些担心、紧张，这是正常状况。适度的紧张不会影响学生的考试发挥，只有过度的焦虑才会导致学生发挥不出正常水平。

如果班主任发现有学生存在以下情况之一：①平时考试成绩正常，但遇到重要考试就发挥失常；②最近几个月或半年来考试成绩明显下降，但平时学习似乎并没有放松，甚至更努力了。班主任可以借助考试焦虑量表（附录4）评估。

（二）考试焦虑的原因分析

考试成绩的起伏本来是正常现象，它往往与学生的努力程度、学习状态和学习方法等因素有关。但对于考试焦虑的学生来说，每次考试并不仅仅只是一次考试，而是把每次考试的结果与对自己的评价、他人的评价，甚至自己的未来关联在一起，让每次考试承担了不该承担的责任，引发对考试结果的消极预期，从而导致焦虑产生。因此，产生考试焦虑的根本原因在于学生存在深层次的负性认知，这些负性认知主要表现为以下三种类型：

1. 对自己能力的否定

这种类型的学生在头脑中会形成一种绝对化的负面想法："如果这次考试考不好，就证明我能力或智力不行。"例如在一个咨询个案中，案主是某市高中四大名校的学生，小学、初中一直是同学眼中的学神、老师眼里的优异生、家长心中的骄傲。她对自己的评价是："我很优秀，智商很高。"但她对自己优秀和高智商的评价是建立在一直以来考试名列前茅基础上。到高中后，面对更多优秀的同学，成绩只排在中等的她开始怀疑自己的智力，迫切想在考试中证明自己，结果事与愿违，过度的焦虑让她的考试一次次失利，最后不得不休学半年。

2. 对他人评价的忧虑

这种类型的学生头脑中常常萦绕的是："我考砸了，同学会怎样看我？老师会怎样看我？家长会怎样看我？"就像案例中的晓明，不允许自己学霸的人设土崩瓦解，他习惯了同学羡慕的眼光，老师对他考上清华北大的期待，他在乎的其实不是考试成绩，而是他人的评价。

3. 对未来前途的担心

考试焦虑的学生一旦反复考试失利，大多都会形成对未来的期待性焦虑，开始担心自己的前途，甚至绝望，如"我考不上××高中了，我太失败了""我考不上××大学了，前途一片黑暗"，等等。案例中的晓明在梦里都是自己高考失利、名落孙山的场面，反映了他对前途极度悲观与内心无助。

学生一旦陷入考试焦虑的泥潭不能自拔，往往会出现两种无效应对方法：

一种是强迫性学习行为，如更拼命学习，制订许多无法完成的学习计划，但因为焦虑往往学习效率极低，欲速而不达，案例中的晓明就是如此；另一种是自我妨碍行为，即个体为了回避或降低因不佳表现所带来的负面影响而采取的任何能够增大将失败原因外化的行动和选择，如"故意"考前不复习、沉迷游戏、逃学、上课睡觉等，这些行为可以为当事人提供一个考试失败的"合理"借口，从而避免伤害自我概念。

（三）考试焦虑的心理疏导方法与技巧

1.矫正负面认知

（1）引导学生自我觉察

学生一旦陷入考试焦虑，往往难以自我觉察，需要班主任采用提问的方式，引导学生一步步地对自己的负面认知进行觉察，如"如果考试考砸了，你担心什么呢？能不能跟老师说说""考试前你一想到什么，就会变得紧张""考试中遇到什么情况，你就会很紧张""考试后你担心什么或者期待什么后果"等。

当学生说出一种担心，班主任还应进一步引导性提问："还有其他担心吗？"或者直接引导"你还担心考不好，让老师/家长失望吗"等，直到学生把所有担心说出来。

然后，班主任把学生的担心用语言概括性地反馈给学生，如"如果考砸了，就证明你能力或智力不行""如果考砸了，同学会看不起你，老师和家长就会失望""如果考砸了，你就考不上理想高中/大学，前途一片黑暗"等。通过反馈可以让学生清晰地觉察到自己负面认知的错误，并指出正是这些担心，让每次考试承担了不应该承担的责任，才引发考试焦虑，进入恶性循环的怪圈。

（2）矫正学生负面认知

在心理学上有个"自证预言"效应，是指人们先入为主的判断，无论其正确与否，都将或多或少地影响到人们的行为，以至于这个判断最后真的实现。通俗地说，自证预言就是我们总会在不经意间使我们自己的预言成为现实。可怕的是，这种效应往往在负面的事情上更容易起作用。也就是说，当你自信满满地相信一件好事会发生的时候，最终未必会发生，但是如果你对一件坏事的发生总是深信不疑，那么它大概率会"如你所愿"地发生。其原因在于如果我们越担心坏事情的发生，便会越留意不利的讯息，不利讯息越多，心情越加焦虑不安，行动消极、被动或过度保护自己，最后更容易地诱发了坏事情的发生。

考试焦虑正是如此，当学生开始担心考试时，说明他已对结果做了不好的预期，为了避免不好的结果，最初学生一般会更努力地学习，但因为焦虑，学习效果会下降，如注意力难以集中、记不住、思维混乱等，而这些情况又会被他关注到，从而加重焦虑，导致效率更低，陷入恶性循环，最终他所担心的事终于被自己实现了。当考试一次次失利时，学生又会开始怀疑自己的能力或智商，担心同学的眼光、老师和家长的失望，对前途悲观，甚至绝望。

班主任可以通过跟考试焦虑学生详细讲述"自证预言"效应，帮助他理解考试焦虑是如何导致考试失常并引发负面认知的，让学生领悟到：与其担心这、担心那，不如破釜沉舟，接受一切可能的后果，置之死地而后生。当学生真正放下担心，焦虑就会自然消退，考试焦虑的恶性循环才能打破。

2. 缓解焦虑情绪

（1）放松练习

考试焦虑通常会引起个体身心的紧张，当这种紧张与考试情境反复联结，就会形成一种自动化的反应，一旦遇到考试或考试中某种状况（如遇到意料之外的难题、时间来不及等），即刻就会触发焦虑和身体紧张。常用的放松方法有深呼吸放松、渐进式肌肉放松、想象放松、冥想和催眠等。

基于我们的实践，建议对考试焦虑学生采用渐进式肌肉放松法，班主任可以教给学生练习方法。其中，注意事项如下：

教师在教授学生渐进式肌肉放松前，应以肯定的语气告知学生，以下老师教授的方法可以有效缓解你的考试焦虑，并要求学生每天进行。

至少从考试前两周开始，每天进行渐进式肌肉放松练习1—2次。

每次练习严格按照渐进式肌肉放松训练步骤进行。

提醒学生一旦在考试中出现紧张，就握紧双拳维持紧张 3—5 秒钟，然后放松下来，接着继续做题。

渐进式肌肉放松练习

一、渐进式肌肉放松法的原理

当压力来临时，个体除了产生焦虑等心理反应之外，还会造成身体肌肉的紧绷，相反，通过身体的放松可以有效降低心理的紧张状态。渐进式肌肉放松就是通过体验肌肉的紧张和放松的感觉，渐渐地放松自己的肌肉，以达到全身放松的方法，是常见放松训练方法中的一种。

二、渐进式肌肉放松练习注意事项

1. 停留在当下，专注地去体验肌肉的紧张和放松的感觉。

2. 严格按照要求把动作做到位。

3. 保持自然呼吸即可。

三、渐进式肌肉放松练习步骤

1. 找一个安静的场所，坐着、躺着都可以，只要你觉得舒服、安全，环境安静、柔和即可。

2. 闭上眼睛，自然呼吸。

3. 双下肢放松：双腿抬起，用脚尖带动脚踝、小腿和大腿，像跳芭蕾舞一样绷紧双下肢，坚持 3—5 秒钟，体会脚、小腿、大腿肌肉绷紧的感觉，然后突然放松，让双下肢自然下垂，体会放松的感觉。重复做 5 次。

4. 双上肢放松：双臂自然放在大腿两侧，握紧拳头，坚持 3—5 秒钟，体会手指、前臂、上臂肌肉紧绷的感觉，突然放松，体会放松的感觉。重复做 5 次。

5. 胸背部放松：做扩胸动作，维持胸部肌肉拉紧、背部肌肉挤压，坚持3—5秒钟，体会胸背部肌肉紧绷的感觉，突然双手下垂，体会放松的感觉。重复做5次。

6.肩部放松：耸起双肩，尽量向耳垂靠近，保持肩部肌肉紧张，坚持3—5秒钟，体会肩部肌肉紧绷的感觉，突然放松，体会肩部放松的感觉。重复做5次。

7.脸部放松：皱起前额部肌肉，似老人一样，皱起眉头、皱起脸颊（也可咬紧牙关，使嘴角尽量向两边咧，鼓起两腮，似在极痛苦状态下使劲儿一样），坚持3—5秒钟，体会脸部肌肉紧绷的感觉，突然放松，体会脸部放松的感觉。重复做5次。

8.感觉一下自己的身体有没有任何残留的紧张感。如果在某些地方还有紧张感，对那组肌肉重复一次或两次拉伸——放松活动。

9.现在，想象一股放松感慢慢遍及你的全身，从头部开始向下直到你的脚趾，逐渐渗透到每块肌肉。

（2）表象训练

表象训练最初由美国学者苏恩提出，之后许多科学实验证实了它的神奇效果。实验者把93名志愿者分为五组，按规定时间进行篮球罚球训练。其中，A组先表象投篮再实际投篮，B组先实际投篮再表象投篮，C、D两组分别只进行表象投篮或实际投篮，E组为对照组不练习。一段时间后，发现进步最大的是A组，其次是B组，另外三组进步都不理想。实验结果表明：运动员如果同时进行表象训练和实际训练，将获得事半功倍的效果。表象训练是体育运动领域最为普遍的一种心理技能训练，它同样对人们缓解压力情境带来的焦虑具有显著的作用，如考试焦虑、演讲焦虑、社交焦虑等。

针对考场焦虑的学生，班主任可以让学生在考前一天和临考前，在头脑中放映整个考试过程，包括进入考场、分发试卷、开始答题等步骤，以及遇到意外或难题的应对方法，同时想象自己在考试中表现出色，取得好成绩。在表象训练后，对自己进行积极的心理暗示，如"我已经做好了充分的准备，我一定能够取得好成绩"等。需要特别注意的是：在表象训练时应对自己进行积极暗示，不可呈现消极场景或负面词汇，如发抖、紧张等。

3. 对学习进行正向反馈

考试焦虑的学生一旦面临重要考试，大脑就开始焦虑。长此以往，考试就与紧张、焦虑状态紧密联系在一起。心理学研究表明：好的学习需要正向反馈，是否有及时、持续的正向反馈，学习效果会产生差异。

班主任或任课老师可以指导考试焦虑的学生自己制定一个可以完成的每日学习清单。每完成一项，给自己一个笑脸，予以正向反馈，从而引导学生把注意力从对考试的结果做消极预期中摆脱出来，专注于当下的学习。

第三节 行为相关问题的心理疏导

一、同伴关系问题的心理疏导

案例 5：闷闷不乐的甜甜

甜甜是一名 14 岁的八年级女生。最近一段时间，班主任发现她总是闷闷不乐，学习少了热情，成绩不断下滑，在学校不愿与同学交往，喜欢自己一个人独来独往。班主任联系甜甜妈妈交流孩子最近一段时间的学习和心理情况，了解到甜甜回家就把自己关在屋子里，反锁上门，吃饭不叫她不出来，很晚了也不关灯睡觉，有时还听到她在哭泣。妈妈着急，想和她聊聊，甜甜也不理。这次期中考试成绩下滑明显，甜甜的妈妈正想向班主任求助，希望能够帮忙开导女儿。

在班主任眼里，甜甜个子高高的，性格温和，长相甜美，是个温柔可爱的姑娘，班主任让甜甜自习课时来自己的办公室聊聊。沟通一开始，甜甜就语出惊人："老师，我感到没有归属感，没有地方属于我，我也不属于任何地方。同学们三三两两都有伙伴一起说说笑笑，我就只能一个人待着，没人找我一起说话聊天，心里很难过。回家后，我很少看到爸爸在家，妈妈只会紧紧盯着我做作业，不许我锁自己的房门，不经我同意就扔掉我收藏的东西，我好生气，没人关注我，觉得自己不配活着，该去死！"

这一番话，班主任听了心里一惊，赶紧说："甜甜，看来你心里一直很难受，老师没有关注到，没有关心你，很抱歉。"甜甜眼角流出了伤心的泪水，班主任见状给她递上纸巾。甜甜擦着眼泪，激动的情绪慢慢平复下来。班主任进一步询问："甜甜，老师听到你说同学们都三两成群，你只能一个人，没人说话，这是怎么回事呢？"甜甜闷闷地说："我也不知道，其他同学都喜欢在一起说话，但是没人会主动找我，觉得大家都不喜欢我，孤立我。以前我妈妈还会带我出去玩，还经常和我聊天，现在整天就是上课写作业，感到好累、好郁闷。"

班主任与甜甜聊过之后，觉得还是没有完全理解甜甜到底遇到了什么困难，决定进一步向家长了解情况。班主任邀请甜甜的父母来学校沟通一下情况，由于甜甜的父亲在外地出差无法前来，只有甜甜的母亲来了。在交流过程中班主任了解到：甜甜的名字如同她的出身，甜如蜜糖，亲友们都说她是掉进蜜罐里的孩子。甜甜的父亲是一位事业成功人士，视女儿为掌上明珠，非常疼爱，母亲也辞职专心在家照顾女儿。同龄孩子有的甜甜应有尽有，别人没有的她也有，比如从小学开始每年暑假都带着她参加出国"游学"活动，她从不洗衣铺床，更不必考虑自己需要什么，事无巨细父母早就都帮她安排好了，每天上学车接车送，饭来张口，衣来伸手。父母的宠爱，使得甜甜从小自视很高、唯我独尊，对自己的要求也很高。小学五年级前，甜甜聪明好学成绩突出，经常受到老师表扬，被选拔为班干部，同学们都很佩服她，很听她的话。六年级时爸爸想办法把她送到省城读书，并且让妈妈陪着专门照顾她的生活，监督学习情况。妈妈反映甜甜到了省城学校读书后，心态和同学关系都发生了很大变化，她的成绩很难在这样的班级里鹤立鸡群，习惯了众星捧月的甜甜感到失落无助，经常一个人关在屋里哭泣。以前，父母、老师、同学会围着她转，她从没有主动与他人搞好关系的经验，而在这个重点中学，她发现好像没有同学会主动接近她，让她觉得格外孤独悲伤。

对甜甜的家庭情况深入了解之后，班主任还找了一些同学进行摸底。同学们都反馈对甜甜没有敌意，或者故意孤立冷落她，只是觉得不知道如何与甜甜沟通和相处。比如在七年级放暑假前，平时和她还能聊到一起的同伴瑞瑞在课间休息时高兴地对大家说："妈妈已经给我报名安排好了，放假后就要去无锡游学了。"当时甜甜不假思索就回应了一句："到无锡还算游学呀，出国才算游学呢！"这句明显的嘲讽，让瑞瑞听了很不高兴，立马沉下了脸不再说话，甜甜也觉得说错了话很尴尬。此后瑞瑞很少与她搭话，几乎都不理睬她了。

通过家长、学生沟通，班主任对甜甜目前的情况有了比较全面的了解，她再次把甜甜叫到办公室。甜甜告诉班主任，上个学期自己想组织一次课外活动，加强与同学们的关系，就约了班里四五个平时自己比较说得上话的同学，周末一起出去看电影、吃午饭。邀请同学时她们都很高兴，纷纷说好一起去，结果到了周末那天，有三个人由于各种原因不来了，甜甜在家只等来了一个同桌，甜甜止不住伤心哭泣，同桌见她不高兴，坐了一会儿也回去了。妈妈见状还怪她，不应该在同学面前哭，这让她心里更难过了，这个学期感觉自己状态更差了。

班主任陪着甜甜找到学校心理老师，请心理老师对甜甜目前的状态进行一下评估，开展必要的心理咨询，帮助她尽快走出负面情绪的阴霾。同时，班主任也制订了自己对甜甜的心理疏导计划。一方面与甜甜家长进一步沟通；指导他们改善家庭教育方式，除了关注学习之外，多陪伴孩子，多与孩子沟通。另一方面营造机会促进甜甜与同学们的交流互动，让同学们更多地看到甜甜的优点。定期与甜甜谈话，了解她状态的变化，及时开展情绪疏导，引导她觉察自己的言行，进行换位思考，并指导她如何更好地与同学相处。

经过班主任几个月的努力，在心理老师的帮助下、在家长的积极配合下，甜甜的情绪状态明显好转，甜美的脸上经常露出笑容，她与同学的关系日渐融洽，学习状态不断回升，学习成绩也开始提高了。

（一）青少年同伴关系不佳导致的常见问题及行为表现

青少年时期，学生的同伴关系不佳可能会在心理上、行为上表现出一些问题：

1. 学业表现下降

同伴关系问题可能会分散学生的注意力，影响他们在课堂学习和自习作业时的注意力水平，降低学习效率。同时也会导致学习动力下降，时间一长，他们的学习成绩就会出现下滑。本案中，甜甜遇到了同伴关系不佳的情况，她的学习成绩是明显下降的，引起了班主任的关注。

2. 负面情绪状态较多

青春期学生因为同伴关系出现问题，特别是好朋友之间的友谊出现问题，会产生很多负面情绪，特别容易出现焦虑和抑郁。如果老师和家长不及时进行心理疏导和方法指导，这些情绪问题可能会持续较长一段时间，对学生的身心健康和学业发展造成较大影响。本案中甜甜因为同伴关系问题，经常会一个人哭泣，情绪低落。

3. 出现社交能力的退化

面对同伴关系问题，学生可能会因为不自信、猜疑或逆反而变得孤僻，他们渴望被同伴接纳，但行为上反而可能会拒绝参加集体活动，把自己封闭起来，避免内心受伤。这样的应对方式，影响了他们社交技能的发展，导致他们对已经掌握的沟通技能产生怀疑，社交能力逐步退化。本案中，班主任在与同学的沟通中了解到大家并未故意冷落和孤立甜甜，而是甜甜不敢再主动与同学互动，不参与集体活动，她越来越觉得孤独，其实是自己把自己封闭起来了。

4. 出现行为问题

青春期的学生可能会通过某些反抗行为来应对同伴压力，如逃学、吸烟、酗酒、网瘾等；或者为了纾解同伴关系问题带来的精神压力和负面情绪，出现自我伤害的行为，如用小刀划伤自己的手臂。因此，当班主任发现学生有自伤现象时，除了寻找学生的学习压力、家庭教育方法、老师家长的负面评价、心理健康问题等原因，同时应该观察分析一下近期学生同伴关系的情况。

5. 亲子关系变得紧张

学生可能因为在学校中的同伴关系问题，把负面情绪带回家中，在与父母的沟通过程中发脾气，或者一个人锁在房间里生闷气，甚至拒绝吃饭、睡觉等。学生在家里变得越来越逆反，父母却完全不知道是同伴关系问题所导致的。如案例中，妈妈就发现甜甜会一个人在房间里哭，反锁门，吃饭也不肯出来，不知道为啥，更不知道怎么劝。

6. 自尊心受损

同伴关系的负面经历可能会严重伤害学生的自尊心，使他们感到不被同伴欣赏和接纳，导致自我价值感下降，感受到强烈的孤独感。本案例中甜甜向班主任直接表达了自己没有归属感、非常孤独的内心感受，这就是她自尊心受损后的心理体验。

（二）导致青少年同伴关系问题的原因分析

青少年在成长过程中出现短期的同伴冲突是一个正常的现象，他们在冲突中学习怎样维护和处理人际关系，在冲突中获得成长，逐渐变得成熟。如

155

果青少年长期出现同伴关系问题，而且影响了学习和生活，可以认为同伴关系问题比较严重，班主任需要介入。影响青少年同伴关系的常见原因有：

1. 学生以自我为中心

可能更关注自己的想法或需求，在同伴交往中不会为他人着想，不会主动帮助同伴，在交流过程中缺少对同伴的尊重和关心。本案中，甜甜从小被溺爱，不懂关心他人，在同伴交往中，表现出以自我为中心的特点，希望被众星捧月，自己却不主动与人沟通交流，导致同学不知该如何与她相处。

2. 人际沟通技能的缺乏

青少年还没有完全发展出有效的沟通技能，这可能导致误解甚至冲突。本案中甜甜说的关于"无锡游学"的那些话语，让同学感到尴尬，导致后来同学们与她逐渐疏远，无法建立良好的同伴关系，令她感到孤独。

3. 自我认同的困扰

在青少年时期，个体正处于探索和建立自我认同的过程中，这可能会导致在与同伴的互动中出现不确定性和冲突。如自己觉得个子矮小，感到自卑，当同伴的言语中出现类似"小短腿""小侏儒"等词语，就会觉得同伴在说自己，心里感到受伤，出现负面情绪，甚至引发冲突。

4. 情绪波动大导致矛盾冲突

青春期的学生身心发育快，情绪稳定性差，自我情绪管理能力弱，这可能会导致他们在与同伴相处时，会有情绪化的表现。如一言不合，就生气断交，或者在面对同伴情绪不好时，不知如何处理，感到很困难。本案例中，甜甜在来到家里准备一起看电影的同桌面前控制不住情绪哭泣，同桌不知如何处理，只能悄悄地找借口逃避回家了。

5. 友谊断裂的影响

随着青少年生活环境、兴趣身份的变化，以往建立的友谊可能会破裂，这个过程也能给他们情感上、情绪上带来困扰，如换了新学校、新班级，或好朋友转学去了他乡等。本案例中，甜甜转学省城的重点学校，她面临着与小学同学的分离，需要建立新的同伴关系，她在情感上有明显的失落。在建立不了新同伴关系的情况下，她的情绪受到很大影响，感到没有归属感，觉得很孤独。

（三）班主任开展学生同伴关系问题心理疏导的工作建议

1. 及时疏导学生的负面情绪

班主任处理学生同伴关系问题时，首先要关注和处理学生的情绪，运用倾听、共情等沟通技术，通过"一对一"的心理疏导，鼓励他们充分表达自己内心的情感、想法和需求，在这个沟通阶段班主任不要急于对其行为进行评价分析，不要任何说教，让学生尽量释放被压抑的负面情绪。及时疏导学生的负面情绪，是帮助学生改善和解决同伴关系问题的前提和基础。

2. 全面客观地分析问题，避免不合理归因

同伴关系出现问题，学生往往容易外归因，认为同伴不喜欢自己，在排斥自己。班主任可以采用多种提问技术引导学生客观地分析各种情况，尝试从积极的角度去解释和理解同伴的行为及其行为背后的原因和动机。如同学批评了你，他的目的是什么呢？他希望你怎样呢？

3. 通过换位思考，引导学生自我反思

班主任需要引导学生觉察自己在同伴关系中的言行，帮助他们看到自己需要改善的地方。班主任可以使用复述技术简要回顾学生所讲述的同伴关系中的场景，并进行角色转换，让学生扮演他的同伴，自己扮演该学生，再演绎一次同伴的沟通过程，并启发学生讲述他扮演的同伴的内心感受，帮助学生深入理解自己言行对他人的影响。角色扮演结束后，班主任可以运用开放式提问技术，这样问学生：如果再遇到类似的情况，你会对同伴怎么说怎么做呢？引导学生从内心产生自我改变的动力。这种沟通方法比指出言行对错、直接给出建议更有效。

4. 为学生提供方法指导

班主任不仅要协助解决他们同伴间的关系问题、矛盾冲突，还要借此机会促进学生在认知、情感、社会化等方面的健康发展。可以通过讲述自己的经历（自我暴露沟通技术），或者讲述身边的榜样、文学作品中的人物故事，来指导学生建立良好的同伴关系，知道如何尊重关心同伴、如何求同存异包容他人等。同时给学生指出一些同伴交往中的要遵循的重要原则，如保密守

信、言行一致、主动关心、经常交流等。

5. 创造条件，鼓励行动

班主任可以通过鼓励学生参与集体活动，促进同伴关系和谐。班主任可以在主题班会、体育比赛、学校活动中预设一些场景或者任务，创造条件让学生有更多的同伴沟通合作机会，鼓励学生尝试运用自己想到的、班主任给予的方法与同伴互动。活动结束后，班主任应该找该学生进行一次谈话，询问他在活动中的感受、同伴的反馈、获得了什么经验和启发。

6. 家校共育，提供支持

同伴关系、师生关系、亲子关系是青少年成长过程中最重要的三大社会支持。当他们的同伴关系出现问题，如果同时良好的亲子关系也没有得到维护，青少年的支持系统就会非常弱，他们的健康成长就容易出现问题。班主任通过开展学生心理辅导、指导家长改善家庭教育方式、帮助学生提升同伴关系，可以重建和完善青少年的社会支持系统，避免发生心理问题，促进学业提高，促进青少年全面健康发展。

7. 关注生理和心理健康

学生长期受到同伴关系问题的影响，容易出现心理上和生理上的症状。心理症状包括焦虑、抑郁、易怒等情绪问题，以及注意力无法集中、自我封闭、网瘾逃课、自伤伤人等行为问题；生理症状包括睡眠不良、胃口不好、胃肠不适等。班主任应及时了解学生情况，如出现上述身心问题，应鼓励学生接受心理老师的评估和咨询，并提示家长关注学生的身心健康，采取必要的措施（如及时就医）帮助学生尽快恢复健康。

二、多动症儿童的心理疏导

案例6："你只是更活泼一点儿"

开学第二天上午，小学二年级3班的小健同学两次被老师叫到办公室。

第一节数学课，小健折了一叠纸飞机，还忘乎所以地把纸飞机扔来扔去。课堂乱了，老师只能停下上课，批评小健，叫他到教室后面靠墙站着听课，希望这样做能阻止小健影响其他同学。没想到靠墙站的小健又故意发出怪叫声，逗得全班哄堂大笑，下课后被气鼓鼓的数学老师带到办公室谈话。

第二节外语课，小健一会儿故意挪椅子、拖桌子，一会儿又跪坐在椅子上，甚至把文具碰掉在地板上叮里咣啷地响。老师提问的时候，他不举手，直接高声嚷嚷："老师，我知道！我知道！"下课后小健又被外语老师带到了办公室谈话，外语老师对刚回到办公室的班主任张老师生气地说："整整一节课，小健连五分钟都安静不下来！"

班主任张老师听到了两位任课老师的"投诉"之后，决定找小健好好聊聊。放学后，她把小健请到了学生谈心室。

小健在谈心室坐下来，心不在焉地东看看、西望望。班主任仔细地观察着小健：瘦瘦小小的个子，圆圆大大的脑袋，忽闪忽闪的眼睛，显得很机灵。他的小手脏兮兮的，每个指甲缝里都是黑黑的。张老师建议小健先去卫生间洗手。洗净手后，征得小健同意，张老师拿起指甲剪像慈母般细致地帮小健把长长的指甲修剪好。那一刻，谈心室很安静，只有剪指甲的声音和小健局促不安的呼吸声。张老师问小健："知道老师为什么要找你吗？"小健直起脖子很不服气地说："还不是因为其他老师在你面前告我的状？"张老师笑了："看来你很在意老师们对你的评价呀，你希望成为被老师夸奖的好学生，对吗？"小健看着张老师点了点头。班主任认真看着小健说："小健，老师真的觉得你很聪明。"小健抬起头睁着忽闪忽闪的大眼睛看着班主任似乎不敢相信老师的话。

张老师说："小健，今天上午你在数学课、外语课上的行为，你自己怎么看？"小健又一次伸直了脖子："我有多动症！"小健说得理直气壮，一副"我是多动症我有理"的样子。张老师认真地看着小健，慢慢地说："我看你没有什么毛病，也算不得是什么病症，你只是比别人活泼一点儿、更喜欢动一些。每一个人都有特点，都是独一无二的。性格活泼、喜欢动的孩子脑子反应快，今后班集体的事你要多参与、多出力哦！"小健愣了一下，然后笑了，自信地点了点头。忽然又像是想到了什么，支支吾吾挠着头说："可是我今天上午上课时被数学老师和外语老师叫起来罚站了。"张老师微笑着说："这怎么是罚呢？如果你身子站直、手脚自然放好不动，每天坚持五分钟，一段时间后，你会更挺拔，看起来会很帅。张老师也一直坚持在做这个动作，你愿不愿意试试看？"小健若有所悟地点点头说"嗯"。

看看时机差不多了，张老师问小健："老师很想知道，你希望老师和同学怎么评价你呢？"小健面带羞涩眼神清澈，突然低下头，一副不好意思的模样。张老师面带微笑地看着小健，停了一会儿，小健又开口了："今天上课，我表现不好，明天我想去向两位老师认错，张老师你说他们会原谅我吗？"张老师反问一句："你说呢？"俩人都会心一笑。张老师因势利导地告诉小健："活泼好动，是个性特点，但用在不对的时间、空间，譬如课堂上、会场，就是搅乱秩序、打扰别人的缺点；如果用在正确的场合、时段，譬如体育、文娱和有些课外活动、集体活动之中，积极参与并发挥你的聪明才智，就会成为老师、同学都夸你的优点啦！"……

最后，张老师和小健达成约定：以后凡是听到有人叫自己"多动症"，就对自己说"我没有病，我是活泼、好动，用对地方，就是长处"。"我想到你们家进行一次家访，与你的爸爸妈妈讨论一下我们如何一起帮助你成为人人夸赞的孩子，你帮老师与爸爸妈妈约一下，看看他们什么时候方便，好吗？"小健开心地说："好的。"

　　张老师到小健家家访时得知：小健爸爸是个企业主，整天忙忙碌碌，小健妈妈在一家企业做销售，兼管孩子的教育。小健读幼儿园时，上课坐不住，常干扰到课堂秩序，隔三岔五老师打电话"告状"。张老师还了解到小健父母的家庭教育方式存在问题，在孩子教育中缺乏耐心和方法，比较急躁，老师告状后，父母很生气，会打骂孩子，而且互相抱怨，夫妻矛盾由此加深，几乎发展到了离婚的边缘。

　　小健的幼儿园老师都怀疑孩子是多动症。小健妈妈听从老师的建议，去医院检查，结果是"轻度多动症"。小健妈妈把医院检查结果告诉幼儿园老师，小健是多动症的事就在班级同学、老师中传开了，小健觉得老师和同学都不喜欢自己，还总拿他是"多动症"说事。干脆，小健觉得"多动症"也不错，没人敢管他，自己想怎样就怎样，于是，这个被戴上"多动症"帽子的男孩，故意不好好读书、不遵守纪律，在家在幼儿园都由着性子来。于是，小健成了"问题儿童"。家访时，张老师和小健家长约定，今后用"孩子只是更活泼一点儿"的想法来引导小健，像对待普通孩子一样立规矩、提要求，不能放任不管。当然要和小健共同商议，制定规矩，协同发力，这样更有利于把孩子带回正轨。

　　张老师联系了学校专职心理老师，经家长同意和小健本人愿意，小健参加了由学校心理老师负责训练的提高专注力课外兴趣小组。为了让小健发挥在班级里的积极作用，并且巩固专注力训练的效果，张老师每天用晨会课前的三分钟时间，请小健到讲台上引领同学们一起做专注力冥想及专注力训练操。一个学期坚持下来，小健有了明显的改变：上课不再有意无意地捣乱，专心听课的时间越来越长，写字也认真多了，学习成绩有明显的进步。通过带领班级同学进行专注力训练，小健也找回了自信。正如张老师所说，小健其实很聪明，只要上课认真听讲，作业一般都能很好地完成。小健还对数学产生了兴趣，期中考试，数学成绩还考到了班级第五名、年级第十五名。

在心理老师的专业指导下，班主任还鼓励小健在体育课、课间操等一些活动时间多运动，在体育老师的指导下，打球、跳绳……尽情活动，释放过剩的精力。小健反应很快，上课发言比较活跃，有时会忘了举手脱口而出，老师和旁边同学用眼神和手势示意他，他会马上改正过来。一年后几乎没有人再提到过小健的"多动症"，他自己也不再用多动症做"挡箭牌"了。小健父母的关系也因为小健的良好转变而日益缓和……

（一）多动症的主要症状表现

按照《精神障碍诊断与统计手册》（DSM-5）多动症的诊断标准包括以下几个方面：

1. 注意力缺陷症状

患者表现出容易分心、难以持续注意、听不进别人的指令和指示等症状。如小学生听课和做作业都不能专心，很容易受环境影响；跟他说话总是记不住，不知在想什么，整天迷迷糊糊；总是不愿做作业，拖到不能再拖才开始，往往做得很慢，经常到很晚都做不完；特别容易粗心，经常丢三落四；心思不易集中，情绪不易稳定，没有监督就不能做作业，需要反复催促提醒；一项任务还没完成又转向另一项。

2. 多动症状

患者表现出过度活跃、坐立不安、难以安静、过多言行、难以等待、常常在不适当的场合就开始活动等症状。如上课时小动作多，或常常在座位上扭动，在需要安静坐在座位上的时候也会离开座位；在公共场所跑进跑出或爬上爬下，摸这摸那，难以安静地玩或专心从事某项活动；常常忙忙碌碌，像有马达驱动似的动个不停。

3. 冲动症状

患者表现出冲动、行为缺乏考虑和控制等症状。如小学生在课堂上常常不举手就发言，甚至在别人问题还没说完他就脱口而出答案，结果常常说错，惹笑课堂；性格急躁，缺乏耐心，想要的东西就立刻要得到，不善于等待，不愿意坚持；经常打断或插入别人的活动，在社会交往、学校或公共场所中给别人带来麻烦和干扰。

4. 以上第 1 类和第 2 类症状两者必有其一

且患者在持续的 6 个月内，存在多动、冲动和注意力缺陷的表现，且这些表现在不同场合都会出现。

总的来说，DSM-5 对于多动症的诊断主要是基于患者的症状表现和持续时间来判断，必须由专业的精神科医师进行综合评估和诊断，老师和家长不能轻易给学生贴上多动症的标签。对于已被诊断为多动症的学生，班主任一定要给予关怀和包容，保护孩子的隐私，不要公开大声批评，保护他们的自尊心，引导班级同学一起关爱和帮助他。

（二）儿童患多动症的原因分析

多动症的确切成因尚未有定论，目前认为最有可能是基因、环境、家庭和社会等因素相互作用导致的。临床研究的成果显示，可能导致儿童患多动症有以下原因，我们结合案例进行详细分析：

1. 母亲怀孕期间的不良习惯可能会增加孩子患多动症的发生概率

据小健妈妈自述：她从事销售工作，免不了需要喝酒应酬，还染上了烟瘾。由于工作需要，怀孕期间还得经常陪客户应酬到深夜，缺乏充足的睡眠，喝醉过好几次。又由于小健妈妈在怀孕头三个月，家里老人病故，情绪波动很大，工作、家事两头奔波操心，精神压力大，可能影响了胎儿的健康发育。小健是七个月的早产婴儿，学龄前体质一直很弱。

2. 感觉统合失调的影响

感觉统合失调是指外部的感觉信号无法在儿童的大脑神经系统进行有效的整合，而使机体不能和谐的运作。SPD 会对孩子的日常功能造成影响，包括出现明显的多动行为、学习能力下降等现象。感觉统合失调不一定是儿童多动症的成因，但是它可以与多动症同时存在，也是导致儿童产生注意力问题和多动行为的重要原因之一，所以在开展多动症治疗的时候，心理治疗师会根据孩子的实际情况，选择让孩子进行感觉统合训练，改善其症状表现。

3.学校及家庭教育出现明显偏差

小健父母脾气都比较急躁，往往一言不合，夫妻就会吵闹打架。他们对小健的教育也是简单粗暴，随着小健越来越调皮好动不听话，家长的打骂也不断升级。同时，幼儿园阶段老师对小健多动、注意力不集中、容易冲动等行为和情绪问题，也是批评多，理解少，更缺乏有效的教育方法和积极的正面引导。

4."坏孩子"的标签易导致多动症的孩子向"坏孩子"方向发展

由于老师和家长缺乏对儿童多动症的科学认识，容易把多动症孩子的多动、冲动、注意力不集中等症状看作孩子故意不听话、捣乱甚至是"搞破坏"。来自老师和家长的各种批评和惩罚，会使孩子失去想成为"好孩子"的信心，变得自卑，从而放弃自我控制的努力。

案例6中小健由于上课走神、坐不住、爱冲动、易发火、考试成绩不理想，家长和老师将这一切都归咎于孩子故意捣蛋、搞破坏、贪玩误学，于是一次次地对小健进行批评和惩罚（如被老师指责、罚站、写检讨、不准上体育课，被家长责骂体罚甚至饿一餐），而且压缩甚至剥夺孩子的正当娱乐时间。在老师和家长的言行举止之中时有"你是坏孩子""你怎么这么坏"的暗示，同时患多动症的孩子还会受到同学的嘲笑和排斥。这样的学校和家庭环境，非常不利于小健的健康成长，导致小健形成"破罐子破摔""我是'多动症'我怕谁"的逆反心理，使其行为、心态、自我控制能力越来越差，甚至自暴自弃。直到班主任张老师发现后，改变了教育方法，积极地引导小健面对自己的问题，激发他自我改变的内在动力，在心理老师的专业支持下，情况终于得到改善。

（三）多动症学生的心理辅导策略

多动症学生的心理辅导和科学教育是一项艰巨的任务，班主任应在心理老师的专业指导和在家长的积极配合下，通过持之以恒的家校共育，才能获得较好的效果。班主任要了解"多动症"的成因、特征和教育方法，切忌采用简单直接的批评处罚方式，要因势利导、科学有效地开展工作，避免情绪化表达，更不能操之过急。班主任如何帮助多动症学生，科学开展心理辅导工作？我们基于心理咨询的视角提出以下建议并结合小健的案例进行说明：

1. 深入了解学生

班主任应该通过自我学习或向心理老师等专业人士请教，深入了解多动症的基本常识与教育训练方法。班主任可以通过与多动症学生沟通、家长联系、同学老师反馈，全面了解学生的表现和学习状态，包括学生的具体症状、触发因素、个性特点、目前学习情况、完成作业情况等。这有助于班主任更好地理解学生的行为表现，并制订科学的帮助计划。

2. 提供情绪支持

多动症学生可能面临自尊心低、焦虑紧张、急躁易发脾气等情绪问题。班主任可以通过运用一些情绪疏导技术帮助学生应对自己的情绪问题，在沟通过程中保持耐心，给予积极暗示，从学生心里去掉已有的"负面标签"，肯定其优点，鼓励做出改变，激发他们自我改变的内在动力。

美国心理学家贝科尔说："人们一旦被贴上某种标签，就会成为标签所标定的人。"如果孩子真的接受了某个标签，真的可能影响他们的一生。心理学中把这样的现象称为"标签效应"。一个人认为自己是怎样的人，往往会成为那样的人，孩子更是如此。当孩子经常听到他人消极的评价，他们就会由此往消极的评价方向去发展。

案例中的小健很多行为举止起初并非故意捣乱，而是他无法控制和管理自己的行为所致，当被老师、同学、家长贴上"多动症"的标签后，不仅不利于改正，还会强化他的这种失控行为。班主任张老师在与小健的沟通中，给小健"多动症"的负面标签赋予新的含义："你只是比一般人活泼一点儿、好动一点儿，每一个人都有特点，都是独一无二的。"这一比较中性的评价，有效淡化了小健"我有病，我患多动症"的消极心理暗示。

当得知小健能成功控制住自己的冲动行为时，张老师立即抓住契机及时予以表扬："这次同学说你多动症的时候，你没有动手打他，也没有凶他骂他，能控制自己的情绪和冲动，真的很不容易！你是怎么做到的？"给予小健鼓励。班主任说："如果你能多坚持十分钟，将会变得更好。"班主任巧妙地运用奇迹询问技术，也起到了积极暗示的作用，可以不断推动小健提升自己行为的管理能力，增强小健成为好孩子的信心。

3. 提供行为管理支持

班主任可以在心理老师的指导下与学生共同制订行为管理训练计划，包括设定明确的规则和奖惩制度，及时进行评价并提供积极的反馈，帮助学生逐步控制冲动行为，提高自我管理能力。

很多老师、家长会给多动症孩子立规矩、定目标，这是很有必要的。但是为什么效果不尽如人意？原因是大部分老师和家长在给孩子立了规矩后，往往采用一种强迫的方式，要求孩子马上全部做到，没有过渡的过程。患多动症的孩子常常对强迫指令有一种逆反心理，主观上不愿配合，客观上也缺乏自我控制能力，自然无法实现老师和家长期望的结果。

案例中，班主任张老师经常会与小健沟通，提出要求时会征询小健的意见，获得他的同意后，再共同制订具体行动计划，小健的配合度比较高，最后基本达到了预设的目标。如经过与小健商量并获得他同意后，请学校心理老师每周为小健开展一次心理咨询，并布置专注力训练内容，由班主任和家长一起配合，督促检查小健每次的专注力训练。班主任和家长根据小健完成训练任务的情况，及时给小健提供反馈，即使有微小的进步，也给予肯定。班主任、家长一次次地在小健的专注力行为表现手册上实事求是地写着："数学老师说小健今天课堂表现不错，又进步了！""外语老师说今天小健的作业书写端正了！"

当然，小健的康复和改变不是一帆风顺的，也会有表现不好的时候，如小健在做课前专注力训练，听到外面的声音，会控制不住睁眼看向窗外。班主任很好地应对了这样的情况，在训练结束后，轻声提醒他："希望今后在做训练时你不管听到什么，都不要受影响。"并没有立即指责他为什么训练时看窗外。通过反复鼓励引导，小健对自己的信心不断增强，进步也越来越明显，前后判若两人。

因此，班主任在立规矩、定任务时，应和多动症学生共同协商，尽量调动学生的主观能动性，少用强迫命令。同时，关注多动症学生的执行过程，及时给予必要的、具体的指导，帮助孩子不断提升自我管理能力，逐步实现康复并促进学业提高。

4. 引导家长调整教育方式

班主任需要与家长密切合作，共同关注学生的学习和生活情况，交流学生在家庭中的表现和需求，提供个体化的支持和关怀，鼓励学生克服困难，建立自信心，同时也给予适当的奖励和激励。

对小健的辅导，其实重点是家长。对孩子最负责的人是家长，不知道孩子的问题其实主要是出在他们身上一旦明白了自身的改变和提高就能带来孩子的变化，家长是非常愿意为孩子而改变自己的。小健的父母越来越注重分析小健的情况，找到适合小健能接受并愿意主动配合的方法。

小健爸爸尽量减少出差和应酬次数，多在家里陪伴家人，关心家人。小健妈妈能够试着去管理好自己的情绪，给小健多一些理解，让小健能够更多地感受到家庭的温暖、父母的爱，让家足够的温馨、幸福。他们全家采纳了班主任和心理老师的建议，每天争取腾出五分钟进行冥想活动，由小健向全家宣布"静心五分钟"，闭上眼睛坐好，让自己进入安静状态。冥想之后写作业，小健的注意力会更集中，作业也做得更认真。以往休息天，小健爸爸出去应酬、会朋友，小健妈妈不停地抱怨，小健则是能睡到多晚就多晚。如今，休息天全家去书店、博物馆、艺术馆……接收书香文化气。小健学习时，他父母有意识地坐在孩子身边看书阅读。小健父母尝到了自己变化带来的不一样的心情和甜头，对小健的教育和自身的提高更有信心。小健在有爱的家庭里，越来越能约束自己的行为，越来越懂事。

三、儿童攻击性行为的心理疏导

案例7："小霸王"赵刚

这学期刚调来学校的孙老师接手小学四（3）的班主任工作。开学不久，孙老师在底楼办公室听到了二楼音乐教室传来的一阵噼里啪啦的撞击声、吵闹声。他知道上音乐课的正是自己的班级，听声音，估计是音乐老师和"小霸王"赵刚发生激烈的争执。刚起身，班长已经急匆匆地跑进办公室，喘着气说是赵刚上课吵闹，请孙老师快去处理。孙老师赶紧上楼，看到教室里被掀翻的一张课桌，地面上散落着文具盒、撕碎的本子、拗断的笔，赵刚正在用脚踹着墙。那举止仿佛一头发了疯的小狮子，音乐老师气得脸都红了："孙老师你来得正好，好好管管你们班这个学生。"

音乐老师语气急促地讲了事情的起因：音乐课上，赵刚故意怪声怪调地唱，前排同学回头看了他一下，他用课本打那个同学的头。老师批评他，他凶巴巴地对着音乐老师叫"不用你管"，还把课桌掀翻。音乐老师让他离开教室，回班级写检讨书。他不但不走，还继续大叫大喊，又撕本子又摔笔。

孙老师把赵刚带到了师生谈心室。开始一段时间没有搭理他，等他冷静下来，无聊地坐在那里左右不自在的时候，孙老师才开口："音乐老师说你上课怪声怪气地唱歌，是不是想叫别人都停下来听你唱？""音乐老师叫班上同学都不要理我！"赵刚气鼓鼓地说。孙老师温和地看着赵刚，微笑着问："我觉得其实你不是想故意捣乱课堂纪律，是希望通过这种方式引起老师和同学的注意，希望被大家重视，对吗？"赵刚点点头。"如果有一个可以自由选择的机会，你能告诉老师，最想做什么？"孙老师冷不防向赵刚提了一个问题，他不经思考就脱口而出："我想做带头大哥。"孙老师会心地笑了笑，貌似认真地从手机上查了"带头大哥"的含义，伸手把对面的赵刚拉到身边和他一起读"带头大哥"的解释："带头大哥就是领导，能服众、能立威，鼓励大家往一个方向出力。在生活中，我们经常会听到'带头大哥'这个词语。它通常用于形容一个团体中最有影响力、最有威信的领袖。"读完后，孙老师看着赵刚说："你想成为领导这个想法很好，值得鼓励。如果做正确的事，而且方法对头，就会有威信，大家都爱听你的话。如果专门做损人不利己的事情，就会成为大家眼中不讲道理的'小痞子'。说说看，你现在做的是'带头大哥'的行为，还是'小混混''小痞子'的行为？"听了班主任的话，赵刚不好意思地低下了头。

"我们一起想想看，有哪些方法可以让别人觉得你更像'带头大哥'，让人一提起你，都伸出大拇指夸你。"看到赵刚很着急地想表达却说不出话的样子，孙老师进一步引导："比如你可以想一想，同学最佩服什么样的人？经常被老师表扬的是哪些同学？你看到他们平时会做些什么？"此时的赵刚眼睛亮了，似乎有所发现。

"你这么做并没有当成带头大哥，相反让别人都躲着你，连个真心朋友也没有，可见，原来的做法是不对的。不如我们换一种方法，想想看，我们做什么可以让同学喜欢、老师称赞？甚至让同学觉得你很了不起，像个带头大哥？"赵刚认真想了想之后说："我力气大，有谁欺负同学，我可以保护他们……打扫卫生我可以干重活……我上课认真听讲，不捣乱，老师就不会生气，把家长叫来学校了；老师布置了任务，我也可以带头去做……"至于如何向音乐老师真诚道歉以及如何向班级同学证明自己能够变好，赵刚一口气说出了好些办法。孙老师和赵刚商量起哪些方法可以马上行动起来，哪些方法可以更完善，两个人越讲越兴奋，不知不觉中孙老师和赵刚交谈了大半个小时，直到赵刚的父亲打来电话才刹车。在赵刚父亲没有到办公室之前，孙老师用平和却坚定的语气说："我相信你是一个敢作敢为的孩子，用对方法，任何时候你都不需要别人为你操心，你有能力管好自己，也会成为老师的得力助手，在班上发挥'带头大哥'的积极作用。"赵刚总算脸上露出这个年龄的孩子特有的纯真笑容。

不久，赵刚父亲来到办公室。孙老师简单跟赵刚父亲说了句："今天音乐课发生了一些事情，让赵刚回家跟你说。无论赵刚说什么，绝不许打骂孩子。以后不论孩子犯任何错误都不要对孩子打骂体罚。只要我们教育方法对了，相信赵刚会越变越好的，我对他有信心。"孙老师认真地嘱咐了一番，在得到赵刚父亲肯定的回答后，才放心地让父子俩一起回家。

第二天，赵刚有了新的变化，主动把垃圾扔进垃圾桶。以往，他用过的餐巾纸，直接扔在课桌下，放学时地上会积攒一堆。今天他不但把垃圾扔进垃圾桶，还在课间时把教室快满的垃圾袋拿去扔进学校垃圾箱。当他返回教室时，孙老师首先为他鼓掌，班级同学也响起了热烈的、持久的掌声。孙老师和赵刚的眼睛都湿润了。

此后，学校和家庭配合，协同教育。学校及时反馈赵刚的行为表现和成长情况，家庭里每周召开家庭民主会，协商制定家规公约等。经过各方努力，积极施教，赵刚上课故意捣蛋的行为发生得越来越少，偶尔上课时他会控制不住发出怪声音，一旦同学和老师注视他，他也会不好意思，低下头。当看到弱小同学被欺负了，他会用自己有威慑力的眼神去制止这些行为。赵刚在班级里越来越受到同学的尊重和喜爱，一个学期下来，赵刚真的成了带动班级正气的"带头大哥"。

（一）儿童攻击性行为的识别

儿童攻击性行为通常指的是儿童任何意图伤害或影响他人的带有攻击性的行动，这种攻击性行为可以是肢体性的也可以是言语性的，并且可以是直接的（如打架、咬人、用言语嘲讽）或间接的（如排挤某人、传播谣言）。

1. 儿童攻击性行为常见的类型

身体性攻击：涉及身体接触的攻击性行为，如打、踢、推、咬或任何其他形式的对他人身体的伤害。

言语性攻击：使用言语攻击伤害他人，或故意影响他人讲话或扰乱气氛，包括威胁、恶言相向、辱骂、讽刺或尖酸的批评。也可能表现为故意且持续的大喊大叫，或持续发出怪异的声音，或故意学别人说话。如赵刚在音乐课故意大声怪调地唱歌，故意影响老师正常上课，属于一种言语性攻击。

关系性攻击：故意破坏某人的社交关系或声誉，如对老师撒谎、在同学间散布谣言、操控社交情境来孤立同学。

反应性攻击：对真实的或预感到的威胁直接采用攻击性的手段进行回应，如听到同学批评自己，就上去动手打同学，被家长批评就扔东西等。反应性攻击一般是冲动的和防御性的，不是事先计划好的攻击行为。赵刚被音乐老师批评后推翻课桌、把文具扔到地上，脚踢墙壁就是一种反应性攻击行为。

2. 儿童攻击性行为的动机

儿童可能会因为需要得到关注、想得到某种物品、感到愤怒或受到批评威胁后想要报复而表现出攻击性行为，儿童产生攻击性行为有以下几种动机。

资源性驱动：儿童的攻击性行为可能是为了获取某种资源（如为了得到喜爱的玩具物品，或得到老师、家长、同学们的关注等）。本案中赵刚就是为了引起同学们的关注，想当老大，故意怪声唱歌影响老师上课。

情绪性驱动：儿童感到不开心或愤怒，但是不知如何合理表达，往往会采取攻击性行为。如孩子玩积木，老是搭不好，心生怒气，于是发脾气开始扔积木甚至打妈妈。

防御性驱动：当儿童感到自己被批评、受委屈了，或者感到被同伴欺负了，他们会为了保护自己，采取攻击性行为。如被同学指责了，就会发脾气打人，或者扔同学的东西。

了解儿童攻击性行为的特点和背后的动机，可以帮助班主任、家长更科学地理解儿童的行为，制定有效的教育策略。攻击性行为在儿童成长过程是比较容易出现的，如果儿童出现轻度或偶发的攻击性行为可能是正常现象，通过教育引导就会改变。但如果儿童的攻击性行为经常发生并逐渐升级，应引起老师和家长的高度重视，及时改变教育的方式方法。如果还是无效，需要及时请心理老师、心理咨询师等专业人员帮助，对孩子进行早期干预并开展行为训练。

（二）儿童攻击性行为的成因

儿童攻击性行为的成因复杂，受到遗传、教育、社会环境、心理特质等因素的综合影响。比较常见的导致儿童养成攻击性行为习惯的因素主要如下：

1. 错误的家庭教育方法

心理学家班杜拉曾通过实验证明，攻击性行为是观察学习的结果。儿童初来到世界上，就好比一张白纸，他们时时刻刻都在通过观察、模仿他人进行学习。比如，如果父母经常在交流中夹带脏话，其孩子也容易满嘴脏话。研究表明，家庭成员经常产生冲突或者父母经常采用打骂的方式教育孩子，就等于向孩子提供了一个攻击性行为的模仿原型，等同于暗示孩子。当别人令你不满意时可以用暴力的方式对待，孩子会观察并沿袭下来，有样学样。当他遇到问题时，有可能会采取暴力的方式解决问题。

案例中赵刚的父亲是散打运动员，对赵刚的要求极为严格，但方式方法简单、粗暴。赵刚犯错的时候，他父亲常常使用的教育手段是打、骂、爆粗口、罚站、饿一顿等，长期受父亲教育手段影响，赵刚在家庭之外往往也习惯使用类似方法，形成霸道的习性。而赵刚的妈妈和爷爷奶奶都对赵刚非常娇惯，简直是百依百顺、溺爱，又塑造了孩子"以自我为中心"的思维和交往模式。可见，赵刚表现出来的一系列不良行为，都与他的家庭成长环境、教养方式以及个性特点相关联，其习得的行为不断反复，就会成为个体固有的一种习惯。

所以，防止攻击性行为需要给孩子一个稳定、安全的家庭生活，更需要正确有效的家庭教育方法。

2. 不良榜样的模仿

模仿学习理论认为，攻击性行为是一种社会行为。儿童的攻击性行为主要是在社会生活中通过学习而获得的。儿童辨别是非的判断能力比较差，很容易模仿他人行为。儿童从小接触很多武打、暴力、攻击甚至血腥的内容的电视节目或玩这类网络游戏，这些无形中成了孩子的模仿榜样。一些幼儿生长的社区环境很差，社会上时常出现打架斗殴现象，这些也会直接影响幼儿对外界的认识，从而影响其实际的举止。而这些举止放之任之，会一直影响其整个成长过程乃至成年后解决问题的方法和态度。

3. 反复的挫折会强化儿童的攻击性行为

美国心理学家多拉德和米勒提出的挫折—攻击模型（见图3-1），认为攻击是挫折引起的一种主要反应。当儿童在生活中遇到挫折、失败或受到限制时，他们可能会感到愤怒、沮丧或失望。这些负面情绪可能会导致他们表现出攻击性行为，以释放内心的紧张和不满。反复的挫败更会强化其攻击性行为。导致儿童产生攻击行为的常见挫折情境有：需求得不到满足、竞争和比较、规则限制、人际冲突等。

案例中赵刚在音乐课上故意怪声怪调地唱、想做"带头大哥"，反映了他希望被关注、被认可的内在需求，但无论在家还是学校这种需求都没有被满足，由此引发他的攻击性行为，而攻击性行为往往能被"关注"，进而又强化了攻击性行为。

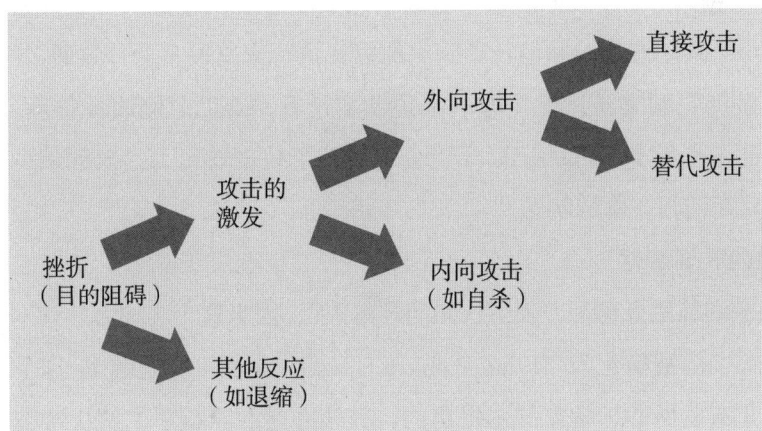

图 3-1　多拉德和米勒提出的挫折—攻击模型

（三）儿童攻击性行为的班主任心理辅导方法

儿童经常出现攻击性行为，如果任其发展，长大后容易走上违法犯罪的道路，会对自己、他人和社会造成不良的后果。心理学家韦克斯勒曾长期追踪发现：儿童的攻击水平越高，今后犯罪的可能性越大。班主任、家长和任课老师都有责任相互配合，通过家校共育，协同采取必要的措施，帮助孩子改变行为方式，养成良好的行为习惯。

1. 班主任推动家校共育，建立行为规范，明确奖惩规则，家长以身作则

儿童主要是通过模仿大人的行为来形成自己的行为模式。因此，班主任要辅导家长反省自己的教育模式，改正简单粗暴的教育方法，以身作则给孩子做好示范榜样。案例中孙老师针对音乐课上赵刚违反课堂纪律的行为，明确对赵刚父亲提出要求，不能用打骂等手段解决孩子的行为偏差，明确了家教底线，不给孩子提供不良模仿对象。孙老师在和赵刚父母进行了深入的沟通后，赵刚父母采纳孙老师建议：他们家每周召开一次家庭民主会议，全家轮流做主持人，制定家规守则，奖惩分明。全家一致通过家庭公约，有错必纠，要求孩子做到的，父母带头执行。违反规定父母按约主动受罚，给孩子树立有错必究的榜样。赵刚的妈妈和爷爷奶奶也配合班主任和学校教育，协同发力。赵刚一旦违反家规，不管孩子怎么软磨硬闹，他们都不再无原则地妥协让步，采用态度温和但行动坚定的方式执行家庭民主会一致通过的约定，父母不做惩罚型家长，祖父母不做骄纵型长者，帮助赵刚改掉鲁莽、冲动、不讲理的不良行为。好的家庭环境会促使孩子攻击性行为的次数减少，程度减轻，从而回归正常的状态。

2. ICPS 训练法

ICPS 训练法全称为"人际认知问题解决"，因为这个名词太过学术化，后来根据首字母被简化为"I Can Problem Solve"（我能解决问题）。这个方法是由美国儿童发展心理学家舒尔提出的，其核心是教给孩子们解决冲突和与人相处的思考技巧。ICPS 训练法在帮助攻击性儿童进行换位思考、寻找解决方法上也非常有效。如果孩子发生攻击同学行为后，班主任或家长如何处理，以下以具体案例来描述。

（1）明确问题所在

问问孩子发生了什么，详细了解事情发生经过，还原冲突场景，明确事情原委。例如：

老师：刚才发生了什么？让你和小壮发生了冲突？

小刚：小壮欺负小莉。

老师：哦，小壮是怎么欺负小莉的？

小刚：小壮向小莉借卷笔刀，小莉不借给他，他就去抢小莉的卷笔刀。

老师：那后来呢？

小刚：我跟小壮说"你不要去欺负小莉"。他很凶地对我说"关你屁事"。

老师：然后呢？

小刚：我就上去打他了，他欺负人还很凶。

老师：你是怎么打小壮的。

小刚：我推了一下，他就倒地了，他还要还手，我就打了他几拳。

……

（2）理解他人感受

帮助孩子学会识别自己情绪，理解他人的感受，学习换位思考。例如：

老师：小刚，你当时看到小壮欺负小莉，当时是什么感受？

小刚：老师，我很生气。

老师：我明白了，你当时很生气，忍不住就打了小壮，为小莉打抱不平，他还手了，你更生气了，是这样吗？

小刚：是的。

老师：那如果你是小壮，被打了，你会是什么感受？

小刚：……我也会生气的。

（3）寻求多种解决方法

尽可能引导孩子发散思维，寻找多种解决办法。父母不要随意评价孩子想出的办法，就算不合理，也不要急着说明解释。例如：

老师：小刚，我们一起想想，遇到今天这件事，还有其他办法吗？

小刚：……我可以告诉老师。

老师：很好，还有其他办法吗？

小刚：我还可以对小壮说"你抢人家的东西是不对的"。

老师：还有当你生气了，你可以怎么办？

……

老师：非常好！

（4）考虑结果

引导孩子学会考虑各种解决方法的后果。例如：

老师：今天，你看到小莉被欺负了，你就反过来欺负了小壮，结果呢？

小刚：我也打人了，也不对。

老师：小刚，我们来看看你想出来其他办法有什么不同的结果？

小刚：我告诉老师，老师会批评小壮，他就不会再欺负小莉了。

老师：是的。

……

在案例中，班主任在处理赵刚同学与音乐老师的冲突中，也体现了ICPS法的精髓。首先，孙老师没有立即批评斥责学生，而是放下手中的工作耐心地和赵刚单独谈话，用倾听技术鼓励他讲出自己的感受，表达内心的需求；其次，孙老师让赵刚对他的行为产生的后果负起责任，引导赵刚学会换位思考、将心比心，增强管理好自己的主观能动性和自觉纠正不良行为的能力。赵刚在孙老师的鼓励下逐步学会对自己的行为负责，他也开始能够关心、同情、理解他人的感受。另外，孙老师了解到赵刚想成为班级的"带头大哥"，引导赵刚思考如何具备"带头大哥"的风范，得到别人重视和尊重的各种方法和途径，启发和指导赵刚如何有效地解决问题。

3. 帮助学生提升情绪控制能力，克制冲动行为的发生

班主任在面对正处于情绪激烈状态的学生时，可以采用"6秒情绪控制"法，帮助学生控制当下的冲动情绪，避免继续发生攻击性行为。

日常沟通中，班主任可以教给孩子一些具体的自我克制方法。比如：在要发脾气时、冲动要发作时，忍一下，不开口不伸手、延迟几分钟，闭上眼睛想想老师的话。遇到不开心的时候，可以转移一下注意力：整理一下自己喜欢的文具，拿笔在白纸上随手画个画，做别的有趣好玩的事情，写提示语放在明显的位置上，提醒自己冷静下来，找个没人的地方大喊几声等。小学低年级学生的自我情绪觉察能力和情绪控制能力都较弱，一开始很难做到，班主任不能着急，给予提示更要给予包容，耐心地鼓励孩子不断进步，慢慢提升他们的自控能力。

班主任在教授学生冲动控制方法的同时，也应该与学生共同商定在学校里应该遵守的基本行为准则，以及违反行为准则后的处罚方法，促使学生有意识地约束自己的攻击性行为。比如班主任与学生约定在学校不能打人、骂人，不能扔东西、破坏公物，上课不能乱喊乱叫或故意发出怪声音等，一旦发生应该主动到办公室向班主任汇报认错，还要向同学或老师道歉。

案例中赵刚自以为可以通过攻击他人让别人怕他，这种幼稚的想法让他觉得自己的攻击性行为很有效、很厉害，从而变得频繁和常态化，成为班上人人讨厌的"小霸王"。班主任和家长要用正确的奖惩方式开展教育。比如，个案中孙老师处理儿童攻击性行为时，先采用"冷处理"，就是在一段时间里不理他，用这种方法来遏制他的攻击行为，迫使他冷静下来。对于学生的亲善行为给予即时的积极鼓励，一旦赵刚出现良好的行为（主动倒垃圾），孙老师马上带动全班同学为他鼓掌，给予激励，让赵刚深切感受到做好事带来的快乐，促进了他的行为改变。

矫正儿童习惯性攻击行为是一项艰巨的任务，班主任在面对繁重的日常工作之外，还需要花大量额外的精力投入其中，非常不易，但是意义重大。班主任适时开展学生的行为教育能够帮助他们更好地适应环境、建立和谐人际关系、提高学习成绩，将有助于学生在社会角色理解、同伴关系、情感表达、自我概念等多方面获得全面的发展。

四、学生强迫性行为的心理疏导

案例8：频繁擦手、上厕所的泡芙

小学三年级的泡芙活泼可爱，聊起天来滔滔不绝，语速极快。她是班上的文艺积极分子，但凡有舞蹈表演，她一定是舞台上的焦点。

班主任李老师最近对泡芙真是"又爱又恨"，这个活泼可爱的女生常常在文体活动中大显身手，却又因为和同学的冲突而多次破坏课堂秩序或接到其他家长投诉。影响比较大的一次，是最近的升旗仪式上，泡芙因为和同学的冲突突然跑开，李老师一顿好找。

李老师通过一番了解才发现，造成泡芙当众逃跑的原因竟然是隔壁排的同学几次三番拍她手，她忍受不了就跑了。"老师，我不喜欢其他人碰我。他打喷嚏还碰我手，我觉得很脏，都是细菌。我特别害怕细菌，细菌会进入我的身体让我生病。"这位打着喷嚏还拍她的同学，在泡芙眼里是一个移动的"细菌库"，如果当下有湿巾纸的话，她一定会用湿巾纸反复擦拭自己的手，同时在心里不停地念叨"It's fine，没事的，没事的"。可是操场上除了同学和老师，没有湿巾纸、没有卫生间，她当时唯一的想法就是去把自己的手洗干净。

对于自己的"洁癖"，泡芙感到很困扰。在班级中，不小心碰到或踩到脏东西，都会让她担心细菌进入自己的身体。她想出来的办法是让其他人也碰一下这个东西，如果同学没事，那就说明她也不会有事。然而，同学碰一次，她还不放心，就会忍不住让同学去反复碰触。可是，很少有同学会听她的话反复碰触，矛盾由此产生。

泡芙对细菌的害怕可能要追溯到幼儿园时期。由于小时候经常感冒发热，她没有上过完整的幼儿园。爷爷奶奶担心去了幼儿园会被传染到，因此常常给她请假在家休息，而她也因为大人谨慎的态度而对细菌非常敏感。在学校里与同学的冲突中，有一大半是因为同学靠近或者弄脏了她的衣服、书桌、文具。

除了细菌外，泡芙害怕小动物，尤其是小狗。她担心被小狗咬了以后要去医院打狂犬疫苗，她讨厌打针。因此，看到具有威胁性的小动物时，她自己发明了一套口诀和动作，"一、二、三，跳"，反复做了几遍后恐惧的情绪就会消除不少。

泡芙其实关注到自己的"强迫性行为"了。"我晚上睡觉，床旁边的东西一定要放得非常整齐，否则我睡不着的。还有我的头发一定要全部往上撩，一根都没有往下，否则我也睡不着觉。我每天都让妈妈帮我撩头发，要一次性全部往上撩好，弄到很晚。我不喜欢睡觉，要是能不睡觉就好了，可是妈妈一直让我早点儿睡，说早点儿睡对身体好，可以长个子。她一说早点儿睡我就想上厕所，晚上我就一直上厕所。"泡芙对自己经常上厕所感到很困扰，她说每次上完厕所爸爸妈妈就让她别上厕所，可是他们越说，自己就越想上。

妈妈对于睡眠的焦虑，传递到了泡芙身上。每次做数学题时，即使是"八八六十四"这么简单的题目，泡芙都会反复问妈妈这个答案对不对，她想保证每一题都准确。她担心如果错误太多第二天要订正，睡觉时间太晚会影响身高。可结果往往是，每次反复的确认会引起父母的不耐烦，会拖延写作业的时长，甚至会把作业留到第二天完成，爸爸还因为每天的作业时长而打过她。泡芙对此感到很苦恼。"我知道不应该问，可是我忍不住。"泡芙说。

对于泡芙晚上不睡觉、作业拖拉甚至无法完成、白天精神不济、常常与同伴起冲突，泡芙的父母和老师都非常担忧。

（一）强迫性行为的识别

强迫性行为是被迫地、过度地重复某个固定行为，可以是外部看得见的操作，也可以是隐藏在内心的操作。泡芙在临睡前反复上厕所，一次性把头发撩整齐等行为是外在行为，而在学校遇上同学打喷嚏，或碰到脏的地方强迫自己想"It's fine，没事的，没事的"是隐藏在内心的操作。

强迫性行为有两个特点：一是被迫的行为，是自己不能控制的。泡芙每天晚上写作业时，反复问妈妈题目答案对不对，尽管父母跟她说了很多遍不用再问，爸爸也因为作业拖拉打过她，她依然会忍不住问。二是过度重复的行为，次数远远超过客观需要。泡芙临睡前要上十几次厕所，显然这并不符合常理。

很多学生因为家庭养育或者社会环境的关系，容易对一些事情产生焦虑，比如对身体健康的焦虑、容貌身材的焦虑、考试成绩的焦虑等。为了减少焦虑和痛苦，或者避免出现可怕的情况，在焦虑情绪的驱使下，一些学生会做出强迫性行为。

具有强迫性行为的学生，通常都意识到自己有强迫性行为，并且知道持续存在这种行为是不合理的，却不能克制地反复出现。因为这些固定的、重复的行为在某一瞬间会让他们安心，缓解焦虑紧张感。

一般来说，在校园内的孩子因为对于学业、健康的焦虑或恐惧，可能会出现以下十种强迫性行为：

对灰尘、细菌过度紧张恐惧；

频繁洗手或者擦拭双手，甚至因为过度清洁而使皮肤红肿；

极度恐惧，极力避免接触一些所谓的"脏东西"；

长时间、频繁地去卫生间上厕所；

完成作业的时间远远超过预期，在作业本上会发现很多橡皮擦擦过或者涂改过的痕迹；

在已经有答案的情况下，频繁地问同一个问题；

用笔重复描画数字或字母；

以某种特定的方式排列课本和学习资料，并且不允许被别人弄乱次序；

反复寻求老师对同一个问题或习题答案的肯定回复；

反复过度检查门窗、电灯和作业的行为。

班主任如果发现班级里的学生存在以上行为，并且持续的时间较长、频率较高，影响到人际关系和班级秩序，应及时给予关心和帮助。

（二）强迫性行为的原因分析

生活中，我们或多或少拥有这样的体验：心里想着事儿，关上车门走了100米后，怀疑自己没有落锁，于是返回车前确认；手不小心碰了脏东西，马上去把手洗干净。因为一些不确定的事，或者可能会引起不良后果的事，而再次确认或迅速采取行动，是很多人都会做出的选择。但大部分的人做了一次确认或洗了一次手后不会焦虑，具有强迫性行为的人却需要通过反复的行为让自己感到心安。这是为什么呢？

1. 焦虑情绪驱使行为

人们在体验到焦虑的情绪后，会做出一些行为来降低焦虑，一旦发现这样的行为能降低焦虑，那么以后面临同样的情景时更愿意做出同样的行为。具有强迫性行为的人，则会发现他们在采取单次行为后，焦虑只下降了一点点，于是他们就多次重复这样的行为。经过多次重复，他们发现自己"心安"了，就这样，他们找到了一个面对某个情境引发的焦虑的方法——通过过度重复行为。

具有强迫性行为的人，通常具有完美主义倾向，对学习、工作、生活有较高要求，压力更大，因此经常面临类似的高度焦虑的情境，他们就会反复启动过度重复的行为来缓解焦虑。

那么，为什么采取单次行为后，他们会发觉自己的焦虑只下降了一点点呢？究其原因，他们对产生焦虑的情境会产生错误的估计：

（1）他们会高估危险的可能性，高估后果的严重性

比如，手脏了，他们会觉得细菌马上会通过手传入身体，细菌在身体里面会引起各种病症，严重的可能危及生命。

（2）他们会低估自己对消极事件的应对能力

他们往往觉得自己所做的处理不够好，不能百分之百地保证不出现严重的后果——既觉得自己没有能力，又觉得后果会很严重。有些同学在考试前频繁上厕所，也是因为考试压力带来的强迫性行为，他们会觉得考试很重要，

万一考不好，自己无法承担后果，比如害怕老师的批评或者负面看法，担心自己平时考试成绩差以后考不上好高中、好大学等。

恰是因为这种"高估"和"低估"，具有强迫性行为的人会不自觉地采取重复的行为来填平自己的能力有限和可怕后果之间的"鸿沟"。

2. 强迫性行为是对焦虑的无效应对

更为复杂的是，他们对自己的强迫性行为是有觉察的，且并不认同。他们觉得"手脏了，就会危及生命"这个想法并不好，"反复洗手"的行为也不应该。换言之，他们的焦虑中还包括了对于"强迫性行为"的焦虑。

因此，强迫性行为仅仅是缓解了学生当下的焦虑情绪，但并不能有效应对引发焦虑的事件、压力，反而会导致第二重的焦虑——对强迫性行为本身的不认可及焦虑。

班主任在面对这样的孩子时，更需要耐心、包容和接纳，以缓解他们过度的焦虑。

（三）强迫性行为的心理疏导方法和技巧

1. 充分理解孩子强迫性行为背后的原因

班主任和家长都要了解，学生出现强迫性行为是一种心理问题，而不是孩子的恶意行为。要充分理解孩子强迫性行为背后一直存在的过度焦虑和恐惧，孩子做出无法克制的强迫性行为是为了缓解自己难以忍受的焦虑和恐惧，不要对孩子进行批评和指责，以免加重孩子的心理负担。

2. 引导学生接纳"焦虑的我"

我们在受到外部世界的刺激后，会产生各种各样的想法和冲动，其中不乏焦虑的情绪和行为，这是人之常情。具有强迫性行为的学生，通常自我要求比较高，有比较明显的是非观念，他们对自我的焦虑情绪和强迫性行为的不认同在一定程度上会导致强迫性行为的严重化。

班主任可以通过主题班会的形式，让学生意识到情绪没有对错和好坏之分，在不同的情境下产生不同种类和强弱的情绪是正常的。担心生病、担心学习是每个人都会有的想法，担心的程度不同，我们就做出了不同的行为。

游戏设计：

（1）情绪轮盘

在一张白纸上画一个圆，在圆圈里根据过去一周的情绪，填充不同的颜色、线条、形状来表现这些情绪，并分享发生了什么事，产生了什么情绪，因为这个情绪做了什么。老师在合适的时机分享自己的情绪轮盘，比如下周要上公开课了，感到非常紧张，晚上有些失眠，对教案做了进一步修改，选择了一个班级试讲，紧张缓解等。

学生在这一环节将发现，每天的生活中会发生各种情境，不管是自己还是代表权威的老师，都会有紧张、焦虑、害怕、伤心的时候，也会有开心快乐的时候，而所有的这些情绪都会驱使自己做出不同的行为来应对。

（2）情绪刻度尺

把情绪轮盘上的情绪按照情绪的程度不同在白纸上用 10 厘米长的刻度尺标注，让学生意识到不同情境下，不同的人会产生不同强度的焦虑、担忧、高兴、悲伤等情绪。

3. 改变孩子对"能力不足""后果无法承担"的认知

中小学生产生的强迫性行为主要与学习压力和身体健康有关。

针对学习压力导致的强迫性行为，班主任不妨通过提问的方式来了解学生强迫性行为背后的焦虑，比如："我看到你的抄写本上有很多橡皮擦的痕迹，一定花了很长时间写吧。老师能感受到你写作业非常认真，把字擦掉重写是担心什么吗？""昨天的数学作业修改较多，是不是花了很多时间检查？""昨天的英文抄写你重新描了一遍，是不是担心写得太浅，老师会打低分？"

总结学生对于学习的焦虑（担心作业评分低、担心爸爸妈妈批评、担心错误太多老师不喜欢自己）并反馈给学生后，给予学生特殊的鼓励来调整他们的认知。

（1）肯定学生的努力与进步

通过肯定学生在学习方面所做的努力和取得的进步，提升他们的自信心，调整自己"能力不足"的信念。

（2）引导学生设定合理的目标体系，逐步提高

避免对自己要求过高而产生不必要的焦虑紧张。帮助他们理解"人无完人"，即便是老师也不是所有学科都擅长。每个学生在同一门学科擅长的知识点也不一样，比如有人空间想象力比较好擅长几何，有人做事细致计算能力非常强，有人喜欢理论联系实际做应用题……所以不用对自己过分苛刻，时时刻刻都要达到满分，允许自己出现错误，只需要持续努力不断进步，就会实现更高的目标。让学生明白，不同学生在不同知识点上的小错误，能帮助老师及时调整上课内容，让老师知道哪些部分应该重点强调。

（3）告诉学生一次的错误不可怕

告诉学生"犯错"没有那么可怕，因为事物不是永恒不变的，每一次的错误也不代表永远的错误。所以，不管昨天的数学作业有没有全对，英文考试是不是一百分，老师都不会认为昨天你的分数就是你以后每一天的分数，你现在的状态就是未来你的状态。老师不会因为一次或者一段时间内的成绩来定义学生，更不会因为某一门学科的优劣势来表达好恶。希望学生也不要因为一时的问题，而产生"自己不行""我完了""老师不会喜欢我了""爸爸妈妈一定会讨厌我"等想法，这些想法违背了事物发展的规律。物理学中，著名的量子实验"薛定谔的猫"，在打开盒子之前，我们永远不会知道猫是死是活，恰恰是因为这种不确定性，万物皆有可能。老师永远会为学生的每一点儿变化而高兴。

4. 脱敏训练

针对因为极度担心身体健康导致恐惧情绪从而产生的强迫性行为，班主任可以适当采用"脱敏训练"，即让学生直面引发焦虑或恐惧的事物或情境，通过训练降低其敏感度。当然不是让学生突然之间置身于他最焦虑或恐惧的情境中，而是把任务分解成若干个小步骤，逐步降低学生对该事物或场景的焦虑感和恐惧感，实现最后对焦虑或恐惧对象的脱敏。

比如，因为担心细菌感染而反复洗手的学生，如果他非常害怕接触细菌，可以设计如下的脱敏训练：

第一步：班主任邀请有强迫性行为的学生进行脱敏训练，告知学生训练

的目的以及大致的内容，减少学生的顾虑。在征得学生的同意后，开展脱敏训练。

第二步：老师拿出一张白色纸巾擦一下凳子的腿，纸巾的一面变成了灰黑色。

第三步：老师把纸巾灰黑色的一面朝下放在桌上，请学生用手指碰触放在桌上的纸巾。当学生碰触到纸巾时，老师应给予鼓励："很好！手指能停留一会儿吗？"

第四步：老师用手指戳破纸巾，请学生用手指碰触纸巾破损的地方。当学生做到时，老师给予鼓励："很好，再停留一会儿可以吗？"

第五步：老师把纸巾拿起来扔到废纸篓里，然后向学生伸出扔废纸的手说："我可以握一下你的手吗？"如果学生伸出手，老师可以轻轻握住，并保持一会儿。观察学生的反应，并告诉学生："太棒了！我们成功啦！你已经克服恐惧，不再那么害怕细菌了！"

第六步：老师拿出免洗消毒液，和学生一起把手擦洗干净。然后对学生说："你看细菌并不可怕，我们这样就把它们可以消灭干净了。"

如果学生在某一步流露出恐惧和退缩时，老师应耐心鼓励他尝试，当学生开始尝试时，老师应及时鼓励他停留时间长一点儿。整个脱敏的过程应该缓慢进行，班主任切不可急于求成。学生不能做到时，不能批评，前进一步就是胜利。学生表现得特别紧张恐惧时，班主任就可以告诉学生放松的方法，下一次再尝试，逐步帮助学生降低恐惧感，直到完成第五步握手。

这种脱敏过程在老师的引导鼓励下比较安全可行，班主任也可以根据这个脱敏原理，指导学生自己设置场景，在老师、家长或同学的陪伴下尝试自我训练。

5. 自我放松训练

抵抗焦虑是青少年产生强迫性行为的主要原因之一。班主任可以引导学生一起探索有效的方法来缓解自己的焦虑。班主任应指导学生觉察自己的状态，发现要发生强迫性行为时，可以尝试转移注意力，做一些让自己放松的动作。比如：去做一下体育运动（跑步、打球、跳绳等）；或者主动向老师或同学寻求帮助，说出来后会有效缓解压力感；还可以指导学生向心理老师求助，学习呼吸冥想等方法，尝试自我情绪调节。

6.家校合作进行教育

学生某些行为的形成，与家庭教育方法密切相关，如果家长本身存在所谓的"洁癖"或其他强迫性行为，学生会在家庭生活中模仿习得。如果家长有某些不合理的观念，学生也会不自觉地继承下来，如家长经常对孩子说"细菌太可怕了"或"生病是天大的事儿"，就会在孩子心中植入强烈的恐惧感，影响他们的行为。

班主任要与家长保持沟通，指导家长科学地开展家庭教育，与学生一起学习科学的健康知识，不相互传递过度的焦虑和恐惧，共同帮助学生减少强迫性行为。同时，班主任应告知家长强迫性行为的危害性，提醒家长重视。

7.及时寻求专业支持

学生出现强迫性行为是一个危险的信号，如果强迫性行为出现的频率不断增高，时间一长，可能会演变成强迫症。当学生的强迫性行为已影响到正常的学习、生活、同学关系时，老师和家长应该重视孩子的心理健康问题，班主任应及时指导或陪伴学生向学校心理老师求助，越早获得专业人员的帮助，学生消除强迫性行为的可能性越大。一旦变成强迫症，学生将面对痛苦而漫长的心理治疗过程。本案中，泡芙的强迫性行为已经比较严重，班主任应该将泡芙转介给心理老师或专业人员，及时进行心理干预甚至心理治疗。

五、青春期逆反的心理疏导

案例9：拒绝上学的俞强

俞强，14岁男生，八年级开学第一次月考结束时，因为语文老师的一句话就坚决不去上学了。父母千方百计劝他回学校，他的情绪反应非常激烈，父亲越是逼他，他的脾气越大，把自己房间的书桌、学习用具都砸坏了，还离家出走。父母无奈，只好邀请班主任杨老师来家里劝导他。经验丰富的杨老师明白，这是一个青春期少年出现比较强烈的逆反行为了。

班主任杨老师有着多年青春期学生教育的工作经验，应邀和俞强一家开展交流，一起探讨俞强不肯上学的原因和解决的方法。杨老师对自己的学生比较了解，知道俞强从小就有注意力集中困难的问题，学习成绩一直不理想，但他有上进心，虽然学业压力很大、学习吃力，但他仍很努力。此次突发逆反不上学，一定有其深层次原因，这就需要从孩子的性格、家庭和学校的影响事件等各方面来分析。

杨老师首先问俞强："语文老师说了什么，让你不想上学了？"俞强歪着头回答："这次月考我得了75分，这是我上初中后语文考试最好的一次成绩，要知道之前我经常不及格呢！当我兴致勃勃去找语文老师说'我这次进步很大'，他竟然回了一句'75分还算进步？'"俞强越说越激动，对着父母和老师声音逐步大起来："他是我最喜欢的老师，他说过很欣赏我的，没想到原来他也根本瞧不起我！我再努力学习也没用！还上什么学！"说完又气呼呼地扭过头去。

"嗯，你听到语文老师的话感到很气馁。"杨老师点着头真诚地说。"你觉得已经很努力了，希望语文老师能够鼓励一下自己，没想到他的话令你很失望。不过，有没有可能是，他想用激将法来促进你更加努力呢？"

俞强转过头来看了一眼杨老师，眨眨眼睛，若有所思，没说话。

杨老师又转而对俞强妈妈说："孩子性格上挺敏感的，是否过去发生过什么事对他的心理造成了较大影响？"

妈妈回忆说，俞强小学时有一次考试没考好，数学老师数落他的分数拉低了班级的平均分，影响了班级排名，当场就有个同学冲上来要打他，当时个子瘦小的他被吓坏了，晚上做梦都会哭醒。可能他的自尊心也因此受到了伤害，从此变得敏感起来，特别在意老师和同学对他的态度。后来父母将俞强送进游泳队训练，他现在个子长得高大且健壮，但心理却还是很脆弱，不能受一点儿委屈，谁要敢说他坏话，他就直接怼回去甚至动手开打，这使他与同学的关系一直不太好。

对于这一点俞强自己也承认，他说与自己一起玩的同伴很少，今年唯一的一个好朋友也转去了国际学校，他愈加感到孤单和寂寞，感觉身边没有真心的朋友。

"原本我以为只有语文老师欣赏我。"俞强默默地说。上七年级时，语文老师曾说欣赏俞强的直爽，他就开始喜欢上语文老师，对语文课特别上心，成绩从不及格逐渐提高到 70 分左右，这次考得了 75 分，没想到却被老师泼了冷水，老师的一句话成了压倒骆驼的最后一根稻草。

杨老师语重心长地说："我理解，老师的评价对你很重要，你很期待老师对你的认可。但是，我们也不能活在别人的嘴里呀！别人说我们不好，我们就真的不好吗？别人说我们笨，我们就真的笨吗？显然不是的，我们需要对自己有信心，有正确的自我认知。更何况，老师的话本意或许并非真的否定你，只是表达相信你的能力完全可以有更大的进步，还可以进步 10 分、15 分……"俞强静静地听着，边听边点头。

随后，杨老师又问道："除了学习和与同学老师的关系问题之外，家里有什么事情给你带来了压力吗？"

俞强点了点头说："有，我想照顾妈妈。"原来，妈妈刚刚大病一场做了手术，俞强十分担心忧虑妈妈身体虚弱，而爸爸去年公司倒闭下岗了，一直没找到合适的工作，心情不好，常常去棋牌室打牌散心，夜里很晚回家，根本照顾不上妈妈。他不放心妈妈，觉得妈妈太苦了，所以自己要留在家里守护生病的妈妈，不想去上学了！他甚至还想出去经商赚钱养家，让妈妈不用去上班可以轻松休养。

俞强爸爸原来以为孩子不去上学是因为好面子，怕自己学习成绩差被老师和同学看不起。当听到孩子诉说在学校孤单无助，又忧虑妈妈还要回家守护妈妈，他低下头倍感自责。他对儿子真诚地说："孩子，爸爸知道错了！请你相信爸爸会陪伴照顾好妈妈，也会努力对这个家负起责任的。你不用操心，你好好读书！爸爸做好爸爸该做的事，你也做好你该做的事，好吗？"俞强被爸爸的真诚打动，深深地点头。

这时妈妈忍不住开口了。她搂着儿子的肩膀说："儿子，谢谢你对妈妈的关爱！你放心，妈妈家里家外人缘很好，工作家庭各方面都不错。这次生病也是因为工作忙碌，忽略了自己的身体健康。通过这次大病，我会放慢工作节奏，用心保养自己和家人身体，让坏事儿变成好事儿。你爸爸呢，多年来辛苦工作，疫情原因公司倒闭离职，正好让他调整一段时间。谢谢儿子对爸妈的关心，其实事情没你想象的那么悲观，另外也更不用担心家里的经济问题。"妈妈握着儿子的手说："你安心地去上学，也能让我们做父母的放心。我们全家一起心连心，一定能平安渡过这段困难时期。"

杨老师通过引导俞强一家人的畅谈，让每个家人都能充分表达真实的想法，俞强对家庭的担心减轻了。他主动提出想回去上学，但是想到回到学校自己很难与同学相处，心里就很不舒服，又不想回去了。杨老师建议俞强去找学校的心理老师求助，学习提升自信心的方法，学习与同伴友好相处的沟通技巧。同时也建议俞强父母重视家庭关系的和谐，可以找专业的家庭咨询师做调整，可以平复俞强对母亲的忧虑。

班主任和父母对俞强的关心、理解、尊重和信任，减轻了俞强的心理压力，他的愤怒、担忧情绪也得以缓和，表示自己愿意去找心理老师咨询，提升自己的自信心和与老师同学友好交流的方法技巧。班主任一颗悬着的心放下了，父母也看到了儿子重返学校的希望。

（一）青春期逆反的特点和类型

青春期逆反是青少年在成长过程中出现的一种常见现象，通常表现为对父母、老师或其他权威人士的挑战、质疑或反抗。逆反不仅仅是对特定命令或规则的不服从，它更深层次地体现了青少年在寻求自我认同、独立性和自主权的心理发展过程。青春期逆反的表现是多样的，可以是态度上的拒绝服从，也可以是轻微的语言抱怨和行为抗争，也可能会出现严重的行为问题。这可以看作青少年试图从依赖父母向独立个体转变的一个过程，在这个过程中，他们可能会不断测试可以逾越的界限，探索自己的价值观，并试图对自己的生活拥有更多的控制权。并非所有的逆反行为都是负面的或需要纠正，适当的逆反行为有助于他们学习如何处理冲突、建立人际关系和对抗社会压力，这对成年后的社会适应非常重要。

1. 青春期逆反的特点

（1）对成人制定的规则和期望的挑战

如反问家长为什么一定要考大学呀？本案例中，语文老师的话可能是表达一种期望，但在俞强听来是刺耳的批评，完全不愿接受。

（2）对父母和其他家庭成员的反抗

如家长指东我偏往西去。本案例中，父母劝俞强去上学，他不听，还大发脾气，摔东西。

（3）表达对传统观念和标准的不满或拒绝接受

如清明节祭奠逝去的亲人，传统习俗是家人要下跪磕头，他偏不愿意这么做。

（4）在决策中寻求更大的自主性和独立性

如家长让学生去补习数学，他却要上街舞培训班。本案例中，俞强想不上学去做生意赚钱，照顾生病的妈妈。

（5）在社交和日常行为中表现出与成人不同的选择和偏好

如穿校服就是不愿拉好拉链、染发、奇装异服等，希望自己表现得与众不同。

2.青春期逆反的类型

青少年表达逆反的语言和行为很多，大致可以分为三类：

（1）暴躁型

对父母老师的要求剧烈反抗，经常与家长吵架或发脾气，有时是进行冷战，不理睬家长，如学生回家锁上自己房间的门，父母叫他也不回答。本案例中，俞强反抗父母劝他上学，摔东西的行为可以视为暴躁型逆反的表现。

（2）沉默型

不愿与家长沟通，表现出无所谓的样子，对父母的话没有反应，也不喜欢跟老师接触，如家长经常会向班主任反映孩子不听话，父母讲的话学生一只耳朵进一只耳朵出。

（3）阳奉阴违型

当面会顺从父母的要求，但是行为表现却完全相反，如父亲说"你吃完饭赶紧做作业"，孩子回答"好的"。吃完饭，孩子捧着手机玩，根本不做作业。

3.青春期逆反的阶段

（1）抵触阶段

一般10—12岁，出现逆反的萌芽，最显著的表现就是对家长的话开始顶嘴，不愿听话，与父母反着来。初期的逆反，通常表现为对小规则的抵触，比如对家庭作业、睡眠时间和饮食选择的抗议。

（2）试探阶段

一般13—14岁，叛逆达到高峰，与父母的对抗变得激烈，青少年开始试探父母和其他权威的底线，可能会通过较为明显的逆反行为（如迟到、旷课）来测试父母或老师的底线，严重的甚至出现沉迷手机、离家出走、厌学逃课，等等。本案例中，俞强正处于这个阶段，其逆反行为比较明显。

（3）公开反抗阶段

一般15—16岁，这个时候的孩子追求冒险和刺激，越是被禁止的事情，他们越想去尝试，如抽烟、喝酒、打架、早恋，等等。如果青少年感到他们的需求和感受被家长和老师忽视，可能会进一步采取更激烈的反抗行为，例如公开与父母或老师对抗。

（4）独立自主阶段

一般17—18岁，这是逆反行为的一个转折点，青少年开始学会以更成熟的方式表达自己的需求和愿望，逐渐从简单的反抗转变为寻求自我认同和独立性。如在选择高校的时候，他们会坚持自己的志愿，不愿服从父母留在本地上大学的要求。这个时候孩子对外的冲突减少，但容易形成向内的自我攻击。他们的学业繁重、竞争激烈，如果父母的期望过高，每天唠叨，会让他们产生焦虑不安，心理压力倍增。虽然他们看似很平静不吵闹，但内心的困惑和冲突日益激烈，会严重影响他们的身心健康。

（二）青春期过度逆反行为的识别

青春期都会经历一段或多或少、或长或短的逆反过程，青春期逆反行为常会被老师和家长视为问题行为，其实这是人在成长发展中的正常现象，是具有积极意义的。逆反行为反映出青少年一些重要心理和社会功能的发展，如青少年自我意识加强、开始自我探索、社会技能和情绪调节能力的发展、正义感和道德观念萌芽、创新意识和能力的增强等。

但是，青春期过度逆反会对他们的健康成长和学业发展造成严重负面影响。过度逆反指的是那些让青少年变得越来越极端，并使他们的社会功能和身心健康明显受损的思想、观念、语言和行为。班主任和家长既要理解青少年逆反的积极意义，给予包容，也要注意观察和控制青少年逆反的度，对于过度的逆反言行需要进行及时有效的干预。青少年过度逆反主要指以下表现：

（1）极端抵抗权威

过度逆反的青少年可能会对任何形式的权威和规则表现出极端的抵抗，凡是老师和父母要求的他们都心生抵触，一概反对。如他们会表现出对传统道德观念、家庭规则、课堂纪律、学校规定甚至法律法规的挑战。

（2）反复出现冲动行为

过度逆反的青少年可能会反复表现出无视后果的、不负责任的冲动行为，如危险骑行、不安全性行为、抽烟酗酒、打架斗殴等。

（3）充满攻击性和敌意

过度逆反的青少年在与人交往时，在语言上可能表现出强烈敌意，在与人发生矛盾时会难以控制地出现攻击性行为，如粗口谩骂、打架伤人、砸毁物品等。

（4）拒绝社会规范

过度逆反的青少年可能会拒绝遵守公众认为合理的社会规范和行为准则，如违反学校的着装规定、剃光头、违反交通规则等。

（5）结交问题人员

过度逆反的青少年可能会与其他存在道德品行问题的青少年结成群体，或结交社会上的不良人员，如参与社会上的搞破坏的黑恶势力群体，结交黄、赌、毒、网瘾人员等。手机互联网的普及，让过度叛逆的青少年可能有更多的机会通过网络认识和结交这类问题人群。

（6）出现严重学业问题

过度逆反的青少年可能存在严重的学习问题，包括学习成绩差、厌学、频繁旷课逃课甚至休学。

（7）严重的家庭冲突

过度逆反的青少年，在家里不愿听从父母的教育，与家庭成员之间可能会有频繁且激烈的矛盾冲突，有时这些冲突可能升级为暴力行为。

（8）发生自我伤害

过度叛逆的青少年可能会因为自身的问题或环境的影响产生强烈的负面情绪，他们可能会通过自我伤害的方式来表达内心的痛苦和逆反，如被父母批评之后，划伤自己或其他形式的自伤行为。也有过度叛逆的青少年用自我伤害的方式来逼迫家长答应自己的要求，如吵着要买苹果手机，家长不答应，就用小刀割手臂来要挟家长。

（9）情绪爆发，易激惹

过度逆反的青少年更容易出现情绪的不稳定，遇到一点儿不顺心的事儿就容易爆发愤怒或沮丧的情绪。如早上不去学校上课，家长刚想开口批评他，他已经情绪爆发，大发脾气。案例中，俞强对父母要求他上学的规劝反应激烈，行为失控，是一种情绪爆发的现象，好在班主任及时干预，通过有效沟通和家校合作，帮助俞强回到学校。

（三）青春期逆反的原因分析

青春期逆反的原因通常是多方面的，涉及生物学、心理学和社会环境等因素的相互作用。以下是几个主要的原因分析：

1. 激素变化和身体发育

青春期学生体内的激素变化明显，尤其是睾酮和雌激素的水平增加，会影响他们的情绪和行为。案例中，俞强正处于这样的身心快速发展时期，遇到外界刺激，容易产生激烈的情绪反应。

2. 大脑发展

青春期大脑前额叶发展较慢，这是与决策、规划和自我情绪控制有关的区域，未完全成熟时，可能导致青少年的冲动和风险行为增加。

3. 心理因素影响

青春期学生自我意识发展，开始探索自我身份，他们会通过反抗来测试和表达自己独立的个性。同时，他们也开始了自我效能的探索，通过逆反行为来测试他们对环境能够产生多大影响。本案中，俞强希望不上学去赚钱养家，体现出他渴望换一种身份角色，能够承担起家庭成员的责任，彰显自己的价值。

4. 家庭因素

家庭关系紧张、家庭教育方式有问题、父母婚姻情感问题等都会导致孩子在青春期通过逆反行为来寻求关注或表达不满。

5. 同伴影响

同伴压力对于青春期学生影响非常大，他们可能通过逆反来获得同龄人的认可，他们还可能通过反对父母或老师以证明自己对同伴群体的忠诚。本案例中，俞强对好朋友的离开倍感孤独，也让他变得更加敏感，更在意他人的看法，情绪波动更大。

6. 学校环境影响

学校的制度规则和学习压力可能会导致青春期学生产生逆反行为，如学生将学校的规则和老师的管束视为对他们个人自由的无理限制，就会引发逆反。当青春期学生感觉到自己在学习上的努力不被老师关注、不被家长认可，反而受到批评指责，就会对学习产生逆反。如学习上遇到挫折被批评的学生产生逆反时，就会对家长说"反正学不好，我不学了，玩游戏"。

7. 网络媒体的影响

青少年个人的某些价值观可能与家庭和社会的期望不一致，网络媒体塑造和宣传的某些明星或网红形象对青少年产生很大影响，这些媒体上的榜样可能也会加剧青少年的逆反行为。

（四）青春期逆反心理疏导的策略和方法

心理学家阿德勒认为，每个人都想成为真正的自己。青春期是孩子成长过程中的一个特殊阶段，这种成为真正的自己的渴望会达到最强烈的程度。由于青春期孩子生理和心理上都在发生着巨大的变化，班主任对于他们适度的逆反表现，尽可能予以包容，进行耐心的教育和引导。对于学生过度的逆反行为，班主任需要及时干预，开展学生心理辅导，可以采取以下策略：

1. 建立信任关系

班主任可以运用倾听技术，鼓励学生表达自己的想法和需求，充分体现出对他们的尊重，同时也向他们解释自己的想法和需求。坦诚相待，增进彼此的理解，建立起与学生之间的信任关系，这对青春期学生而言至关重要。没有理解和尊重，缺乏基本的信任，他们将不愿意与老师沟通，更听不进老师的话。本案中，杨老师很好地运用了倾听、提问、共情等沟通技术，帮助俞强打开心扉，说出心里的感受和委屈，建立起良好的师生关系，为俞强克服逆反心理重回学校打好了基础。

2. 开展心理教育

通过主题班会或讲座等形式，对学生进行心理健康知识的教育，帮助他们理解青春期的生理和心理变化，提升他们对自己的情绪、语言、行为的觉察，提高他们自我控制的意识，传授自我管理的方法。

3. 关注个体差异

每个学生都是独特的个体，班主任应对每位学生的特点和需求进行个性化关注，尤其是逆反明显的学生，不能任其行为发展，不断尝试突破底线，应该早期关注，并提供针对性的指导和帮助。本案例中，杨老师非常了解俞强个性敏感，从小注意力保持有困难，虽然成绩不理想但很努力等特点，因势利导地进行启发和指导，取得良好效果。

4. 开展情绪疏导

青春期的学生情绪波动较大，班主任应该提供一个安全的环境（如设置安静的谈心室），让学生可以有机会表达和宣泄自己压抑的情绪，不让负面情绪在学生内心里不断发酵放大，形成更强烈的逆反。在情绪疏导的同时，指导学生学习有效调适情绪的方法，如找同伴聊聊天，或及时转移注意力，做些自己喜欢的活动（如听音乐、打球等）。

本案例中，杨老师与俞强沟通时，没有一开始就谈上不上学的问题，而是关注俞强的情绪和感受，先进行情绪的疏导，这是帮助处于青春期逆反状态的学生能够理性面对自己的问题的关键一步。

5. 培养问题解决能力

当学生出现负面情绪和逆反行为时，说明他们遇到了问题，班主任应该在与学生的沟通中鼓励他们思考如何面对和解决问题。青春期学生比较容易把复杂问题进行简单归因，从而放大不满情绪，甚至产生攻击性的言行。如不穿校服来校，被大门口值班的老师批评后，与老师顶嘴强调自己的理由。班主任与这个学生沟通时，应该允许他做出自己的解释，并引导他思考遇到这样的情况，你希望的结果是什么？最好的解决方案是什么？聚焦问题的解决，有助于培养学生理性处理问题的能力，减少情绪化逆反的发生。班主任还可以通过案例分析、集体讨论、角色扮演等教学方法，帮助学生学习解决问题的策略，提高他们理性决策、应对负面情绪和各种压力的能力。

6. 促进家校合作

班主任应与家长保持定期沟通，相互反馈学生情况，共同商讨教育方案，并指导家长有效的沟通方法，降低学生的逆反情绪，减少逆反行为，形成合力协同支持青春期学生的健康发展。本案例中，在班主任杨老师的主导下，俞强的家长积极配合，双方共同努力成功帮助逆反的俞强回到了学校上课，体现出了家校合作的重要作用。

7. 提供专业心理咨询

当班主任发现学生有较严重的心理问题时，如过度焦虑、明显情绪低落、出现自伤行为、经常攻击他人、玩网络游戏开始上瘾等，应及时将学生转介给学校心理老师进行专业的干预（心理咨询和行为训练），如果心理老师评估结果学生需要就医，班主任应立即通知家长，并提供必要的帮助，让学生尽快接受专业机构的心理治疗。案例中，班主任指导俞强主动寻求学校心理老师的帮助，接受专业指导，提升他自我情绪调适、人际交往的能力，也获得了良好的效果。

青春期是学生成长的必经阶段，班主任在这一时期起着非常重要的作用，是学生发展支持系统中核心的支撑点之一。班主任能够有效地促进同伴关系和亲子关系的建设，还能通过学生个体心理辅导，帮助学生安全度过他们一生中最关键的阶段，走上健康发展之路。

六、网络和游戏成瘾的预防和疏导

案例10：虚拟世界的英雄

　　周一早上，刚上任的九年级（4）班主任张老师注意到班级最后一排的座位空着。经查询是王强同学没到学校。和家长联系后，得知王强在家里玩电脑游戏，隔着电话那一头，王强妈妈带着哭腔哀求张老师："我实在是管不住孩子，恳求老师帮帮我儿子吧。"张老师向年级组长说明情况后立即到王强家进行家访，开门的是王强妈妈，她把张老师带到了王强的卧室，自己退了出去。王强正专注地玩着网络游戏，还在用耳麦和网上玩伴说话。张老师在他身后站了好一会儿他都没有发现，王强妈妈拿了一瓶矿泉水进房间递给张老师后，妈妈忍不住拍拍王强告诉他班主任来家访了，王强这时才反应过来。回头看到陌生的张老师，他急忙站了起来，两只手握在一起，显得有些紧张。这是一个瘦高个的男孩，目光呆滞，脸色苍白。张老师示意王强坐下，率先打破沉默："你好！我姓张，刚调到你们班担任班主任，知道今天我为什么会到这里来找你吗？"王强"嗯"了一声，随即低下头，不再说话。"刚才老师看到你玩网络游戏的时候很投入呀，这说明你具有很强的专注能力。无论做什么事情，都需要有这种专注力，才能把事情真正做好。"张老师感叹地说。王强眼神中流露出一些迷茫，他似乎还在想着老师讲话中的含义，不过已经没有了刚见面时的紧张。

张老师询问王强玩了多长时间的游戏，王强回答是从昨天下午玩起的，一直玩到现在。张老师询问王强现在的感觉，他说现在感到头脑昏昏沉沉，胸口也有些不舒服，脖子有点儿酸疼。但是如果不玩游戏或者不上网，自己就头疼得厉害，晚上难以入睡。看到他一脸疲倦的样子，张老师并没有要求王强立即返校，而是与他母亲商量后允许他在家休息一下，到午后再返校。

王强平时比较内向，很少主动和人交流，上课也总是喜欢低着头，生怕老师会提问他似的，下课后他总是躲避着他人的视线，甚至在厕所里等上课铃响才出来。此外，他上学、放学时也总是独自一个人进出校园和教室，从不和同学一起走。他的行为让老师和同学都感到有些捉摸不透。

王强的父母都是医生，在他五岁时父母离异，王强由妈妈抚养。妈妈起初对他的管教很严厉，尤其对他的学习抓得很紧。王强上初中后逐步开始经常对抗妈妈，每当妈妈打他骂他时，他就会进行对打对骂。后来，他的行为逐渐演变为在家里通宵看电视、玩电脑游戏，几乎手机或电脑不离手。早上起不来就不去上学，妈妈劝他骂他都没有用。

　　一年前，王强常常在放学后或双休日找借口或者干脆啥也不说就去网吧。妈妈看到他这个样子总是提心吊胆，非常恼火，却又非常无奈。面对逆反的儿子，妈妈不得不选择妥协，对王强说"你实在想玩，就在家里玩算了，不要再去网吧"。王强妈妈希望儿子待在家里，不要在外面闯祸，不要被人带坏吸毒，不要发生违法的事情，她就可以心安了，至于他的学习状况，她已经无力关心了。

　　当天下午放学后，张老师和王强进行了"一对一"的深入交谈。得知王强进入初中时喜欢打篮球，体校的老师曾经想要招募他加入区少体队打篮球，由于他妈妈竭力反对，这个愿望最终没有实现。之后，他的学习成绩逐渐下滑，每当老师在班级中提到作业或成绩差的学生时，也总会点他的名字。班级里的其他同学也逐渐疏远他，王强发现自己只能在游戏中找到自己特别渴望得到的那种"英雄"的感觉。

　　一次交流中，王强向张老师倾吐了他的苦闷、压抑和怨恨："我害怕上课，害怕上学，因为上课时会经常被老师点名批评，被同学看不起，自己觉得很没有面子，因为怕被同学和老师嫌弃，总想躲着别人，怕和同学、老师接触。"他毫无表情地看着地面，喃喃自语道。"以前，妈妈总是抱怨我：你怎么不像别人家的孩子！你怎么这么不懂事！这么差的成绩你还有脸见人吗？有时候我想跟妈妈说说心里话，刚鼓起勇气，却被妈妈阴沉沉的脸和不耐烦的态度打消了念头。"他抬起手捂着脸痛苦地说着。"我在班级里没有好朋友，下课也没有同学和我一起玩，其实我很孤单，只有在网络游戏的世界里，才觉得很兴奋，有很多玩伴，成功过关时很有成就感，时间过得飞快。"

　　在和王强的谈话中，张老师感到王强存在明显的心理冲突：一方面因为老师、家长经常训斥他，同学疏远他，王强认为别人都看不起他，丧失了追求上进的信心；另一方面他自尊心较强，想得到老师、同学、家长的理解和信任，希望在班级和家里找到自己的位置。

张老师问王强："你以前篮球应该打得很好吧？自我感觉一定不错。"王强抬起头看着前方，略显得意地笑着说："还可以吧，以前每次篮球比赛的时候，我表现都不错，体育老师经常夸我。比赛的时候有很多女同学围观，主动当啦啦队，还有几个女孩子公开对我表示好感呢！"张老师微笑着对王强说："喜欢打篮球的人反应很快，更善于动脑，还有不服输的精神。只要想学的东西，应该比较容易学会。"王强苦笑着说："反正那时候自己感觉还可以，学习成绩也比现在好多了。"

这次谈话张老师没有谈及去网吧和玩游戏的事情，只是嘱咐王强以后如果不能来上学，一定要事先向班主任请假。事实上，从谈话以后，王强除了生病等特殊原因，都能按时来上学，但他还是会经常通宵地上网或玩游戏。

为了帮助王强走出网络和游戏成瘾的泥潭，张老师和年级组长、专职心理老师、学校德育处老师进行了专门的交流探讨，确定了从"家校联动—参与活动—完善支持"三方面入手帮扶王强的行动计划。

张老师邀请学校心理老师一同前往王强家，推进"家校联动"工作，和王强妈妈进行了深入交流。经过沟通，王强妈妈逐渐意识到孩子上网玩游戏只是一种"果"，真正的"因"，在于亲子沟通出了问题，只有建立良好的亲子关系，才能为孩子的教育打下坚实的基础。王强妈妈愿意积极配合学校，调整了自己的心态和教育方式，开始努力走进孩子的内心世界。张老师和王强母子协商后决定：王强每天和妈妈交流不少于半小时；王强可以一周打一至三次篮球，每次不超过两小时；妈妈周末带王强去户外拥抱大自然或看展览馆等活动。妈妈生日那天，第一次收到了王强通过快递送来的鲜花，她激动得流下了眼泪。这泪水既蕴含着妈妈内心的感动，也标志着王强妈妈终于成功地收获到了儿子对她真挚的爱。

在"参与活动"方面，张老师监督王强每周参加体育活动，尤其篮球活动。不久前学校组织年级篮球比赛，在张老师的鼓励下，他积极参加。他经过平日的锻炼之后，王强的体能状态良好，在场上发挥出了他的特长和优势，带球上篮、投球得分一气呵成，赢得同学们的一片欢呼。在球场上，他终于释放出了自己压抑已久的能量，展现出了青春期少年应有的活力和朝气，成为引人注目的"明星"，让观战的老师和同学们惊喜不已。

自从在篮球比赛中得到老师和同学的认可，王强和同学的交往增强了，平时运动训练自觉了，不再通宵上网玩游戏，睡眠趋于正常，上课也不再瞌睡，学习状态好了不少。但是由于沉迷于网络游戏时间过长，耽误了很多学习，成绩一时还上不来。张老师主动与其他学科的老师商量，专门安排时间为王强进行补习。张老师还安排学习成绩好的班干部与王强结对子，学习上相互帮助。张老师还经常与王强的妈妈电话沟通，了解他在家里的学习情况，反馈他在学校的进步。在班主任张老师的全力推动下，建构了由老师、同学、家长共同形成的王强学习提升的支持系统，帮助王强把成绩逐步提高了起来。

现实中的亲子关系、师生关系、同学关系的明显改善，学习上的不断进步，让王强能够体会到被关注的感觉，获得了自我效能感，他已不再需要游戏中虚拟世界带给他的那种"英雄"感，不再会像以往那样因为不能玩游戏而变得焦躁不安，静不下心来。现在他可以完全摆脱网瘾，正常地学习、生活了。

（一）学生上网或游戏成瘾行为的界定

学生上网或游戏成瘾通常是指学生对互联网的使用或玩游戏达到了无法自控，严重影响了日常生活、学习、人际关系和心理健康的程度。上网或游戏成瘾对青少年自身和家庭的负面影响是严重的。

由世卫组织（WHO）发布的《国际疾病分类》第11次修订版即（ICD-11）中提到了"游戏障碍"，并确定了相应的诊断标准：游戏行为模式的持续或反复发生，停止游戏的自我控制力丧失，对游戏的选择优先于其他日常活动，以及即便出现了负面后果也继续或升级游戏行为的趋势。同时，这种游戏行为模式足以造成显著的个人、家庭、社会、教育、职业或其他重要功能领域的损害，通常至少持续了12个月才能进行诊断是否成瘾。

班主任如果发现学生出现如下的现象可能是网络或游戏成瘾，需要引起老师和家长的关注并及时采取措施进行干预。

1.过度使用网络或玩游戏

学生花费大量时间在互联网上或者玩游戏上，所花费的时间远远超过了学习，生活作息时间混乱，睡眠严重不足。

2.忽视学习、生活、运动和正常社会交往

因为过度上网，学生忽视了学业、家庭职责、体育活动以及其他兴趣和爱好，不愿参与正常的社会交往，沉迷于虚拟的网络或游戏世界。

3.自我控制能力明显下降

当学生自己意识到上网或玩游戏的时间过长，了解了网络（或游戏）成瘾造成很大危害，但他们也很难控制自己的行为，无法停下来。即使在老师或家长的督促下，他们也很难有效减少上网或玩游戏的时间。

4.出现戒断症状

学生对网络活动或玩游戏产生严重的心理依赖，当无法上网或接触不到游戏时，学生可能会表现出心理和生理的戒断症状，如非常焦虑或烦躁，也可能出现情绪低落、心情抑郁。

5.社会功能严重受损

学生的学习成绩明显下降，上课无法正常听讲，做作业静不下心来，注意力难以集中，学习能力下降，甚至出现逃学、旷课去上网或玩游戏的现象，同学关系、师生关系、家庭关系越来越差。

诊断学生是否网络（或游戏）成瘾，需要专业精神科医师根据现有的诊断标准来进行评估。这种评估应该包括对学生使用网络（或玩游戏）的历史、行为模式、心理状态以及成瘾行为对其学习和生活的影响等多方面的综合考虑。

本例案中，王强同学通宵玩游戏，自己无法控制，上课时无法听讲，注意力无法集中，旷课逃学，学习成绩下降，同学关系、师生关系、与母亲的关系都不佳，没有正常的社会交往，不参加体育活动，没有了其他兴趣爱好，妈妈阻止他玩游戏，还会出现头疼、无法入睡的现象。由此可见，王强对网络游戏已经成瘾。

（二）网络或游戏成瘾的原因

随着电脑、手机日益普及，互联网技术的快速发展，青少年面临的网络诱惑、学业竞争、人际关系、家庭矛盾等压力越来越大，部分学生在学校学习和日常生活中感到不适应，没有获得足够的心理满足。家庭生活没有及时弥补这个缺陷，具有较强诱惑力的网络虚拟世界自然成了少数学生逃避现实、缓解压力和释放情绪的一条重要途径，以致一些青少年沉迷网络游戏无法自拔。常见原因分析如下：

1. 多巴胺奖励机制的作用

多巴胺是一种神经递质，它在人体大脑的多种功能中扮演着关键角色，特别是在奖励和快感体验、动机及注意力调节等方面。多巴胺是奖励系统的关键成分，当人们进行某些行为，并且得到奖励（例如：老师和家长的表扬、同学间的赞赏、网络媒体点赞献花、游戏中获得奖励等）时，大脑会释放多巴胺，产生愉悦感。这种感觉可以强化那些行为，使个体倾向于重复那些能带来多巴胺释放的行为。

长期的多巴胺刺激可能导致神经系统对同样量级的多巴胺反应产生耐受性。这意味着，为了获得相同的奖励感，个体需要更频繁或更强烈的刺激，从而产生更多的多巴胺分泌。这会导致一个恶性循环，个体可能会花费更多时间在某些行为或刺激上，寻求奖励体验。学生上网和玩游戏，往往是一开始在很短的时间或比较简单的游戏攻关中就可以获得奖励感，感到非常愉悦。当他们继续上网或玩游戏时，他们需要在更长的上网时间或者难度更高的游戏攻关中才能获得奖励感，体验到内心的愉悦，一旦进入这样的循环，成瘾行为就会逐渐形成。互联网术语把这种循环描述为"用户黏性"，即用户是否愿意花更长的时间花更多的钱在互联网产品上（如使用 App 网购或玩游戏买装备）。

2. 操作性条件反射的强化作用

操作性条件反射，是由美国行为主义心理学家斯金纳提出的行为习得理论，它是一种通过强化或惩罚来增加或减少某一行为发生概率的学习过程。在操作性条件反射中，个体的行为结果若带来的是心理满足感或得到奖励，则这种行为在未来出现的可能性增加，即行为被强化；反之，如果带来心理痛苦感或受到惩罚，则这种行为在未来出现的可能性减少，即行为被消退。在长期的操作性条件反射过程中，个体可能会形成一种心理依赖，逐渐表现出行为成瘾的症状（如烟瘾、酒瘾等）。

网络（或游戏）成瘾可以从操作性条件反射的角度得到相应的解释。上网活动或玩游戏，为人们提供了一个充满即时奖励或即时惩罚的虚拟环境，不断地引导人们某种行为的产生或消退。随着互联网的普及，这种情况比比皆是，如使用某 App 看网络视频会立即得到奖励积分，积分可以在网店换购物品，于是人们使用某 App 的行为发生率越来越高，使用的时间越来越长。学生玩网络游戏也是如此，只要注册后开始玩，就会立即得到一大堆奖励品，鼓励他们尝试玩这个游戏，而且轻松地就能过关，过关后又立即得到更多奖励。学生们很容易在这样的奖励刺激下，花更多的时间玩这个游戏，获得更多的心理满足感，玩游戏的行为得到强化，增加其发生的概率，逐步形成操作性条件反射，最终停不下来。当然游戏中也会运用操作性条件反射的原理对学生戒断玩游戏的行为进行"惩罚"，如长时间不玩，已经取得的成果会消失，过了时间没有收取的奖励物会自动消失，需要从头开始积累，这会让学生感到痛苦。为了避免这种痛苦感，学生会想方设法经常上网玩一下，于是这种玩网络游戏的行为被不断强化。

案例中的王强就是在玩网络游戏过程中，不断被游戏设计者通过可以形成操作性条件反射的奖励机制吸引，玩游戏的行为被不断强化，由于自我控制能力弱，最终发展成网络游戏的成瘾者。

3. 弥补现实中的缺失，满足心理的需要

人本主义心理学家马斯洛提出的需求层次理论将人类需求分为五个层级，分别是：生理需求、安全需求、社交需求、尊重需求和自我实现需求。人们通常需要先满足下层的需求，才会追求上层的需求。

（1）满足社交需求的影响

互联网提供了便捷的社交平台，如学生们可以在微信、QQ、微博等互联网平台上开展交友沟通，能够满足学生的社交需求。由于现实中学习压力大，受到时间和空间的限制，学生们没有条件与同学、朋友深入交流，于是家长就会发现他们在晚上躲在被窝里长时间地使用手机与人聊天。

本案例中的王强在妈妈不允许他打篮球以后，集体活动骤然减少，校园生活中缺少有力的人际温暖和人际支持。心智还不成熟的王强，出现孤单、脆弱、苦闷、焦虑时不知向谁倾诉……所以对网络上虚拟的伙伴关系十分依赖。

（2）满足尊重需求的影响

不是每个学生都会在学习中总是取得好成绩，老师和家长一般都会更关注和赞扬学习成绩好的学生，但是每个学生都希望得到关注和尊重，尤其是成绩不佳的学生，他们被关注和被尊重的需求会更强烈。现实生活中他们常常被老师批评或家长处罚，他们更容易被网络交流中朋友的点赞共鸣或游戏中成功过关获得奖励所吸引，以弥补学习和生活中的挫折感或失落感，多巴胺的奖励机制作用会让这些学生不知不觉地上瘾。

案例中的王强同学，幼年父母离异，自小缺少父亲的关爱。王强妈妈背负赚钱养家、抚养孩子的重担，常常不自觉地将自身的负面情绪转移到孩子身上，家庭教育方式简单粗暴，一度导致家庭氛围紧张，亲子关系濒临破裂，这样的成长环境无法满足孩子的内心情感需求（被关注、被尊重、被疼爱）。当妈妈发现王强去网吧玩游戏时，采取的干涉方式比较简单直接，反而增强了处于青春期的孩子的逆反心理，以至于王强逐渐沉溺于网络游戏来获得心理上的慰藉，逃避现实的问题和痛苦，最终发展到通宵达旦、旷课逃学，难以自拔。

（3）满足自我实现需求的影响

学生都有积极向上的原动力，都想成为一个好学生。但在接受教育的过

程中，老师们、家长们往往都是对学生的期望很高、要求很多、评价苛刻，欣赏、赞美和鼓励缺乏。如果把考出好成绩、考上好学校看作学生自我实现的目标、自我效能感的来源，那么每次考试失误后老师家长的批评背离了学生自我实现需求的满足，他们更需要的是自己的努力被看到、自己的进步被肯定、自己的过失被接纳。当这些需要无法被满足时，他们会惊奇地发现在上网或玩游戏时可以获得这种满足感，于是会乐此不疲，在多巴胺奖励机制作用下，陷入网瘾的旋涡。

案例中的王强同学，他内心希望被认可、被关注、被尊重，也想获得成功。当王强在学习中遇到困难并屡遭失败时，他妈妈和周围人没有给予理解和有效的支持，反而用所谓的"好学生"评价标准对他指责、疏离与不理解，致使王强在现实中缺乏愉悦、成功的体验，选择逃避现实，在虚拟世界里寻找"英雄感"，以致网络游戏成瘾。

（三）网络成瘾的预防及疏导策略

许多青少年沉迷网络游戏不能自拔，严重影响了其身心健康。班主任如何做好预防和干预学生网络游戏成瘾工作，我们提出以下建议：

1. 通过学生喜闻乐见的形式，宣传绿色上网知识

通过主题班会、发倡议书、出黑板报等形式，引导学生了解沉迷网络游戏的危害，端正对使用网络的认识，增强自身防御能力，自觉抵制不良行为。

"安全上网，从我做起"主题班会

目标

了解网络知识，增强学生自身安全上网的意识。

过程

导入：网络已成了我们生活的一部分。该怎样正确合理运用网络？如何从自身做起，安全上网？让网络更好地为我们的生活和学习服务，今天我们召开"安全上网，从我做起"主题班会。

一、安全上网，好处多多

【设计意图】感受网络的便利，增强学生了解网络知识的兴趣。

播放在学习、生活中使用网络的短视频，交流网络带来的便捷与美好（如上网课、读名著、查资料、打车、购书、听音乐、视频交流等）。

二、分析学生网络使用现状

1. 展示 PPT，分析 PPT 上呈现的网络使用的情况。

2. 根据 PPT 不同年级学生使用网络的时间和内容，分析归纳学生网络使用现状：适当运用正反典型案例、视频短片、微电影等，说明沉迷网络游戏的危害，安全上网的好处、益处。

3. 讨论上网成瘾的原因和危害。

案例情景模拟

情景模拟 1：学生沉迷网络，从不写作业到不到校上课，导致成绩下降。

情景模拟 2：学生玩游戏成瘾，生活无规律，日夜颠倒，导致生病住院。

情景模拟 3：学生经常上网吧打游戏，容易染上不良习气，交上不良朋友，导致自毁前程。

三、拒做网瘾少年，携手共同成长

1. 小组合作：结合网络上瘾的原因和危害，研究对策，制定《安全上网守则》。

2. 成果展示：每小组派 1—2 名代表，在交流学习成果的基础上，发出倡议："安全上网，从我做起。"

3. 设置活动："安全上网，从我做起"小组知识竞赛。

4. 携手同行：伴随着《明天更美好》歌曲的旋律，互相送上祝福语。

2. 家庭学校共育，引导孩子文明上网

老师和家长应调整教育方式，改进教育方法；关注孩子的感受，尊重孩子的想法，多鼓励欣赏，少批评指责，共同制定规则，激发孩子的主观能动性，培养学生的自我控制能力。

本案例中班主任、家长和王强一起商定上网时间、地点及内容。逐步减少上网时间，从开始的每天完成功课后 45 分钟，半个月后缩短到 30 分钟，再到 15 分钟；上网地点在家里的公共区域，如客厅、书房等；电脑和手机使用青少年模式。当王强能够遵守规则，自己停止玩网络游戏时，妈妈立即给予肯定和鼓励。

3. 善用激励机制，激发孩子内在动力

本案例中的老师、家长巧用激励机制，对王强的长处和优点及时肯定，激发他的内在动力，让他产生愉悦感、满足感，逐步建立起回归现实的信心和力量。王强每一个微小的进步，老师和家长都及时肯定表扬："老师从你每天的作息表看到你的自控力增强了，上网打游戏次数少了……""英语老师夸你了，说你今天背会十几个单词。进步很大！"一句句鼓励和肯定给曾经的网瘾少年增添了回归日常学习和生活的信心和力量。

4. 创造"心流"体验，培养孩子兴趣爱好

心理学家米哈里·契克森米哈赖提出的"心流"的概念，定义心流为一种将个体注意力完全投注在某活动上的感觉，心流产生的同时会有高度的兴奋及充实感、舒适感。

班主任利用课外时间组织丰富多彩的活动，鼓励学生发展健康的兴趣爱好，帮助网瘾学生建立替代活动，转移他们的注意力。

本案例中，张老师发现王强有打篮球的兴趣爱好，鼓励他课余时间去打打篮球，发挥其特长，增强其自信，还和体育老师、班干部商量开展篮球比赛。王强在比赛中出色的表现，不仅让他在篮球场上收获了成就感和满足感，也感受到了班级同学的热情和友爱。

5. 运用"时间银行"法，帮助学生提高时间管理能力

"时间银行"法是一种进行自我时间管理的方法，它允许人们"存入"和

"取出"时间，就像金钱在银行的存取方式一样。这个方法可以用来帮助学生更好地管理时间，通过奖励他们在不玩游戏时积累的时间来激励他们减少游戏时间。以下是使用"时间银行"法帮助学生戒除网络或游戏上瘾的一些步骤：

（1）设定明确的规则

向学生解释"时间银行"的概念，确保学生理解系统如何运作。

设定时间"存款"的条件，学生日常的课堂学习时间不可作为存款，学生课余或在家里的时间可以作为存款。例如：完成家庭作业、参与集体活动、进行体育锻炼、阅读图书或参加其他有益的活动的时间，可以兑换成学生的"时间货币"。"时间货币"可以存入时间银行，以后学生可以用存在时间银行里的"时间货币"换取上网或游戏时间。

（2）建立时间账户

为学生创建一个时间银行的账户，让他们能够跟踪自己的"时间货币"存款，还可以按照规定进行取款（换取上网或游戏时间）。

时间银行应确保记录系统简单易用，可以是纸质的记录表，也可以是电子表格或专门的应用程序。

（3）设定时间货币的价值

与学生共同商定时间银行的存款规则，包括：做什么样的事情可以换取多少量的时间货币以及兑换的比例。例如：认真完成全部作业（花费了3个学习小时），可以折算成1个小时的时间货币（可以称为"1时币"）存入时间银行，因此学习小时与时间货币的兑换比例为3：1。

与学生共同商定存在时间银行里的时间货币如何换取上网或游戏时间。例如：1时币可以换取0.5小时的上网时间或者0.4小时的游戏时间。如果学生已经在时间银行存储了4时币，就可以换取2小时的上网时间或1.6小时的游戏时间。

为了激励学生努力在时间银行"存款"，减少"取款"，可以设置奖金，如1时币在时间银行存储超过一周，时间银行给予10%奖励，也就是1时币一周后变成1.1时币，十周是$(1+10\%)^{10}$，数量还是很可观的。

（4）监督和奖励

鼓励学生参与学校的、社区的各种活动，班主任和家长应对学生的这些时间进行记录，兑换成时间货币保存到时间银行里，定期与学生一起检查时间银行的账户，确认他们的活动和时间记录是准确的。如果学生认真记录课余活动的时间，并遵守时间银行的规则，班主任和家长应该给予积极反馈和奖励。

（5）设定限制

一般向时间银行"存款"不设限，但是一次性"取款"有上限。如学生在时间银行已存储了20时币，如果以1：0.4的兑换率，他可以"取款"8小时游戏时间，长时间玩游戏反而有害。如果在与学生约定取款规则时就设定上限（如一天一次性取款不得大于5时币，那么学生最多一天只能玩2小时游戏），就确保学生不会无限制地沉迷于游戏中。

当然，在规则约定时还可以加入处罚条款，比如做错了什么事情要从时间账户里"罚款"。如：学生早上不准时起床，每拖延1分钟，时间银行罚款0.1时币；少交一门学科的作业，时间银行罚款0.5时币。班主任和家长可以对时间银行运作设置各种控制功能，目的是奖励学生的积极行为，消退他们的消极行为，包括过度上网和游戏的行为。

需要注意的是，所有时间银行的规则设定，需要与学生一起商讨完成，如果老师和家长单方面决定规则强制执行，学生容易产生不满，不愿意配合执行。

（6）定期评估和调整

定期评估学生的进展，并进行必要的调整，以确保该制度有效且公平。

根据学生的反馈和行为改变，调整时间存款和取款的规则。

（7）家长和班主任的合作

班主任和家长都应参与到时间银行的管理中来，确保学生在家和学校都遵守相同的规则。

通过家长和老师的支持和监督，帮助学生养成良好的时间管理习惯。

使用"时间银行"方法的关键是持续监督，保持激励，以及确保学生认识到这种方法的益处。虽然"时间银行"可以帮助管理网络或游戏成瘾的行为，但它并不是心理治疗的手段。如果学生网络或游戏成瘾行为很严重，还是需要学校心理老师或专业机构的帮助。

七、品行不良学生的心理疏导

案例 11："两肋插刀"的小佳

当姜老师接手高二（3）班班主任时，原班主任王老师特意跟她交代了班里的"问题孩子"小佳。17岁的小佳是一位人见人厌的学生，经常逃学、偷窃、聚众斗殴、抽烟，反正你能想到的不好行为习惯都能在他身上找到。最让老师头疼的是他经常跑到教师办公室去偷老师手机，还专门挑选苹果等品牌手机偷，得手后不是低价卖掉，就是送人或随手扔掉。被批评、处罚、送派出所都不管用，校方向家长下达最后通牒：要么改正，要么开除。

在详细了解小佳的情况后，新班主任姜老师为第一次谈心做了精心准备。那天下课后，姜老师把小佳叫到办公室，他一副吊儿郎当的样子，姜老师温和地看着他："我了解到你是一位很义气的男生，我一直很好奇你们这些江湖好汉是怎么能够做到为朋友两肋插刀的？那真刀插到身上很疼呀！"小佳突然听到姜老师不按常理的问话，当时愣了一会儿，然后得意地说："为了朋友那是必须的。"说着便撸起袖子露出胳膊上的伤疤让老师看，姜老师配合地左看右看并大夸他真够哥们儿，同时邀请他坐下把这次的故事细细讲来听听。于是小佳便坐下来很骄傲地讲起了他的故事。故事讲完后，姜老师发出邀请，希望能够认识一下他的一些哥们儿，小佳很开心地答应了。

第二次见面安排在校外，小佳带着四位好朋友来了，三男一女，小女孩长得很漂亮，两耳垂下还各文了一只小蝴蝶，口中还嚼着口香糖。5人见到姜老师都喊了声"老师好"，姜老师很热情地邀请他们坐着聊，5位同学得到姜老师的尊重，都很开心地和老师交流起来。姜老师好奇地问："你们平时都玩些什么？"他们抢着回答："最近都在玩'老虎机'。"姜老师："是一起玩还是单独玩？"他们回答："大多时候会约着一起玩。"姜老师："一起玩好玩还是单独玩好玩呀？"他们齐声回答："还是一起玩更好玩。"姜老师："看来团队合作做事还是很有意义的呢！"他们听后若有所思，随后姜老师又问："你们都是高二学生了，眼看就快毕业了，打算毕业后都想做些什么事呢？"小佳抢着回答说："我要跟老爸一样开公司，并且一定要超过他，让他以后没法再说我。"姜老师听后表示很支持："这个想法很好呀，那你打算将来是自己一个人开公司还是组个团队一起干？"小佳说肯定是需要团队的，接着对其他几位同学说："要不我们一起干！"其他同学都一起喊好。姜老师对他们表示肯定，告诉他们团队合作更容易成功。姜老师继续引导："你们谁做董事长？谁做财务总监？谁做销售总监？人事部部长？谁又做企划部部长？"他们听后一个个很兴奋地把各职位都抢了去，接着姜老师说："你们知道财务总监需要有什么能力才能把这个工作做好？"大家你一言我一句地说起来："肯定是需要会算账。""数学要好。"……接着就开始起哄说："不能让王同学做财务总监，他的数学就没见及格过。"姜老师乘胜追击："你们希望把生意做大做强吗？希望把生意做到国外去吗？"大家齐声说要，姜老师接着引导："那销售部部长需要拥有什么能力？"大家想了想，说小李英语只考11分，老外说话像听天书，不能让他做这个职务。姜老师说："这都是你们事先决定好的人选，不可以随便更换。"小佳把脸憋得通红："我这个董事长也肯定不合格，要不这样吧，从今天起，为了能够把这公司做好，我们必须认真把各自该学的本领都学好，不能等真开公司后又很快关门，不能让我们的爸妈笑话到我们，大家伙争口气，如何？"大家一致通过，表示赞同。

　　自从两次谈心之后，小佳有了明显的改变，不良品行行为几乎消失，学习重回正轨。但姜老师没有松懈下来，始终保持着对小佳密切关注，小佳取得一点点的进步姜老师都会及时鼓励。小佳原本基础还不错，只是因为父母离异，父亲忙于公司的业务，很少关心孩子，一遇到问题不是打就是骂，从未得到认可，他才逐步成了家长和老师心中的"问题孩子"。姜老师联系了小佳的父亲进行面谈，提醒他要关注孩子的成长，引导他改变对孩子的教育方式，平日里要多关心、多认可。小佳父亲听了姜老师对小佳情况的反馈，感到非常惊讶也被班主任的工作深深感动，因为他已经对这个孩子丧失信心，觉得小佳改不好了。他说姜老师让自己看到了希望，愿意接受老师的指导，自我改变，全力配合学校做好家庭教育。

　　经过一年多的努力，小佳发生翻天覆地的变化，成绩稳步上升。高考成绩下来后，小佳同学居然还考上了一本，其他四位小伙伴也分别考上了本科和大专。就是这样一群曾经被家长和学校放弃的"问题孩子"，如果老师和家长能真正理解孩子，用爱心对待孩子，便会有奇迹发生。

（一）品行不良的原因分析

　　品行不良是指带有经常性、有意性、倾向性等特点的违反道德准则或严重道德过错的行为表现。对于学生而言，品行不良是指经常违反《学生守则》和《学生行为规范》以及学校的有关规定或犯有道德过错，如经常逃学、说谎、偷窃、打架斗殴、恃强凌弱等。品行不良严重者会发展为品行障碍，容易导致违法犯罪，因此对品行不良学生进行早期矫正尤为重要。

　　对品行不良学生的教育是一项非常艰巨的任务，不能期望一蹴而就，需要用爱心和耐心认真细致地对待。我们也要看到导致学生品行不良的深层原因，这样才能对症下药，真正帮助到学生。常见导致学生品行不良的原因是：

1. 缺少温暖和认可的家庭环境

每一个问题孩子的背后通常有一个问题家庭，孩子在家中长期感受不到温暖，缺乏认可，一有差错就被恶语相向、拳脚相加，常常是造成孩子品行不良的主要原因之一。案例中，小佳的父亲好赌，赌输了回家就殴打母亲，母亲也常把负面情绪转移到小佳身上，动不动就打骂他，直到初中毕业后，小佳开始反抗，并通过网友见面认识了一些不良少年，从此也就成了父母口中"没出息、不学好的坏孩子"。心理学家班杜拉在《社会学习理论》一书中指出，观察和模仿在人类行为习得中具有非常重要的作用。家庭中，父母的一言一行都会潜移默化地影响着孩子的成长，孩子通过观察和模仿父母的行为逐渐形成自己的行为模式，因此暴力的示范很容易造就暴力的孩子。

2. 孩子只能通过负性行为获得他人关注

孩子在希望得到关注时，会用两种不一样的方式：一种是做积极的有意义的事情来赢得大家赞扬；另一种是以标新立异、出人意料的负面行为表现来引起大家对他的注意，甚至批评。小佳就是通过逃学、偷盗、斗殴、恶作剧等负性行为来获得别人的关注。班主任要善于从孩子的负性行为中发现其正面动机，引导他们用积极的行为去获得关注。同时，当他们表现出积极行为时，班主任应该立即给予正面回应，如点赞、表扬，让他们真切体验到积极行为带来的好处，不必再用负面行为引起他人关注。

3. 孩子被贴上负性标签后破罐子破摔

像小佳这样的所谓问题学生，常常会因为成绩或纪律等问题受到家长的训斥、教师的批评、社会的冷眼。他们会因此感到苦恼、郁闷，抬不起头，丧失自尊，产生对抗情绪，这时如果家长和老师再戴着有色的眼镜看他们，给他们贴上坏孩子的标签，他们会因此而变得更加出格，从而形成恶性循环。而孩子们的内在需求是渴望被认同而不是否定，所以很多时候，他们为了维护自尊，达到心理平衡，会做出一些不好的行为，用破罐子破摔的心理自我安慰，甚至是表达不满和抗争。

4. 试图通过享受"江湖老大"的感觉来满足内心渴求的自尊

小佳他们由于得不到家长、老师的认可，长期处于不良情绪中，而当"江湖老大"的感觉正好弥补了这点，他们在当老大的时候会体验到一种成就感。只有在这时，他们才觉得自己是被人崇拜或者畏惧的，以此获得一定的自尊感。

（二）品行不良学生心理辅导方法与技巧

1. 抱持积极的期待是品行不良学生实现转化的根本

美国心理学家罗森塔尔曾做过一个对教育影响力很大的实验：他和助手来到一所小学，声称要进行一个"未来发展趋势测验"，并煞有介事地以赞赏的口吻，将一份"最有发展前途者"的名单交给了校长和相关教师，叮嘱他们务必要保密，以免影响实验的正确性。其实他撒了一个"权威性谎言"，因为名单上的学生根本就是随机挑选出来的。8个月后，奇迹出现了，凡是上了名单的学生，个个成绩都有了较大的进步，且各方面都很优秀。显然，罗森塔尔的"权威性谎言"发生了作用，因为这个谎言对教师产生了暗示，左右了教师对名单上学生能力的评价；而教师又将自己的这一心理活动通过情绪、语言和行为传染给了学生，使他们强烈地感受到来自教师的热爱和期望，变得更加自尊、自信和自强，从而使各方面得到了异乎寻常的进步。这就是著名的"罗森塔尔效应"。教师对学生的信念会传递给学生并产生鼓励效应，使其朝着教师期待的方向变化。

对于品行不良的学生，班主任始终抱持积极的期待尤为重要，他们虽然犯有过错，但他们绝不是天生顽劣，无可救药，他们的品德还没有成型，可塑性还是很大的。态度决定行为，相信他们可以转变，就会改变班主任和学生互动时的语言和行为，给予孩子正向赋能。反之，班主任传递的失望感、愤怒感、贴负面标签的行为，都会让孩子在"坏孩子"路上越走越远。

2. 创造友善包容的交流氛围，消除对立情绪

品行不良的学生，担心别人看不起自己，并存有戒心。班主任可以创设轻松的氛围，让学生"亲其师，信其道"，如果急于求成，总是对他进行批评教育，往往容易把关系搞得很僵。所以要想促使他们转化，首先要让他们愿意和你交流，以"先跟后带"方式逐步让孩子走出困境。班主任干预方法如下：

（1）谋定而后动，寻找交流的切入点

班主任可以先了解学生的个性特点、家庭情况，观察其情绪状态，捕捉能够为我所用的切入点，创设沟通交流路径。

（2）反其道而行之，以友善包容的态度接纳学生

"犯事—批评—做检查"是品行不良学生经常经历的教育模式，他们对这种模式变得习惯和麻木，甚至完全免疫。班主任可以反其道而行之，抓住学生内心最渴求得到认同和尊重的心理，以友善、包容、接纳甚至是欣赏的态度，关注学生身上的特质和优点，让学生有不一样的体验。在本案例中，正是班主任不按常理的问话、温和而欣赏的眼神，消除了小佳习惯性的对抗，顺利实现了破冰。

（3）倾听和共情是打开学生内心世界的钥匙

每一个行为不良学生的背后，都有一个你意想不到的痛苦经历。像朋友一样去倾听孩子的故事，换位思考地去共情孩子的感受，你就能走进学生的内心世界，真正理解他、包容他、接纳他，从而赢得他的信任。

3. 用积极关注消解贴在学生心中的负面标签

（1）用赏识的眼光去寻找学生的优点

不是好孩子需要赏识，而是赏识能让孩子越来越好；不是坏孩子需要指责，而是指责让孩子变得更坏。赏识可以改变一个人，因此学会赏识学生是教师必备的技能。品行再差的学生也有其优点：他可能学习很差，但运动能力很强；他可能打架斗殴，但为人义气；他可能谎话连篇，但情商颇高……品行不良的学生由于长期被消极关注，往往对赏识很敏感，赏识可以培育他们正向心锚，从而消解心中的负面标签，重建自尊。

（2）为学生制造"自我实现"的机会

班主任可以根据学生的特长和优势，利用班级活动、竞赛、委派任务等，为学生提供展示自己长处的机会，帮助他们获得自我效能感，通过支持和鼓励，增强其自信心和归属感。

（3）及时给予学生积极的反馈和鼓励

品行不良学生的转化是一个长期过程，需要班主任予以持续的积极关注，

哪怕是一点点进步，也应被看见、被认可。本案例中的小佳，之所以能在一年多的时间里发生翻天覆地的转变，得益于班主任能看见他的一点点进步，及时给予鼓励。

4. 巧用支持系统，让家庭、朋友成为孩子转变的助力

孩子心理问题的形成是受家庭、社会和成长环境影响的，认知的改变不如环境的改变来得更快速有效。孩子的社会支持系统是影响其改变的极其重要因素和资源，如果班主任善于把这些因素和资源充分运用起来，往往会起到事半功倍的效果。本案例中，班主任发现小佳父亲的教育方式存在问题，约其面谈，并站在帮助孩子健康成长的角度，引导他改变对孩子的教育方式，与老师保持同频共振，极大地助力了小佳的转变。同时，班主任充分运用了小佳"三男一女"的紧密同伴关系，巧妙构设未来人生发展中团队合作的场景冲突，引导他们自我感知、自我觉醒、自我反思，觉察当下能力与任务目标之间的匹配度，从而真正领悟学习的重要性和必要性。

5. 引导思考未来，唤醒内在动力

前进的动力来源于对美好未来的憧憬，立足现实引领孩子树立适合自己的人生目标，对于解决厌学、沉迷游戏乃至情感问题等都有很好的作用。案例中，班主任姜老师从头到尾都没有建议或要求小佳学习，只是根据孩子们的内在需要，创设符合他们内心意愿且期待的情景，在发展方向和发展目标上给予更多的选择空间，让孩子知道学习是实现目标必须付出的努力，此时他们才会不用扬鞭自奋蹄，学习动力才会被真正激活。班主任可以采用如下问话引导学生思考未来：

如果一切不是问题的话，你的梦想是什么？（奇迹询问沟通技术）

假设你的梦想实现了，你会有什么样感受？（奇迹询问沟通技术）

你最崇拜的偶像是谁？他身上的什么特质最吸引你？（鼓励探索沟通技术）

你想成为的人拥有哪些能力？（具体化沟通技术）

怎样做才能拥有这些能力？（开放式提问技术）

品行不良的学生，其问题行为不是突然出现的，而是由于家庭环境、学

校环境、社会环境、个性特点、生活事件等多种因素相互作用，逐步习得形成的。实现品行不良学生的转化，无法短期完成，需要方法得当并持之以恒，班主任在这个过程起着非常重要且不可替代的作用。在班主任的接纳理解、关怀帮助下，通过家校合作共育，品行不良的学生能够改邪归正，重回健康发展之路。

第四节　情绪情感相关问题的心理疏导

一、焦虑的情绪疏导

案例 12：一个屁引发的焦虑

　　小明是高三强化班一位特别听话乖巧的学生，学习成绩优异，一直都让老师和家长很省心。然而就在高考前 8 个月，由于在数学课上没有能憋得住一个屁，引得同学们哈哈大笑后，心里一直放不下。每次与同学眼神接触，总觉得在嘲笑他，整天焦虑不已，以至于不得不让父母为他请假，让他在家休息调整一个月，仍是无效，焦虑、低落的情绪反而加重。

　　班主任了解情况之后，随即到小明家进行家访。母亲对班主任说："这孩子成绩一直很好，从小到大都特别听话乖巧，从没让我操过一点儿心，然而就因为课堂上放了一个屁就把自己逼成这样，整天就跟这个屁过不去，总想着同学们在取笑他，这一天天待家里咋整啊？"母亲边说边流泪，小明则低着头，战战兢兢、惶恐不安，很是尴尬地扯着自己的衣角。老师见妈妈没有要停下说儿子的架势，就拉妈妈到一边说："我知道你很着急，也很心疼儿子，但当着儿子的面在外人面前这样说孩子不合适，这样的状态也不是孩子想要的，他的内心既焦虑又沮丧，让我们一起想办法去帮助孩子吧。我一会儿去与孩子单独交流一下，您先在外边坐会儿。"

老师回到小明身旁，手搭在他的肩上，心疼地说："你现在很难受是吧？"小明眼圈一下子红了，并抽泣起来。老师接着说："没关系，老师在呢，你把你的想法和不快都说出来吧？"……经过大约半个小时的倾听和共情，小明的情绪平稳下来。此时老师话锋一转，问小明："你觉得这世上有完美从不犯错的人吗？"小明说："应该没有吧。"老师说："是的，其实我们每个人都希望自己把所有的事做好，可不管我们怎么努力都不可能做到绝对完美，一代伟人最终的评价也只有三七开，更何况我们普通人？也就是说，我们人生是可以犯错的，只有在不断的错误和失败中才能更快更好地成长，何况放个屁只是人体的'自然现象'呢？我就想问你一下，过去的你有犯过多少错？比如你做过的10件事，做错的有3件吗？"小明说："就是上课放了个屁，其他没敢错，怕被别人取笑。"老师继续引导："难怪会出现现在这种情况。如果你能够允许自己犯错的话，课堂上放屁这事也就是三分钟的尴尬而已，事后大家都会各忙各的。我们强化班的同学都好学上进，又高考在即，谁还有时间管你的屁事。没人会在意，也就你自己不放过自己。"小明听完若有所思。与小明交流之后，班主任又与他妈进行了交流："我们不能随便给孩子贴'很乖巧''很听话'的标签，贴多了，当遇到挫败，孩子就很难接受不好的现实。同时我要告诉你，焦虑的情绪是会相互传递和感染的，要想孩子不焦虑，你首先不要焦虑。刚才你当着老师的面说的那一番话，不仅会让他很没面子，同时会加重他的挫败感和无力感。家长与孩子的交流互动，应该把孩子的内心力量往上托，而不是往下拽。"小明妈红着脸说："我一着急，说话就顾不上这些，经老师一点拨我懂了，以后会注意的。"

第二次家访交流，班主任送给小明一个"三屁原则"：（1）我的事关你屁事。我好也罢，不好也罢，那都是我的事。我命由我，不由别人来操控。（2）你的事关我屁事。你想说什么想做什么，那都是你的事，我管不住也不必管。我心由我，我愿意听我想听的话，此外跟我没有半毛钱关系。（3）老天的事关我们屁事。天灾人祸、我有怎样的外表、我会出生在哪个家庭……这些都不由我们所能决定得了的，顺应自然即可。老师告诉他："在关系的互动中，记着这三句话，你会活得更轻松些，也会更绽放自己。"

经过几次的交流以及家长的配合，小明的情况明显有好转，他说："我确实应该多在乎自己的感受，少把注意力放在别人的想法上，之前的我真是活得太累了。"他现在能走进教室正常听课了。

青春期的孩子，内心充满了矛盾、焦虑和困惑。他们关注自己，在意别人对自己的看法，不自觉地把自己和他人比较，总想着自己能够比别人更为优秀。很多时候，他们对于生活和学习中的问题，总担心做不好或者处理不好，因此会产生焦虑情绪。当孩子情绪焦虑时，我们应当找到孩子焦虑的原因，对症下药。

（一）班主任如何评估学生的焦虑

当班主任通过平常观察和访谈发现学生存在焦虑情绪，又如何去评估学生焦虑的严重程度呢？除了可以根据自己的知识和经验外，我们建议班主任还可以采用附录1的焦虑自评量表（SAS），让学生如实填写，从而帮助班主任对学生的焦虑水平做出客观评估，为后续疏导或转介提供帮助。

（二）焦虑情绪的原因分析

从普遍意义上，焦虑是个体面对现实的压力和挫败难以应对，或者对未来有着消极的预期而产生的。引发焦虑的因素非常多，如学业压力、家庭冲突、人际关系困扰等，可以说，生活的方方面面都可能导致焦虑。外界的压力个体难以避免和回避，但为什么有的人能从容应对，而有的人却焦虑不已？我们通过研究大量学生个案发现，引发学生过度焦虑的根源还在于自身，主要有以下三个原因：

1. 过度在乎他人评价

在乎他人评价是人之常情，每个人都希望在周围人的心中留下好的印象，但过度的在乎会带来许多心理负担和困扰。有的人对于他人的评价过于担心和紧张，害怕自己的表现不够好或不被他人接受，而产生过度焦虑；有的人为了获得他人的认可和好感，过度迎合他人的意见和期望，而忽视自己的需求和感受；有的人表现为对批评和否定过于敏感，容易受到打击和影响，甚至会因为他人的批评而感到沮丧和自卑；还有的人过于依赖他人的肯定，需要不断地从他人那里获得肯定和赞扬，以确认自己的价值和能力。过度在乎他人评价的人，由于容易受到他人的言论和行为的影响，因此常常情绪波动较大。过度在乎他人评价的人往往具有自信心不足，或者缺乏安全感，或者具有完美主义倾向等内在特征。

本案中，小明的焦虑看似是因为一个屁而不能释怀，但背后反映了小明太在乎同学对自己的评价，以至于对一件再正常不过的事产生不合常理的反应，这导致他陷入了深深的自责和焦虑之中。

2. 过高的期望难以承受

无论是来自外部的过高期待，还是对自己的过高要求，都可能带给学生巨大的心理压力。当学生感受到来自家长、老师或自己的过高期待时，他们可能会担心自己无法达到这些期望，从而导致焦虑情绪的出现。尤其是在学生觉得自己无论怎么努力都无法满足要求时，焦虑会进一步转变为无助和沮丧。他们可能会变得郁郁寡欢，失去学习的动力，甚至出现厌学的情况，他们也可能认为自己不够好，对自己的能力和价值产生错误认知，从而引发自卑感。

从本质上，过高的期待代表的是周围人或自己对"理想自我"的要求，一旦现实不符合"理想自我"，如成绩下降、受到批评指责等，学生就会陷入理想自我与现实自我的冲突之中，引发一系列负面情绪。

案例中的小明成绩一直名列前茅又特别听话乖巧，在课上放屁事件后，他对家访的班主任说："就是上课放了个屁，其他没敢错，怕被别人取笑。"可见小明是一个对自己要求非常严格的学生，不允许自己犯错，他错误地把放屁看成一种错误，破坏了自己在同学中的"人设"（自我概念）。

3. 不合理的归因

美国心理学家韦纳认为人们关于行为成败结果的归因会影响他随后的情感、期望和行为。心理学研究表明，错误的归因是引发负面情绪主要原因之一，学生在生活学习中总会遇到各种各样的挫折，如果不能合理归因，就会产生焦虑、抑郁、自卑等不良情绪。比如，有的学生平时很努力很认真，但是考试总是那么不尽如人意，他可能把原因归结为自己的智力有问题，从而陷入焦虑和自卑。案例中的小明在课堂放屁事件后，他并没有归因于自然现象，反而认为是一种"不能接受的错误"，把小事上升到个人"人设"，深陷自责而不能自拔。

（三）班主任如何疏导学生的焦虑

1. 善于倾听共情，及时纾解情绪

倾听和共情是帮助学生缓解焦虑的重要方法，对焦虑的学生应当对其无条件积极关注，鼓励他们自由表达情绪、感受和想法，引导他们说出自己的担忧和恐惧，给予其足够的时间和空间，不要随意打断他们，也不要给予太多的建议。很多时候，焦虑的人只是需要一个能够理解他们的人让其来倾诉。班主任在真诚倾听的基础上要与之共情，表达对他们焦虑情绪的理解，告诉他们老师明白他们的处境，再用温暖的话给予安慰，分享一些自己的经验或者故事，告诉他们"我会一直陪伴在你身边"，让学生感到不孤单，让他们感到被理解、被关心和被支持，这样有助于释放和减轻心理压力。

案例中，小明放屁引起同学哈哈大笑，甚至是个别同学的嘲笑，内心无法接受自己犯错和别人对他的否认。课堂上任课老师未能及时给予疏导化解，回家后家长也未能耐心仔细地倾听，孩子的情绪一直没有得到及时的表达和关注，从而导致困扰情况逐渐恶化。如果在事件起初就能够引起教师和家长

的足够重视并及时化解，那可能仅仅是"一笑了之"的事，而不会从简单的情绪困扰发展为过度焦虑。

2. 引导学生调整认知，不要过度在乎别人评价

对事情的认知不同，内心感受也会大不相同。如果一件事情让自己过于纠结，那就必须检视认知上是不是存在问题。对待焦虑的学生，我们可以通过问题设计、发问、自我演示或模仿等方式，让学生找出导致不良情绪背后的想法，引导认识以往观念中不合理的成分，从而识别和改变负面思维模式，增强自我认知和情绪调节能力。

小明之所以在课上放屁遭同学嘲笑后迟迟走不出来，与他观念中存在"自己不应该犯错""犯错是羞耻的"等不合理认知有关，他内心无法接受自己犯错和别人对他的否认。而班主任看到了小明背后不合理认知，巧妙地给予了引导和化解。

针对"自己不应该犯错"，班主任通过提问："你觉得这世上有完美从不犯错的人吗？""我们怎么努力都不可能做得到绝对完美，一代伟人最终的评价也只有三七开，更何况我们普通人？"让小明知道犯错是每个人都会遇到的事情，而且只有在不断的错误和失败中才能学会更多，得到更快更好的成长。

针对"过度关注他人的评价"，班主任说的"三屁原则"看似有点儿不雅，却非常有针对性，让小明一下子觉醒："我确实应该多在乎些自己的感受，少把注意力放在别人的想法上，之前的我真是活得太累了。"负面情绪得以释怀，从而走出了"屁"的阴影。

3. 引导学生合理归因，避免主观臆断和个人偏见

不同的归因方式对个人情绪和事件结果会有不同的影响。斯坦福大学的心理学教授卡罗尔·德韦克曾经对孩子做过这样的实验：将孩子分为两组，然后给他们几道比较难解的数学题。一组在每解答出一道题后，都可以拿到一张能够换取商品的交换券，而如果遇到解不开的难题，则可以直接跳过解下一道。而对于另一组，则采取即使失败，也鼓励查找失败的原因，继续"努力"的态度。在整个过程中，德韦克对孩子的态度进行了观察。结果显示，在遭遇失败时靠"努力"来查找原因的 B 组，已经可以解出第一次解答不出

的数学题。而 A 组在学习中，态度则变为不思进取，遇到难题不会考虑继续尝试，而是马上放弃。实验说明，将成功归因为努力的结果，那么解决曾经导致自己失败的问题时，会比面对新的问题更有挑战性。如果将成功归因为运气好，或是庆幸遇到的问题都比较简单，而把失败的结果归因为自己能力不够，就会产生习得性无助感，这会导致焦虑情绪加重。

针对不合理归因带来的负面情绪，班主任可以通过归因训练引导学生合理归因，具体步骤如下：

（1）了解事件的具体情况

班主任应通过倾听详细了解引发学生焦虑的事件，包括事件发生的时间、地点、起因与结果等，重点询问事件发生后学生的感受和想法，例如：你当时的感受是什么？是如何想的？

（2）分析不合理归因方式

在详细了解事件前因后果的基础上，班主任可以清楚地发现学生对事件归因的不合理之处。一般来说，不合理的归因表现为两种方式：①过度内归因。把事件的原因归结于自己的品质，如能力不行、都是我的错、没人喜欢我等，过度的内归因会导致学生自我怀疑和否定。②过度外归因。把事件的原因一味推诿于他人或环境，如都是他人的错、我受到不公正对待、运气不好等，过度外归因尽管可以保护自我概念免受挑战，但容易引发愤怒和攻击，而忽视了自身的原因。

（3）引导学生觉察自己的不合理归因方式

班主任可以通过复盘，一步一步地再现事件的经过、个人的想法和后果，让学生"看见"自己归因的不合理部分，促进自我反思。

（4）鼓励学生寻找多种解释的可能性

对于负面事件，在归因时不仅要关注自己的内在因素，还要考虑外在环境和他人的影响，以及其他有利于证明其真实性的信息，这样可以让学生更客观地看待问题，避免自我否定或怨天尤人做出不公正、不准确的判断。班主任可以与学生一起尝试寻找多种可能性，让他们更全面了解事件的起因和经过，并且在其中帮助他们识别可控因素，即那些可以通过增加努力程度、进行时间管理、改变学习策略等可以改变的因素，通过可控因素的调节从而改变事件的发展方向和结果。还可以通过提供能够模仿的积极角色模型，培养学生积极的内部动机，激发他们解决问题的主动性。在归因时注意避免使用过分肯定或否定的语言。

（5）实践和反馈

提供实际情境或练习机会，让学生将新的归因方式应用到实际生活中。给予及时的反馈和指导，帮助他们巩固积极的归因习惯。

4. 指导学生学习情绪调节方法，增强应对焦虑的能力

班主任还可以指导学生采取以下方法来缓解焦虑情绪：

（1）**寻求支持**

与家人、朋友或老师保持联系，分享自己的情绪和感受。他们可以提供支持和建议，帮助学生更好地应对焦虑情绪。

（2）**坚持适度的体育锻炼**

体育运动可以帮助释放紧张情绪，增强身体健康，同时也有助于促进积极心理状态。学生们可以选择适合自己的运动方式，如跑步、打球、游泳等。

（3）**学习冥想和放松技巧**

冥想和放松技巧可以帮助学生们缓解紧张和焦虑，减轻身体和心理的压力。学生们可以通过课程、书籍、应用程序等途径学习这些技巧。

（4）**接受变化和适应**

意识到生活中的变化是正常的，学会适应和调整自己的情绪以适应新的环境和情况，这有助于减少因环境变化引发的焦虑情绪。通过这些措施，学生可以更好地应对焦虑情绪，增强应对压力的能力，提高学习和生活的质量。

二、抑郁的情绪疏导

案例 13：自伤背后的痛

　　手臂被缝了 6 针的小霞目光呆滞地躺在医院的病床上输液。小霞妈妈坐在一旁暗自流泪，不敢想象自己若是再回家稍迟点儿会是什么结果。上九年级的小霞最近的成绩总是上不去，眼看就要中考，小霞妈妈情急之下，对小霞说："你就不能对学习上点儿心吗？看你现在的成绩，肯定是考不上姐姐上学的重点高中了。"妈妈的话总是像刀子一样剜着小霞的心，之前妈妈也常会指责小霞的各种不好，特别难受时，小霞会拿刀片划自己的手臂。这次本就因为没考好而难受，又听到妈妈这样的训话，一时情绪上来，劲用得比以往大，把手臂割了很深的一道伤口。当班主任张老师得知小霞的情况后，特意跑到医院去看小霞，也就看到了开头的一这幕。

小霞看到张老师，有些不好意思地把头埋到了被窝里。张老师跟小霞妈妈打了个招呼，提出单独和小霞交流一会儿。当老师叫了小霞的名字时，小霞尴尬地把头伸出来跟张老师打了个招呼。张老师轻轻地摸了下小霞用纱布包着的手心疼地问："疼吗？"小霞忽然感觉鼻子一酸，直接哭了起来。张老师接着问："发生了什么能告诉老师吗？"小霞哭了一会儿对张老师说："老师，我经常觉得自己是个多余的人，什么事都做不好，姐姐什么都比我好，我也有很努力，但总是无法达到妈妈的要求。我现在很怕见到妈妈，更不敢跟她说话，我受不了她的语言，我知道她是为了我好，但她那样说我甚至骂我时，我真的很难受。"张老师递了张纸巾给小霞，并拉了下小霞的被子说："这些日子你过得很辛苦，以后有什么话可以跟老师多交流，遇到心事别一个人闷在心里，会逼坏自己的。"小霞心中泛起了一股暖流，流着泪说："我从没听过这么暖心的话，谢谢老师！其实我从上七年级起就老是被妈妈批评和训斥，导致我经常不开心，觉得自己很糟糕，也不怎么敢和同学互动，整天开心不起来，压抑得很。特别是最近，我都觉得做什么都不得劲儿，夜里也老是睡不着觉，饭也不太想吃，连最喜欢看的书都不想看了，还经常一个人偷偷躲在房间里哭。"张老师说："老师感觉到不太会沟通的妈妈让你有了很不好的情绪体验，你能从七年级坚持到九年级，这可真不是件容易的事，老师很好奇你是怎么做到的？"小霞沉默了一会儿说："每一次被妈妈语言伤害时，我都在难过之后逼自己去想妈妈平时对我的好，其实除了在学习上没有达到她的要求时会对我口不择言外，其他还好吧。""噢，妈妈除了学习对你要求高外，其他都还好啊，可以问一下你妈妈的学历及工作情况吗？"张老师说。小霞说："妈妈学历不高，初中没毕业，在镇上的一家服装厂做缝纫工。"张老师说："小霞，有没有一种可能，妈妈觉得自己的文化不够高，对自己的现状很不满意，但自己却又没能力去改变，所以她把希望寄托在你身上，期待你能圆她当年未了的心愿和梦想啊！同时，她也不想你再走她这样的路，你觉得会有这种可能吗？"小霞沉思了足足三分钟时间，然后对张老师说："老师，我虽然明白妈妈的心思，也知道她是为了我好，可是妈妈这样说我还是会难过的。"张老师说："你有这样的想法是正常的，毕竟谁会喜欢听消耗能量的语言呢！像你这样能够坚持这种状态这么久的人还真是极少有的呢！看来妈妈这样做还有一种功能，就是用她这种特殊的方式历练了你的耐挫能力和抗压能力呢！老师再教你一个可以永远保持能量，并且让自己始终拥有好情绪的'三步法'。快乐是一种能力，如果你能够每天坚持练习，相信你的烦恼会很快消失的。"小霞说："好的，老师。我太想知道怎么做了，这几年我过得累。"张老师说："第一步：一个耳朵听一个耳朵出。多听有营养、有能量的语言，能够把自己的力量往上托的话我就多听听。对于耗能的语言选择自动屏蔽，咱们就用一个耳朵出，根本不用听进去。第二步：睁一只眼闭一只眼。睁一只眼去看世界的美好，训练自己发现美好的眼睛，寻找别人的优点。闭着一只眼睛是不看糟心的人和事，那些让自己能力往下沉的人和事一概采取闭眼对待，做到熟视无睹、充耳不闻。你的耳朵和眼睛清爽了，然后你的心情也会很好。第三步：写好心情日记。只记开心的事，记录美好的事情。如果没开心的事怎么办？老师送你两个字——创造，通过做些什么有益有趣的事创造出开心快乐。比如，学会感恩可以获得好心情，那你就可以做一些感恩的事让自己变得快乐和愉悦。如果今天我找不到或创造不出来开心的事怎么办？再送你两个字——转念。比如当妈妈无端训斥你时，就换个思维角度思考：妈妈是在用特殊的方式历练我，我的快乐掌握在自己的手里，不由别人来决定。写好心情日记不需要写多长时间，一天10分钟即可。你可别小看这10分钟，如果你能坚持写半年，你将会改写你的人生，你会拥有一身正能量，还会成为一个高情商的人。你想要这样的你吗？"这时的小霞两眼充满光亮，兴奋地说："老师，我真的可以吗？"张老师说："只要你坚持'三步法'训练，相信你一定可以做到！同时，老师还想交给你一个任务，把今天老师教给你的'三步法'教给身边其他有需要的同学，让他们也拥有快乐的能力，可以吗？"小霞开心地说："好的，请老师放心，我一定会认真训练自己，同时也会帮助其他同学一起训练。明天就叫上王月和苏云同学和我一起相互督促训练。"

　　一周后，小霞主动到办公室找张老师，并把她的好心情日记给张老师看。她告诉老师她找到了自己的很多优点，说记好心情日记时真的挺开心，发现生活中有很多幸福的小事，只是自己忽略掉了。张老师欣赏地看着她，告诉她："是的，生活中有很多幸福的事情，我们不能活在别人的语言里面，任何人都伤害不了你，除非你允许她伤害你。你可以这么想：妈妈，我接受你的爱。但是有些语言我接受不了，所以我理解她，同时不让她的语言伤害我，我们还要学会和她沟通。"老师和她探讨了沟通的话题，同时与她探讨了人生目标，帮助小霞制定了人生目标后从近期小目标开始行动起来。通过几次交谈后，小霞的状态明显好了很多，笑容也多了起来，看起来也活泼了很多。

（一）班主任如何评估学生的抑郁

当班主任通过平常观察和访谈发现学生存在抑郁情绪，又如何去评估学生抑郁的严重程度呢？建议班主任采用附录2的抑郁自评量表（SDS），让学生如实填写，从而对学生的抑郁水平做出客观评估，并按照测评建议开展后续疏导或转介。

（二）学生抑郁情绪的影响因素

青春期是抑郁的高发期，国内许多调查发现，中学生群体中发生抑郁情绪的现象较为普遍。当学生出现明显抑郁情绪时，作为班主任要找到孩子情绪低落的原因，对症下药。以下是可能导致中学生抑郁的一些常见原因：

1.学业反复挫败而应对无效

学业压力是中学生最大的压力来源，由于应试教育的现状和社会竞争氛围的影响，当下学生的学业负担普遍比较大，加上教师和家长过度关注学习成绩，对学生更会形成多重压力的叠加。一旦学生在学业上反复遭遇挫败而应对无效，很容易引发学生抑郁情绪。反过来，抑郁带来的注意力、学习动力和自信心下降，又影响学生应对挑战和克服困难的能力，这可能导致学生经历更多的失败和挫折，由此形成恶性循环，进一步加重抑郁症状，甚至患上抑郁症。

2.长期得不到认可形成的低自尊

青春期的中学生正处于自我同一性整合的时期，来自父母和老师的认可对他们自我概念和自我价值感的确立具有重要的影响。许多研究表明，低自尊的学生比高自尊的学生有更多的情绪困扰，尤其是抑郁。案例中小霞的妈妈总是有意无意把小霞与优秀的姐姐比较，经常指责她，让小霞觉得自己是个多余的人，什么事都做不好，姐姐什么都比我好，我也有很努力，但总是无法达到妈妈的要求。正是这种来自妈妈长期的否定导致小霞的低自尊，使小霞陷入深深的无助之中，导致她出现严重抑郁情绪，引发自伤行为。

3. 人际关系不良

到了中学阶段，同伴关系和师生关系对中学生心理健康的影响至关重要。如果学生在学校人际关系中遭遇持续冲突、忽视、孤立和欺凌时，采取消极和逃避的方式应对，不愿意去寻求帮助，在情绪处理上，更多的是采用忍耐、反向、消极等待的方式，就不能很好地找到宣泄口，使不良情绪压抑在心里，时间长了必然会导致抑郁的产生。

4. 家庭矛盾

研究表明，青少年的焦虑、抑郁情绪与家庭亲密度、适应性呈显著负相关，家庭功能良好的学生其焦虑和抑郁水平较低。拥有较高家庭亲密度和良好家庭适应性的青少年情绪适应性越好，体验到的抑郁情绪也较少。不和谐的家庭环境、父母离异、家庭冲突等往往导致青少年的情感需求得不到满足，从而对心理健康产生负面影响，增加抑郁的风险。案例中的小霞经常被母亲打击，在家庭中的情感支持是缺乏的，加重了她的抑郁情绪。

总之，青春期抑郁是由多种因素综合作用的结果。对于学生出现持续的情绪低落、兴趣丧失、精力减退、失眠等症状时，家长和老师应该给予足够的关注和支持，必要时须寻求专业人员的帮助。

（三）抑郁学生的心理疏导方法与技巧

青少年学生抑郁问题是一个日益受到关注的社会现象，对有抑郁倾向的学生进行心理疏导是一项非常重要的工作。以下是一些建议，帮助班主任有效地支持这些学生：

1. 建立信任关系，提供心理支持

面对有抑郁情绪的学生，作为班主任，建立信任关系是提供心理支持的第一步。只有建立信任关系，学生才能与你敞开心扉，才能向你倾诉，才能与你互动，才能听取你的建议。建议信任关系，关键在于班主任需要展现出真诚的关心和理解，用耐心倾听替代简单说教。案例中张老师在第一时间到医院去看小霞，尤其那句发自内心的"疼吗"，让小霞感受到了老师真心的关心，一下子打开了小霞的心门。

其次，针对抑郁情绪明显的学生，班主任可以定期安排"一对一"交流，让他们自由地表达自己的情感和困惑，及时疏导他们的负面情绪，同时鼓励学生面对自己的情感和挑战，并帮助他们找到解决问题的方法和技巧，引导他们走出阴霾，重拾快乐与自信。另外，通过这些交流，我们可以更准确地掌握学生的心理状态，并及时发现潜在的危机。

在案例中，小霞因妈妈的训斥而感到沮丧，这是班主任需要关注的重要信号。张老师跟小霞妈妈打了个招呼，提出单独和小霞交流一会儿，为交流创造一个安全舒适的无压力环境，这样为小霞愿意敞开心扉、分享其感受和困惑创造了条件。张老师还通过倾听、理解和鼓励，与小霞建立了信任关系，让她感受到关心与支持，这种支持不仅可以帮助小霞缓解抑郁情绪，还能激发她内在的积极力量。

2. 有针对性地提供积极应对方法

班主任在了解学生抑郁产生的原因后，应指导学生或一起探讨积极应对方法。例如，学生的抑郁是来自学业上的挫败，班主任可以与学生共同分析原因，通过降低预期、调整不合理归因方式、教授学习技巧等方式，帮助学生建立有效的应对方法，从而降低抑郁情绪。班主任还可以教授学生一些应对方法，如放松技巧、情绪调节方法等，掌握的应对策略多了，学生在面对困难时就会更加从容、自信和坚强。

在案例中，小霞的抑郁是因为妈妈长期的否定导致的，张老师针对这一情况教给了她拥有好心情的"三步法"："一个耳朵听一个耳朵出""睁一只眼闭一只眼""写好心情日记"。在讲写好心情日记的方法时，张老师还教给小霞"创造""转念"的方法，帮助小霞建立积极思维，打开新视角，理智地接纳问题、分析问题，这些方式对小霞重新找回生活的意义和方向、培养积极的心态和应对逆境的能力，有着很好的效果。尤其可圈可点的是张老师引导小霞进行换位思考，从妈妈角度去思考妈妈这样做的可能原因，从而避免了母女矛盾的激化。

3. 积极关注，正向赋能

从本质上，持续的抑郁反映了个体内在心理能量不足，无论是因为反复的挫败，还是长期得不到认可，或者持续的人际关系困扰与家庭矛盾等，都是一种慢性应激，会长期消耗学生的心理能量，导致无助感、疲惫感，让学生无力应对，从而陷入恶性循环。因此，班主任给予抑郁学生积极关注，如关心、鼓励、温暖、认可等，给学生持续正向赋能，是疏导抑郁的关键策略和方法。很多时候，正向赋能比提供应对方法更有力量帮助学生走出抑郁的阴影。就像本案例，读者可能更关注到张老师提供的应对策略，但实际上是张老师对小霞持续的关心、鼓励和支持起到了关键作用。正如那句话：爱是治愈心灵最好的良药。

4. 关注家庭环境，加强家校合作

家庭环境对抑郁学生的影响不容忽视。班主任应与家长保持密切联系，了解抑郁学生的家庭状况，指导家长改善亲子沟通，调整家庭相处模式，营造一个和谐、温馨的家庭氛围，使孩子在遇到问题和压力时有情绪表达和宣泄的出口，为孩子走出困境提供情感和力量支持。同时，班主任可以向家长提供相关的信息和建议，比如识别抑郁的早期信号和应对方法，了解抑郁症的症状和治疗方法，介绍学校的心理健康服务。但也要尊重学生的隐私权，在未经学生同意的情况下，不要向家长透露过多信息。

本案例中，张老师得知情况后主动到医院探望，了解家庭状况，注意到了妈妈对小霞的教育方式，并与其进行了针对性的沟通。这样家校合作同向发力，能够更好地促进学生的心理健康。

5. 及时发现异常行为，避免危机事件发生

无论是抑郁情绪还是抑郁症，都可能引发自伤、自杀等严重后果。因此，对于出现抑郁情绪的学生，班主任应保持持续的关注，及时发现异常行为，如持续的情绪低落、兴趣丧失、疲劳无力、失眠、自伤等，以避免危机事件发生。

对于抑郁情绪明显且持续两周以上的学生，建议班主任转介给学校心理健康教师，做进一步评估和干预指导。

三、自卑的心理疏导

案例 14：生活在天才弟弟光环下的小静

在一片温暖的阳光下，小静独自坐在教室的角落，她的眼神中透露出一种与年龄不符的忧郁。身为一个八年级的小女孩，她有一个被誉为"天才"的弟弟，而她，似乎总是生活在弟弟的光环之下。小静的自卑不仅仅来源于与弟弟的比较，更在于外界对弟弟的赞誉与日俱增。每当她听到别人夸赞弟弟多么聪明、多么优秀时，她都会默默地低下头，内心深处涌起一股难以名状的苦涩。她害怕与人比较，害怕被人发现自己不如别人。

随着时间的推移，小静的自卑感越来越强烈。她开始担心自己的智商有问题，认为自己很笨，什么都学不好。她害怕别人会嘲笑她，看不起她，认为她是一个糟糕的孩子。这种自卑心理使她的行为也发生了变化，她开始害怕在课堂上回答问题，也不敢主动找同学玩，不愿参加学校的任何活动。她走路时总是低着头，不敢与人对视。

小静的变化引起了班主任沈老师的注意。沈老师观察了小静一段时间，发现小静变得越来越沉默，总是默默地坐在角落里。于是，沈老师决定找小静谈谈心。

在一个阳光明媚的午后，沈老师把小静叫到了办公室。沈老师温和地对小静说："小静，最近你似乎有些不开心，是有什么心事吗？"小静低着头，小声地回答："老师，我担心自己很笨，什么都学不好。"沈老师轻轻地拍了拍小静的肩膀，安慰道："不要妄自菲薄，每个人都有自己的闪光点，而且我不觉得你哪儿笨啊，以往各科的成绩证明了你根本不笨！"

为了帮助小静重拾自信，沈老师精心设计了一系列活动。沈老师发现小静的文笔很好，声音也很好听，便鼓励小静参加班级的演讲比赛，让她在众人面前展示自己的才华。起初，小静很害怕，不敢上台。沈老师耐心地引导她："小静，你要相信自己。我会一直在你身边支持你。"在老师的鼓励下，小静鼓起勇气报名参加了比赛。为了准备演讲比赛，沈老师特地安排了一堂班会课，让同学们轮流上台练习自我介绍。轮到小静时，她紧张地站在讲台上，满脸通红，双腿颤抖。同学们使劲儿鼓掌也没能让小静迈开脚步。沈老师见状，轻快地拉着小静的手往讲台前走，并轻声跟小静说："没关系的，我们只是试练而已，老师陪着你呢。"小静就这样被老师拉上了讲台，但站在讲台上却一句话说不出来，努力张了几次却还是说不出一个字来，急得眼泪都下来了。沈老师搭着小静的双肩说："小静，不着急，老师陪着你一起站会儿。"就这样，沈老师陪着小静一句话不说站了三分钟，然后对小静说："小静，面向同学们，告诉他们你叫什么名字。"小静用只有自己才能听得到的声音说了自己的名字，沈老师接着说："很好，小静能把声音调再大一点儿说自己的名字吧。"小静红着脸说出了自己的名字，这次可以让同学们都听到了，沈老师带头和同学们一起拍手鼓掌，接着又说："很好，小静，你是可以的，相信自己，接下来再告诉同学们你的爱好和梦想。"就这样，小静在老师和同学们的鼓励与支持下，一步步突破了自我，能够和其他同学一样大声介绍自己，并能够朗读自己的演讲稿了。

小静的进步让沈老师非常欣慰，沈老师决定进一步加强对小静的心理辅导，帮助她彻底克服自卑心理。沈老师首先与小静的父母进行了深入的交流。了解到小静的家庭背景和成长经历，沈老师意识到小静的自卑心理与家人过度的比较和施加的压力有关。于是，沈老师建议父母减少对小静和弟弟的比较，多关注小静的优点和进步，给予她更多的鼓励和支持。此外，沈老师还与小静进行了多次"一对一"的谈话。通过倾听小静的心声，沈老师了解到她内心深处的担忧和恐惧。沈老师对小静说："我们每个人都有自己的闪光点和独特之处，不必过分关注他人的评价，因为别人的评价大多只是基于他们自己设定的评判标准和价值观，而不是客观、中肯的评价。而且也很有可能是双标对待，就像别人在拿你和弟弟比较时，怎么就没想过先拿他自己也来跟你弟弟比较一下呢？因此，你不必在意这种不平等的比较语言，要相信自己的能力、特长和价值。"

为了进一步帮助小静融入集体，沈老师还有意识地安排小静参与一些班级事务，让小静有机会与其他同学互动交流，共同完成任务。在这个过程中，小静逐渐感受到了团队合作的乐趣和重要性，也发现了自己可以为班级做出的贡献。这使得小静在同学中的形象逐渐改变，她开始受到大家的认可和尊重。另外，沈老师还特意为小静安排了一些能够发挥特长的机会。比如：让小静担任班级文艺委员，组织班级的文艺活动；让她参与黑板报的设计，展示她的绘画才能。这些机会让小静发现了自己的优点和长处，也让她更加自信。在沈老师的耐心辅导和小静的努力下，小静的自卑心理得到了明显的改善。小静开始敢于表达自己的观点和意见，也能够正视别人的评价，不再轻易受到打击。小静与同学的关系也变得更加融洽，逐渐融入了班集体大家庭。尽管小静的进步很大，但沈老师仍然密切关注她的成长。沈老师知道自卑心理的克服是一个长期的过程，需要持续的支持和关注。因此，沈老师计划在未来的日子里继续为小静提供必要的辅导和支持，帮助她健康成长。

通过这个案例，我们可以看到班主任在帮助学生克服自卑心理方面的重要作用。正是由于班主任的细心关注、耐心辅导和专业指导，小静才得以克服自卑、重拾自信。这也提醒我们作为教育工作者要关注学生的心理健康，及时发现和解决学生的心理问题，为学生提供全面的教育和关怀。

（一）自卑心理的原因分析

心理学认为，自卑是自我情绪体验的一种形式，表现为内在的自我价值感缺失（如对自己的能力或品质评价过低，轻视自己或看不起自己等）以及外在的情绪和行为（如自怨自艾、焦虑、抑郁、消沉、退缩、回避和攻击性行为等）。自卑的核心是自我价值感缺失，即低自尊。导致青少年自卑的原因主要有：

1. 反复挫败导致自我效能感降低

个体在遭遇反复挫败应对无效后，容易产生习得性无助。如果个体把挫败的原因归因于自身能力、品质等内在特征，就会导致自我效能感降低，形成自卑。对于学生而言，挫败主要来自三个方面：一是学业反复失败。学业自尊是青少年自尊的最主要支撑，如果一个学生考试总是达不到预期目标，而自己又感觉努力了，此时，他很容易怀疑自己的学习能力和智力水平。一旦这种内归因被不断强化，就会形成自卑感。二是人际关系不良。人际自尊也是青少年自尊的三大来源之一，如果学生在班级总被同学排斥、被老师否定，容易产生是自己不好的内在信念，导致自我价值感缺失。人际关系不良还会引发学生社交退缩和回避，产生焦虑感和孤独感，从而进一步加剧自卑感。三是情感挫败。个人在情感上受到的创伤，如失恋、朋友背叛等，也容易导致个体对自己产生负面评价。如学生失恋了，他/她可能认为自己没有吸引力、不够漂亮、不够优秀等，从而自我否定，同时情感创伤通常会导致学生感到失落、无助和绝望，这些情绪状态可能使个体自我价值感降低，从而产生自卑感。

2. 不合理社会比较带来自我否定

社会比较指通过将自己与他人进行比较来了解自己的相对地位和能力，是人们在社会环境中评估自己的一种常见方式。然而，过度或不恰当的社会比较可能导致青少年产生自卑感，常见的不恰当的社会比较包括：①比较标准过高。学生可能将自己与过于优秀的他人进行比较，导致对自己的评价过低。例如：与学习成绩极好的同学相比，可能让学生觉得自己不够聪明；与相貌身材出众的同学相比，可能让人感到自惭形秽。②单一维度比较。学生可能只关注某一个方面的比较，而忽视其他方面的优势，尤其是把自己的劣势与别人优势比较，容易带来自我否定。

但为什么有的青少年会采用不合理的社会比较呢？大多与父母、老师的高期待和差别性对待有关。例如：家里有一个优秀的孩子，父母在这个孩子身上倾注了更多的爱、认可和关注，而另一个孩子总是达不到父母期望。长此以往，这种比较会内化为孩子自身的社会比较，认为自己不够好或不值得被爱，从而引发自卑感。案例中，在小静的家庭中有一个"天才"弟弟，从小到大她一直生活在父母、周围人对弟弟的赞誉之中，而她与弟弟形成鲜明对比，导致她认为自己没有价值或不如别人。这种深层次的自我价值质疑，使她在面对外界的评价和比较时，更容易陷入自卑的情绪中。也正是这种自卑感让小静产生社交退缩，不敢回答问题，不敢与同学交往，不愿参加集体活动，整个人陷入自卑的恶性循环中。

3. 长期被忽视引发自我价值感丧失

来自父母的温暖、关爱和认可是儿童青少年自我价值感的重要来源。如果一个孩子长期处于家庭暴力、被虐待，或者情感疏离、被忽视，或者冲突不断、关系不和的家庭环境之中，他们体会不到关爱和认可，这种长期的被忽视会让他们感到自己是一个多余的人、不重要的人，从而引发强烈的无价值感，导致自卑的形成。

4. 生理"缺陷"导致自卑

身体缺陷、疾病或外貌上的不足可能导致个体产生自卑感。首先，当个体意识到自己与他人存在明显的生理差异时，可能会认为自己不够正常或完美，从而产生自卑感。有的人甚至把身材高矮、体形胖瘦、眼睛大小、皮肤黑白等与他人不同的视为"缺陷"或"残缺"，导致缺乏自信、自尊心受挫、自我评价过低等问题。

其次，生理缺陷可能导致个体在社会交往中遇到困难。他们可能会担心被他人嘲笑或排斥，从而避免与人交往或参加社交活动。这种孤独感和社交焦虑也可能导致自卑感的产生。

此外，生理缺陷还可能影响个体的自我认知和自我认同。他们可能会对自己的价值产生怀疑，认为自己不如他人，甚至感到自己是一个失败者。这种自我否定和消极的自我暗示也可能导致自卑感的加剧。

（二）自卑的心理疏导方法与技巧

班主任作为班级工作的组织者、领导者对学生的心理成长至关重要。自卑感会影响学生的生活和学习，但自卑感是可以改变的，班主任应该与家长一起帮助学生走出自卑感，让每一个学生都能活出生命的精彩。

1. 及时捕捉信息，表达关心支持

班主任需要密切关注学生的行为和情绪变化，包括课堂表现、作业情况、言语表达等，留意学生的社交动态，如与同学的关系、互动情况等，这些细节或信息可以提供学生的心理状态线索，以便及时发现学生的自卑情绪。要通过定期与学生进行交流、与家长保持沟通等方式了解他们的生活、学习、情感等方面的情况以及在家里的表现。当发现学生有自卑情绪时，要耐心倾听他们的感受和想法，弄清产生自卑心理的原因，理解他们的情感体验，避免空话、大话，更不能贬低和比较。案例中，沈老师敏锐捕捉到了小静的情绪变化和异常状态，及时的邀约、温和的语言、轻柔的拍肩动作都表达了对小静的关心支持。沈老师与小静进行深入的交流，耐心倾听其家庭背景和成长经历，给予足够的理解和接纳，为下一步心理辅导奠定基础。

2. 注重积极关注，提升学生自我效能感

提升自我效能感，是班主任改变学生自卑、重建积极自我概念的关键。如何提升学生自我效能感，最重要的是老师持续的积极关注和让学生感受到成就感，具体的方法可以参考如下：

（1）保持积极关注

细心观察学生的行为和情绪变化、作业和考试情况，在某个方面有所进步时，班主任应该及时给予肯定和鼓励，不断给学生正向赋能。

（2）创造让学生产生成就感的机会

班主任可以适当安排一些小任务，设定一些小而可达成的学习或生活目

标，并在目标达成后也给予肯定和鼓励，让学生经常体会到成就感，从而提升学生自我效能感。在案例中，沈老师通过安排一系列的活动，鼓励小静参与其中。比如：让小静担任班级文艺委员，组织班级的文艺活动；让她参与黑板报的设计，展示她的绘画才能。这些机会让小静发现了自己的优点和长处，也让她更加自信。

（3）鼓励学生尝试新事物和接受新挑战，走出自卑的恶性循环

自卑往往会导致学生社会退缩和自我封闭，让其陷入自卑情结之中不可自拔。班主任可以鼓励学生做出新的尝试，接受一些新的挑战，让学生从退缩和封闭中走出来，逐步重建自信。但是在鼓励学生新的挑战时，是存在风险的，班主任特别要注意，一次不成功的挑战会构成更大伤害，反而会强化学生"我真的不行"的信念。因此，班主任应该采取小步子策略，并提供支持和具体指导，保证挑战成功。正如案例中的沈老师鼓励小静参加班级的演讲比赛，让她在众人面前展示自己的才华，这对小静来说是一次挑战。尽管小静开始很害怕，不敢上台，上台后又陷入焦虑之中，但沈老师一直在身旁给予支持、鼓励和指导，同学们也非常配合，最终让小静成功走出了第一步，突破了自我，获得了全新的体验。

3. 进行认知重塑，培养积极自我概念

首先，班主任可以通过与学生的深入交流，引导学生全面、客观地认识自己，并进行积极的自我评价，使其看到自己的优点和独特之处，看到自己的成长和进步，不断激发积极性和自信心，增强他们的自我效能感。

其次，引导学生合理归因，识别和改变不合理的思维模式。引导他们将成功归于自身付出的努力、技能的增强、有效的策略和外部的支持，把失败归于努力和技能不足、策略和方法有问题以及外部的障碍，避免将成功和失败归因于某一不变和不可控因素。

最后，引导学生正确看待失败和挫折，通过改变思维方式来改变情绪状态。当学生遇到困难或挫折产生"我做不好这件事""我没有能力"等消极思想时，可以进行认知重塑，用"我虽然没做好这件事，但我有机会改正""我现在可能做得不是很好，但我会变得更好"等积极语言来取代消极想法，这

有利于更好地应对困难。同时，要鼓励他们从失败中学习，以获得更多的经验教训，并以乐观的态度面对困难和挑战，寻求积极的解决方案。

本案例中，沈老师通过与小静"一对一"谈话，提供了积极的反馈和肯定，帮助小静认识到各科成绩上的优势，这种正面的评价让小静重新审视自己的能力和价值。沈老师还告诉小静："我们每个人都有自己的闪光点和独特之处。"每个人都是独一无二的，这种观点的植入帮助她认识到自己的独特性和不可替代性。这种自我认知的重塑帮助小静克服自卑心理，建立更健康的自我认同。

4. 重视家校合作，建立支持网络

家庭是学生心理支持网络的核心，班主任可以通过家长课堂、家庭教育指导、定期交流反馈、组织亲子互动等方式推动这一核心作用的发挥，及时沟通学生在家在校的思想动态、行为表现、情绪状况，及时发现问题，共同商定一致的支持目标和策略，校正教养模式、沟通方式等方面的偏差，增进亲子沟通和理解，营造和谐愉悦家庭氛围，为孩子创造健康的成长环境。对自卑情绪特别严重的学生，要加强与其家长的个别交流指导，定期随访跟进，必要时建议家长为孩子寻求专业资源进行心理疏导。

另外，班主任要重视利用学生同伴资源和社会资源建立心理支持网络，比如其比较要好的同学、朋友，比较信得过的师长、亲友，以及心理老师、社会工作者等，充分发挥他们的作用，鼓励自卑的学生多参与集体活动，加入兴趣团体，拓展社交圈子，建立全方位的支持系统，帮助学生克服自卑心理，实现健康成长。

本案例中，沈老师利用与小静父母的深入交流，了解小静的家庭环境和成长经历，对其父母提出减少对小静和弟弟的比较，多关注小静的优点和进步建议，还充分利用班集体的强大力量，让小静在各类活动中一步步获得自信，得到更多鼓励和支持。这些有助于改善家庭环境，减少对小静的压力和高期望，让她感受到自我价值和成功的喜悦，从而减轻她的自卑心理。

四、学生早恋如何引导

案例 15：青苹果之恋

扬扬在高一时和同班小萱恋爱了，并且双方父母还是好朋友，因此自然相处的机会很多。有一天，小萱妈无意间看到了小萱和扬扬的聊天信息，暧昧的语言一下子激怒了小萱妈，小萱妈愤怒地摔坏了女儿的手机，狠狠地训斥了女儿，并禁止女儿再和扬扬往来。同时打电话给扬扬父母，让他们管好自己的儿子。两家关系也因此冷落下来。暑期后，小萱妈逼着女儿留一级，并送到另一个城市重读高一。扬扬和小萱被强行分开后，再也无心学习，成绩一落千丈。父母带着扬扬向班主任求助。

扬扬被父母带到了老师办公室，一副"谁说我也不听"的样子。老师知道扬扬喜欢画画，便随手拿了张白纸和一支铅笔给扬扬，笑着对扬扬说："老师想请你随意画一幅画给老师看看，没什么要求，随心就行。"扬扬懵了一会儿，本以为老师会批评教育他的，没想到会让他随意绘画，便拿笔画起来。扬扬边画边和老师交流画的意思，生怕自己画得不像老师会看不懂。就这样，师生两人就在不知不觉中，为接下来的交流创造了和谐的环境。

在放下防御后，扬扬也敞开了心扉，他说自己现在是吃不下饭、睡不好觉，做任何事情都提不起劲儿，课堂上也无法集中注意力听课，脑子里全是担心女朋友现在的状况，会不会还老被她爸妈训斥打骂。他觉得自己很无能，什么事都做不了，更是为无法帮助到女朋友而深感内疚。

老师说："看得出来你是一位重情重义、有责任、有担当的男子汉，也感受到你当下的无力感。你很想为女朋友去做些什么，但女朋友却又被她父母看得很紧，甚至连一个电话或信息都没法给到她，你内心的无助和内疚让你感到很不安，是这样吗？"扬扬说："是的，我很想替她难过、替她受苦，都是因为我她才会被她爸妈这样对待的，可我为她却什么都做不了，我真没用，真恨自己的无能。"扬扬说着说着红了眼眶。老师说："谁说你现在为她什么都做不了呢？你是完全可以去为她做些事的。"扬扬抬起头急切地看着老师说："真的吗？真的吗？请老师教教我该怎么做。"

老师和他一起分析原因："我们先一起来分析一下，你女朋友爸妈为什么会反对你们谈恋爱呢？"扬扬说："肯定是担心会影响学习成绩。"老师说："假若你们因谈恋爱而成绩变得更好，假若你跟小萱在一起时，父母们看到的都是你们在互相督促学习，假若小萱因为有你而变得更积极、更阳光，习惯也变得更好，你猜小萱的爸妈会怎么看待这事？"扬扬认真思考了一会儿，忽然激动地站起来说："是呀，如果我们在一起各方面都变得更好了，她爸妈应该不会这么反对我们在一起的吧。"老师说："是呀，所有的父母都希望孩子们好，都希望孩子们能够健康快乐，小萱的爸妈肯定也是这样，特别是女孩子的父母关心女儿的身心健康会更多些。所以，当你能够做到关心和爱护好他们女儿的身体的同时，再帮助他们的女儿学习更上一层楼的话，相信他们不会像现在这样强烈反对你们在一起的。所以，你是不是可以考虑一下先行动起来做小萱的榜样呢？"此时从扬扬的眼里明显看到了神采，他认真地想了一下说："谢谢老师指导，我知道该怎么做了。我会爱护好小萱，也会先行动起来，化思念为力量，先让自己变得积极阳光，去探寻提高学习效率的方法，努力让成绩提高，做小萱的榜样。只要一有机会，我一定会领着她一起学习，一起进步！"老师给了扬扬一个大大的赞说："相信功夫不负有心人，也祝愿你们的将来更加美好。"

在经过几次交流后，扬扬告诉老师，现在小萱在他的影响下也开始用功学习，父母看到他们的变化感到很欣喜。他们的关系也有了一定的缓和。扬扬还告诉老师，现在他只想一门心思学习，考上好大学，以此来带动小萱，这样到了大学，两个人都很优异，父母就没那么反对了。

中学生谈恋爱一直是家长和老师头疼的问题，只要孩子们一有苗头，便会遭到毫不留情的扑灭。更有甚者，拉着自己的女儿直接去找到男孩，并当着女孩的面扇男孩子的耳光，还逼着女儿当着男孩的面说断绝往来，女孩不肯说就一个接着一个地扇两人的耳光，直到女孩求饶为止。殊不知，父母这样的暴力处理方式可能直接毁掉两个孩子，不但不会有自己想要的结果，反而会让孩子产生各种心理问题，他们会用不学习、自暴自弃、破罐子破摔等方式和家长做强烈对抗。

（一）早恋原因分析

1. 青春期学生对异性发生兴趣是正常现象

青春期是人体发育的关键时期，荷尔蒙的大量分泌使得青少年对异性产生好感或被吸引。这种生理变化是自然的，也是青少年成长的一部分。然而，荷尔蒙的分泌并不只是导致生理上的变化，它也会对青少年的心理产生影响。荷尔蒙的分泌会使青少年感到兴奋和不安，他们对异性的兴趣和好奇心也随之增加。这种好奇心和兴奋感往往会使青少年对异性产生更深入的接触和了解的欲望。这是自然的生理心理发展过程，身心的急剧发展使得性意识开始萌发，他们意识到了两性的差异和两性的关系。对于孩子的"早恋"行为，不必过于担心，这说明孩子的性趋向是正常的。家长和学校应该采取理解和关注的态度，理解孩子的情感需求并给予正确的引导和教育，而不是一味地批评和禁止。

2. 在家庭中缺爱的孩子更容易早恋

家庭因素对青少年的早恋行为有重要影响。一些家庭可能缺乏温暖、沟通和理解，导致孩子在情感上感到空虚和孤独。他们可能会寻求异性的关注和支持，以填补家庭情感的缺失。案例中小萱的父母对她严厉苛刻，对孩子的期望值较高，更多的是关心她的学习成绩，忽略了她的情感需求。而扬扬的出现，让她填补了内心情感的缺失，找到了自己的精神寄托。扬扬的父母常年做生意，与孩子沟通较少，扬扬在家庭中得不到足够的关注和温暖。由此可见，所谓的"早恋"背后是孩子们对爱的呼唤，他们的内心缺少关爱、缺少被认同，一旦有人给到他们这种感觉时，就会立刻填满内心。大家都知道一个道理，人生中缺少什么便会本能地去找补什么。若家长和老师能把孩子们内心缺少的部分再填补回去，相信孩子们不用家长操心也会自然回归到正轨上的。

3. 从异性交往中获得的愉悦感可以回避学业压力

一些家庭和学校对孩子的期望过高或过于严格，导致孩子在家庭中感到压力和束缚。他们可能会寻求异性的支持和安慰来缓解这种压力。小萱的实际成绩与父母的要求相差很多，产生沉重的压力感，她采取了回避措施，选择与异性交往中获得了成功感，减轻了自己的压力，产生愉悦的心情。特别是当学习成绩不佳、受到挫折、自尊受到损害时，往往会选择通过与异性交往来忘掉痛苦，获得自我价值和认可。

4. 反抗权威，满足成人感的需要

父母对子女寄予了太多的期望，就会对子女的学习和交往干预太多。这种高干预、高控制的教养模式与青少年渴望独立自主的心理形成强烈的冲突，而这也是导致青少年在青春期叛逆的主要原因之一。所以，叛逆的青少年希望借助与异性建立亲密关系来反抗成年人的权威和束缚，早日进入成人社会以满足其对成人感的需要。因此，家长和老师要尊重学生，多听听学生的想法。

5. 社会环境对青少年的影响也不容忽视

现代社会中，媒体、网络等渠道为青少年提供了广泛的社交平台。他们通过这些平台接触到不同的文化、思想和价值观，这使得他们对异性的认知和兴趣增加。另外，校园的文化氛围也是影响学生早恋的重要因素，学生往往会受到周围同学和老师的行为和态度的影响。如果校园文化中存在着较多早恋的现象，或者一些学生和老师对早恋持开放或支持的态度，那么其他学生可能会受到这种榜样的影响，更容易产生早恋的倾向。

（二）学生早恋，班主任如何引导

尽管我国绝大多数学校都不支持学生早恋，其背后的原因实质上是担心早恋引发的不良后果，但面对自古至今就存在的早恋现象，班主任比较科学的处理策略应该是"疏"而不是"堵"。

早恋的原因多种多样，有些孩子可能仅仅是单纯对异性喜欢，还谈不上恋爱的阶段。班主任应该针对不同情况、不同学生的具体问题具体分析，采取相对温和和更具弹性的方式来处理问题。

1. 不轻易贴早恋标签

在青春期，少男少女们对异性产生爱慕、好奇、好感都是正常现象。如果一个青春期的学生，对异性没有任何感觉，这才是会令人担忧的。所以，班主任和家长首先要想到这是正常的，不要一看见男女生互相喜欢就贴上早恋的标签，过分的敏感反而会适得其反。我们可以像朋友一样告诉孩子："这是正常的，老师也经历过，因为老师也曾年轻过，你对异性的好感、对爱情的向往，你正在经历的欢乐和痛苦，我也都曾经经历过。"让学生知道班主任懂他们，愿意与老师或家长谈论青春期有关问题。

2. 侧面了解情况

有调查才有发言权，掌握情况才能有的放矢。老师在开始心理疏导之前，首先要了解学生的早恋情况，包括他们与异性的交往方式、情感状态、家庭背景、同伴关系、学业情况等。了解这些情况有助于我们更好地理解学生的处境和想法，为他们提供更准确的辅导。

3. 建立信任关系

建立信任是早恋心理疏导的关键。首先，不要把早恋的学生当作问题学生。要让学生感到你关心他们，愿意帮助他们解决问题。在与学生交流时，保持真诚和耐心，不要急于下结论或批评。尊重学生的感受，给予他们充分的空间表达自己。其次，以合适方式切入建立良好关系。本案例中，老师灵活借用让扬扬随意绘画的方式，解除了扬扬的防御心理，顺其自然地进行了交流，不经意地介入和收集信息，为下一步深入交流奠定了良好基础。班主任在与早恋学生交流时，可以借鉴这种方法，通过一些游戏、崇拜的偶像或者学生感兴趣的话题入手，建立良好关系。最后，要守护好师生之间的谈话秘密。很多学生不敢向老师倾诉，一方面害怕老师批评，另一方面担心老师会告诉家长。青少年时期学生更希望和外界沟通，所以不愿意和家长讲述自己的感情秘密。如果班主任将秘密公开，会更加激起学生的逆反心理，会让学生更加疏远老师和家长。所以，班主任应该尊重学生的人格，保护学生的隐私，让学生感到自己被理解和接纳，从而愿意服从老师的引导。

4. 倾听和理解

倾听学生的想法和感受是心理疏导的重要环节。特别是在学生的第一次求助时，一定要耐心地倾听他们的叙述，把准他们内心的想法，走进学生内心，站在学生的角度看问题，共同探讨异性交往的问题，这是学生信任老师的开始。学生能够将自己的心事说给老师听，在这之前一定做了很多心理准备，鼓起很大的勇气。教师要让自己具备"学生的心灵""学生的大脑""学生的眼光""学生的情感"，包容、接纳他们的稚嫩和不成熟的想法和行为，理解他们的情感和困惑，让他们感到有所依靠。倾听时要善于观察，要看到学生的开心、愤怒、伤心、惊奇、疑虑、恐惧、害羞等内心活动的最细微的表现，不要急于给出答案或建议，让学生充分倾诉。通过倾听，可以更好地了解学生的需求和问题。

5. 引导积极思考

"早恋"可能会影响孩子的学习和成长，但这种影响并不一定是负面的。如果孩子在"早恋"期间能够得到家长和学校的科学引导，帮助孩子建立正确的恋爱观念和情感关系，教会他们掌握处理情感关系和矛盾的正确方法，早恋也可以成为他们学习和成长的一种动力。在信任和理解的基础上，老师可以采取先跟后带、设计提问的方式进行价值观探索，让学生思考早恋对他们的学业、家庭关系、未来规划等方面的影响，引导学生思考他们真正重视的是什么，以及早恋是否与他们的价值观相符，使其冷静客观看待与异性交往，平衡学业和恋爱的关系，帮助他们认识到早恋可能带来的风险和后果，从而做出更符合自己内心的明智决策，确保学业不受影响。在他们有所领悟、有所改变之后，一定要及时给予肯定。本案中，老师还帮助扬扬做生涯规划，将追求爱情与追求人生目标统一起来，以自己的行动带动另一半，使扬扬注意力有了转移，并找到了解决问题的动力和方向。

6. 提供力量支持

为学生提供情感和力量支持对于帮助学生解决恋爱引发的心理问题非常关键。要善于从积极视角帮助学生发现和寻求、探索和利用学生自身拥有的能力和资源，找到解决挫折事件的答案。本案中，老师从积极视角使用支持性的语言，鼓励扬扬为心爱的女孩能够拥有好情绪和轻松学习去做探索，帮助扬扬找到自己拥有的能力和资源，找到自己存在的价值和当下该做的事情。"看得出来你是一位重情重义、有责任、有担当的男子汉，也感受到你当下的无力感。你很想为女朋友去做些什么。""谁说你现在为她什么都做不了呢？你是完全可以去为她做些事的。""当你能够做到关心和爱护好他们女儿的身体的同时，再帮助他们的女儿学习更上一层楼的话，相信他们不会像现在这样强烈反对你们在一起的。所以，你是不是可以考虑一下先行动起来做小萱的榜样呢？"这番话，帮助他打开了另一种视角，找到了解决问题的通道。在遇到类似问题时，班主任还要鼓励学生与家人、朋友或专业人士分享自己的困惑，寻求更多的帮助和支持，也可以提供一些心理辅导技巧，如放松技巧、情绪调节技巧等，帮助学生更好地处理情感问题。

7. 找到替代机制

对于陪伴缺失、情感支持少、情感不完整等原因的早恋，我们要为孩子找到补偿性恋爱的替代机制。老师可以和父母沟通，在满足孩子物质需求的同时，也要满足孩子的精神需要，多陪伴孩子、多参加亲子活动、多让孩子参与到家庭管理中、多陪孩子聊聊天，让孩子感觉到被理解、被尊重、被当作成人一样对待。同时，学校积极创造条件，开展各种集体活动，主动开辟一个宽松和谐的男女同学集体交流的环境，培养孩子与小伙伴们建立良好的关系，在活动中和其他异性同学进行广泛的情感交流，把自己从对特定对象的情感中解放出来。曾经有位学生的爸妈帮女儿报名了一个去南京研学的活动，孩子开心地去学习，回来后告诉妈妈，她在活动中认识了许多优秀的男女同学，他们都很出色。她表示自己也要更加努力，让自己更优秀。她还说同班的那些男生都不够成熟，现在努力学习，以后会遇到更好的伴侣。

8.鼓励自我成长

老师可以提供一些自我成长的建议和方法，如阅读、锻炼、学习新技能等，帮助学生提升自己的能力和素质。引导学生把对对方的强烈情感升华为一种学习的动力，努力学习，在为理想而奋斗的过程中充实自己、完善自己，实现自己的人生价值，告诉他们："等到那时，你才会懂得什么是真正的爱，才会收获一份真正属于你的爱。"当然，与学生一起设定明确的界限也非常必要，引导他们进行自我管理，明确在什么情况下可以与异性交往，什么情况下需要保持距离。这有助于他们建立健康的社交关系，同时避免过早陷入复杂的情感纠葛。同时，也要提醒学生注意自己的行为举止，尊重他人的感受和界限。

五、失恋诱发严重心理问题的疏导

案例16：失恋既是一种伤害也是一种成长

最近我发现我们高二（12）班的小月同学似乎状态不太对劲儿，上课注意力总是不集中，打算在放学后约她到我办公室谈谈，了解一下她的情况。可是还没等到我约她，就在下午的大课间时，小月突然情绪失控，跑到教学楼楼顶准备跳楼，幸好她的同桌看到她哭着冲出去，不放心就跟在后边，并及时死劲把她拉住。接到班干部报告后，我也吓得飞跑过去，抱着哭得泣不成声的小月："小月，老师在呢，老师帮你一起面对！"抱了一会儿后，感受到小月的情绪没那么激动了，我便让其他同学都离开现场，拉着小月到楼梯边的石凳上坐下，搓着她一直颤抖的双手。几分钟后，小月才跟我说出这些天的遭遇。原来，自己的男朋友劈腿喜欢上自己最要好的闺密。每次看到男友跟闺密亲密在一起时，就情绪失控用刀片割自己的手腕一下。当这次看到男友在跟闺密接吻时，情绪完全崩溃，直奔楼顶准备自杀。

交流中，小月脸色苍白，眼神空洞无光，没有一丝活力，无精打采地坐在凳子上，我很是心疼地对她说："看到你现在的状态，老师感受到你在承受着一个你当下无力处理的问题给你带来的伤痛。我们一起看看是否可以找到一个更合适的方式来解决一下这问题，你看可以吗？"小月流着泪说："一切都没有意义了，我现在只想结束这一切。"我说："我感到这事对你来说很大，你似乎当下无法应对所发生的一切，是吗？"小月没回应，只是一个劲儿流泪。我继续说："是的，这不能怪你，你还只是一个孩子，哪里有那么多的经验处理过多少大事，当然会有痛苦和无助感。正好老师经常会处理一些孩子们的大事，有些经验，看看能不能帮助到你。"小月虽然还在流泪，但看向我的眼中多了一点儿光，弱弱地问："老师，我现在是生不如死，太痛苦了，您真可以帮助到我吗？"我说："说来听听呢，也许有这个可能呢！"于是小月便把曾经男友如何对她好，哄得她背着父母把自己的身体也给了他的事情说了出来。"可是这才过了半年，他居然跟我的闺密好上了，有时还当着我的面跟闺密亲热，完全不顾我的感受。当初的承诺都成了梦幻，像是没说过一样，实在无法接受他们这样对待我。"小月哭得泣不成声、肝肠寸断。

我一边共情着小月，一边引导着她把这段时间里积压着的负性情绪宣泄出来。当小月的情绪稍微稳定时，我告诉她："虽然这些天你经历了伤痛，可却也可能是一件很幸运的事。一个人的品行和习惯不是那么容易改变的。因此，当下的结果可能是对你最轻的伤害，你觉得呢？"小月听完后，愣了会儿，忽然感觉悟透了道理，对我说："谢谢老师！我想明白了，如果他人品就这样，我为什么还要喜欢他，还要难受呢！老师，我感觉我的心没那么碎了，遗憾我为他浪费太多的时间，学习落下很多。"我说："你能悟到这些道理老师很欣慰，你现在回头都还来得及。"在我感受到小月的情绪已平稳下来后，便笑着问："丫头，假若一切不是问题，一切都不会有障碍，只要你想要，神仙姐姐都能帮助你实现。那么，你最大的愿望会是什么？"小月说："如果真的可以的话，我想考上北京的艺术学院。"小月说完便羞涩地低下了头。我鼓励她："这个心愿很好啊！索性我们把这个梦做得更真实一些，马上请你爸妈带你去北京的艺术学院玩玩，一定记着多拍些照片哦，特别是典型的建筑物那更要多拍些。"此时的小月露出了开心的笑容。

和小月的父母商量后，第二天他们就请假带着小月去了北京。到了北京的艺术学院，正好碰到大学生穿着学士服在拍毕业照，小月妈妈就跟一位小姐姐借来学士服给孩子穿上，拍了很多照片。电话中，小月妈妈流着泪跟我说："我们已经好长时间没见到她这样开心的笑容了。"我建议她们回家后多挑选些有代表性的喜欢的照片印刷出来，把家里比较显眼的地方都贴上照片。开始小月只觉得这些照片拍得挺好看的，满屋贴上她的照片也挺好玩的，后来看多了后，觉得内心居然萌发出一种真想要尝试考北京的艺术学院的想法。于是主动跑到我办公室来问我她想考北京的艺术学院的想法会不会是在做白日梦，我支持她说："任何事都不要给自己设限，只要你真心想要，一切皆有可能，关键是设计好达到目标的行动方案。"我的话激发了小月的内在动力，唤醒了她向往美好的渴望。

几次谈心之后，小月像加上了马达，不顾一切地往自己定下的目标努力。我也一直关注着小月的状态，平时只要一看到她有进步我都会及时给予鼓励，同时也一直和小月的父母保持着交流，让他们对小月多些理解和关爱。

经过一年多的努力，小月的成绩逐步上升，状态也越来越好。高考成绩公布的那天晚上，小月的爸爸给我打来电话，还没开口说两句话，就哭得说不下去了，只说着感恩老师拯救了孩子。通知书下来后，小月第一时间打来电话："老师，我做到了，我收到了北京的艺术学院的录取通知书，老师，真的太谢谢您了！"

当我们帮助孩子打开受限的视角后，让孩子看到另外的可能性时，孩子会愿意走出来，因为孩子天生喜欢阳光与温暖。事实上，每一个孩子都有能力应对问题，只是有时候把能力的方向运用错了。如果我们老师和家长能够对问题背后的动因，给予正向引导和积极关注，便会有奇迹发生。

（一）失恋诱发严重心理问题的原因分析

青春期是人生的必经阶段。由于性意识的萌发，少男少女希望从异性身上获得陪伴、消除孤独、填补空虚。于是，他们还不知爱情为何物的情况下，就尝试和仿效着谈恋爱。可是初、高中生的爱情会遇到各种问题并且很难修成正果，面对失恋这样的情感创伤时，他们可能会出现沮丧、无助、失落、焦虑、失眠、抑郁等不良情绪，也会造成自我否定、过度引申、灾难化等认知曲解，还会出现头痛、胃痛、呼吸困难等躯体症状，极端的还会出现社交障碍、自残自杀、打骂施暴、精神失常等行为。出现这些心理问题的原因与青少年学生的经历经验不足、看问题的角度受限、遇到问题不知道如何应对等有密切关系。

1. 灾难化的思维模式让孩子成了问题的困兽

灾难化的思维模式是引发心理健康问题的认知根源，人们在处理问题时会存在几种不合理的认知：绝对化思维、过分概括化、非黑即白、糟糕至极、过度自责等。认知曲解偏差程度越大，心理问题的症状往往越突出。小月在事情发生后，就存在糟糕至极的不合理的认知，认为事情发生后，没有比此再糟糕的情形了，从而消极地预测未来而不考虑其他可能性的结果。每件事情都有两面性，我们要让孩子学会找例外，用积极的态度思考问题，从而获得更多的能量。

2. 失恋导致学生重要情感支持的瓦解

中学时代的爱情尽管青涩懵懂，但单纯充满着对未来的憧憬，因此彼此往往容易形成强烈的情感依赖，成为他们最重要的情感支持来源之一。当失恋发生时，这种依赖被突然打破，导致他们感到空虚、孤独、失落、无助和愤怒，进而引发心理问题。尤其是那些缺乏来自家庭、朋友支持的孩子，一旦失恋，仿佛生命中最重要的情感支柱突然崩塌，极容易引发急性应激反应，如情绪崩溃、呆滞、自伤、自杀、伤人等。案例中小月的自伤和自杀行为正是失恋导致的急性应激反应，因此班主任和家长一旦发现孩子失恋，应及时提供支持和疏导，以避免极端行为发生。

3. 失恋引发学生自我价值感严重受损

当学生陷入恋爱时，可能会把对方对自己的认可和喜爱看作对自己价值的肯定。然而，失恋却可能让自己感到没有价值，甚至怀疑自己的吸引力。这种自我否定和怀疑的态度直接打击自尊心，从而引发心理问题。小月在被男友和闺密同时背叛，造成了对自我的怀疑、否定、贬低，产生以下想法：是不是我做错了什么，他们为什么背叛我，我是一个不值得被爱和关注的人，我还能选择相信别人吗？……这些想法让她产生自我厌恶、自卑沮丧、无助和抓狂感，这些想法和感受容易以极端方式进行表达。当孩子出现这些状况时，一定要寻求专业心理工作者的帮助，通过认知重构来纠正不合理认知，最终达到开怀释惑、脱离痛苦的目的。

（二）失恋学生心理疏导方法与技巧

1. 及时提供心理支持，防止严重心理问题发生

失恋是一种较为严重的情感创伤，容易引发各种心理问题，甚至自杀等危机事件的发生。调查数据表明，失恋是导致中学生自杀的主要因素之一。因此，班主任的及时干预非常重要。

（1）对恋爱的学生要心中有底，做好科学引导

校园的早恋常常难以避免，班主任可以通过平常的观察、同学的反映，对恋爱学生摸底，掌握恋爱学生双方的情况，包括双方的性格、人际关系、家庭情况等，分析可能存在的隐患，及时做好引导。引导的方式可以通过个别谈心，了解学生情感困扰，及时疏导，也可以采用主题班会形式，讲授青春期性教育、情感处理技巧、交往边界等知识。

（2）对失恋学生及时提供情绪疏导

班主任一旦发现恋爱学生出现心理和行为异常表现，应第一时间找学生谈心，了解情况，对失恋学生的心理状况做出初步评估，及时提供情绪疏导。班主任在处理失恋学生的情绪时应掌握以下两个技巧：①倾听和接纳。失恋的当下，学生通常会有强烈的情绪反应，如愤怒、自责、无助、痛哭、歇斯底里等。这时老师应保持接纳和关爱，让学生安全地宣泄情绪，切记不可用带有批判性、评判性、说教的语言，如"你这想法不对""你这么做是错的""我早就提醒你，你就是不听""一切都会过去的""你很优秀，能找到更好的"等。②共情。设身处地站在学生的角度，去理解失恋带来的痛苦，并用语言和行为表达你的感受。案例中的这些话语很好地体现了老师的共情："看到你现在的状态，老师感受到你在承受着一个你当下无力处理的问题给你带来的伤痛……""我感到这事对你来说很大，你似乎当下无法应对所发生的一切，是吗？"共情可以让学生感受到温暖，且被理解和包容，这样才能够走进学生的内心世界。

（3）为失恋学生提供替代性支持

对于失恋引发严重心理问题的学生，班主任应及时为学生提供替代性支持。除了班主任本人的心理支持之外，班主任可以发动学生的好朋友给予陪伴、安慰和支持，还应联系学生家长，沟通情况，指导家长如何应对，避免火上浇油，触发心理危机。

需要强调的是失恋者一般要半年的时间才能从失恋的创伤中走出来。因此，班主任和家长对失恋孩子的关注和关心应该是持续的，直到学生摆脱失恋的阴影，恢复正常为止。

2. 改变不合理的认知，消解负面情绪

失恋之所以在有的学生身上会导致严重心理问题，其底层往往与他们对失恋存在不合理的认知有关。如非黑即白：失恋学生可能会将自己的价值与恋爱关系的成功与否等同起来，认为如果失恋了，自己就是一个失败者，没有任何价值。糟糕至极：失恋学生可能会想象出一系列最坏的情况，认为失恋会给自己带来灾难性的后果，如再也不会有爱情、失去幸福等。过度自责：

失恋学生可能会认为失恋是自己的过错，过度自责和批评自己，认为自己做得不够好，导致对方离开。应该思维：失恋学生可能会认为自己或对方应该怎样做，而当现实与这些应该不符合时，就会感到失望和沮丧等。

班主任在疏导的过程中，总能从学生的只言片语中看到这些不合理思维。此时，班主任可以通过列举事实、他人案例、自我暴露等方式，与学生一起分析其偏颇之处，改变其不合理思维，从而使学生从失恋的阴影中走出来。

3.挖掘积极面，把失恋转化为动力

创伤既是一种伤害，也是一种成长。法国作家普鲁斯曾说过："愉快有益于人的身体，但只有悲伤才能培养心灵力量。"如何去挖掘失恋的积极面，把失恋转化为动力，案例中班主任的做法特别值得参考。

班主任对小月说："虽然这些天你经历了伤痛，可却也是一件很幸运的事，一个人的品行和习惯不是那么容易改变的。因此，当下的结果可能是对你最轻的伤害，你觉得呢？"这句话把小月从被抛弃的绝望中解救出来，让小月看到失恋的积极面，从而释怀许多。有人说失恋是一种"重生"，它教会我们学会识人、学会坚强、懂得爱情。

正所谓："化悲痛为力量。"失恋的痛苦可以转变为学生做更好自己的动力，案例中的班主任把这点发挥到了极致，可以说，她改变小月的人生，让她实现了自我价值。

首先，班主任采用了"奇迹"提问："丫头，假若一切不是问题，一切都不会有障碍，只要你想要，神仙姐姐都能帮助你实现，那么你最大的愿望会是什么？"小月说："如果真的可以的话，我想考上北京艺术学院。"这一提问一下子把小月从当下失恋的痛苦中拉向未来。

接着，班主任建议："这个心愿很好啊！索性我们把这个梦做得更真实一些，马上请你爸妈带你去北京艺术学院玩玩，一定记着多拍些照片哦，特别是典型的建筑物那更要多拍些。"这既可转移小月的注意力，又强化了她考北京艺术学院的梦想。后来，班主任通过照片再次强化了她内心中考学的想法。

这个真实的个案，给我们启示是：孩子们的潜力是无穷的，老师始终给予学生正向引导和积极关注，便会有奇迹发生。这也是心灵园丁的力量！

第四章
学生自杀的早期识别与干预

第一节　中小学生自杀干预概述

一、自杀与自杀的类别

有关资料表明，儿童青少年自杀是一个全球性问题，在我国青少年也是自杀高发的群体之一，并且呈现上升趋势。因此，加强学校心理健康工作，做好自杀预防和干预是一项十分紧迫的任务。

关于自杀的分类，我国学者肖水源等从指导自杀预防工作的角度出发，提出把自杀分为五类，即：自杀意念、自杀计划、自杀准备、自杀未遂、自杀死亡。

从自杀的行为表现来看，有学者把自杀分为两类：①理智型自杀。即指有目的和有计划的自杀行为。②冲动型自杀。一般由偶然事件引起，具有突发性，很难防范。

但以上两者的界限并不清晰，许多学生的自杀看似是冲动型自杀，然而对这些案例进行回顾性分析，我们可以看到偶然中有必然。以 2020 年 9 月 17 日武汉九年级学生跳楼悲剧为例，看似是由母亲当众扇其耳光引发，但事后网络上的资料显示：该学生的父母离异，财产被转移，母亲不得不打工维持生计。家庭的变故，对孩子和母亲都造成了巨大的长期伤害，他们如同子弹已上膛的枪，母亲当众一记耳光只不过是扣动了扳机而已。因此，危机是可以预防的，关键在于我们能否甄别在学生当中，哪些是已经子弹上膛了！

在心理学上，危机是一个连续体，不是突发的，个体前期的痛苦经历和心理问题，构成了危机爆发的基础。例如，一个学生在小学阶段就行为失常并伴有攻击行为以及学业成绩低下，如果没有进行干预，那么一般就可以预测该生在青少年阶段可能会出现的过失行为和品行不良行为。就像千里之堤，溃于蚁穴，正是一个个小小的蚁穴被水慢慢冲刷，才最终导致堤坝突然崩塌。冲动型自杀看似是一念之间发生的，其实也如同蚁穴溃堤，需要我们提前发现，及时干预，才能避免危机事件的发生。

二、中小学生自杀的危险因素

尽管青少年心理尚未完全成熟，情绪不稳定，挫折应对能力相对较差，但大多数青少年都能健康成长，并能够发展同学友谊，习得生活技能和学习进步。他们能积极看待自己的发展和未来，虽然也会经常体验到生活或学业上的一些不如意，也时常会有些焦虑、郁闷，但他们有能力或者在老师和父母的帮助下应对生活中发生的变化。

然而，对于有一部分青少年而言，成长的阶段充满了很多意想不到的压力事件和难以适应的困难。自然地，抑郁、攻击和偏离的思维通常会在这些转变阶段中发生和积累。繁重的学业压力、不良的家庭教育方式、人际关系困扰、缺乏教育引导等因素会加剧这些特征，从而为自杀的发生提供了肥沃的土壤。

事实上，父母、教师和心理健康专业人员通常很难对青少年期发生的正常困扰和那些威胁生命的挣扎之间做出区分。许多有自杀危险的青少年曾被误解为仅仅是"正处于青春期叛逆的阶段"。许多调查告诉我们，有些家庭的、学业的、人际的和个体自身的特征与自杀的产生和自杀企图有关。当然，这些因素并没有穷尽所有。

（一）家庭功能失调

国内外许多调查研究显示，家庭功能失调是青少年自杀的主要危险性因素，包括：

（1）**家庭暴力**

在许多自杀青少年的家庭，暴力非常普遍。在一项研究中，企图自杀者经历家庭暴力的可能性是正常人的3—6倍。家庭暴力带给孩子的是爱和社会支持的严重缺失，他们往往处于长期的无助、焦虑、抑郁和愤怒的情绪困扰之中，变得更加悲观厌世或愤世嫉俗，从而导致自杀和反社会行为高发。

（2）家庭破裂

父母的离异和再婚对未成年人的负面影响是巨大而持久的，尤其是当单亲家长的工作和经济负担过重并缺乏他人的帮助时，他们投入亲子关系中的时间和精力更少，他们还可能经历着离异的创伤和再调整，自身情绪变得不稳定，导致亲子矛盾增加。有研究显示，父母的支持和教养的一致性是对抗自杀危险的重要保护性因素，但是缺乏家庭稳定性的青少年的自杀危险越来越高。

（3）亲子冲突

家庭功能失调主要反映在亲子冲突上，亲子冲突频发的家庭通常存在教养方式和沟通模式问题。一方面，经常的亲子冲突使得孩子陷入长期的负面情绪。研究表明，以愤怒、矛盾冲突情绪和粗暴拒绝为特点的家庭互动与青少年的自我毁灭行为有关。另一方面，在亲子冲突频发家庭中长大的青少年，一般都缺乏充分的沟通技能。生活在不能安全地交流思想和感受的环境中的青少年，无法向他人表达自己的痛苦。由于思想变得越来越消极，感受的烦恼越来越多，这些青少年可能会退缩或自闭，他人也难以识别他们逐渐加深的痛苦、抑郁和可能的自杀感受，更别说做出有效的反应了。总之，强烈的亲子冲突是企图自杀的一个常见信号，他们可能在激情之下选择死亡解脱困境，或者作为对父母的惩罚和报复。

（二）过重的学业压力

国内一些对自杀案例的调查表明，过重的学习压力也是影响学生自杀的重要因素。尽管学业压力与自杀并没有因果关系，但过重的学业压力可能会对学生的心理健康产生负面影响，增加他们患上心理疾病的风险，例如焦虑症和抑郁症。这些心理疾病可能导致学生产生自杀的念头。另外，由于家长和学校对学业成绩的过度关注，也引发更多亲子冲突和师生矛盾，多种压力的叠加增加了学生自杀的风险。

（三）人际关系困扰

随着孩子年龄增大，来自同伴和老师的支持变得越来越重要，积极的同伴关系可以提供支持、情感连接和社交认同感，有助于学生的情感发展和心理健康。然而，负面的同伴关系，如被欺凌、排斥、孤立或遭受同伴的负面评价，可能会对学生的心理健康产生负面影响。而师生矛盾可能导致学生感到不公正对待、失落、沮丧或愤怒等负面情绪。如果这些情绪得不到适当的处理和解决，同样增加了他们患上心理疾病的风险，进而可能增加自杀的念头。

一些研究表明，在人际关系困扰中的社交孤立、霸凌、失恋等与学生自杀存在较高的相关性。这些问题可能导致学生感到无助、绝望、孤立和抑郁，从而增加他们自杀的可能性。

（四）个体心理因素

如果说来自家庭的、学业的和人际的压力是外因，那么个体自身的心理状态和特征是导致学生自杀的内因，它体现了学生在重压之下的心理弹性水平和应对的有效性。研究表明，以下个体心理因素与青少年自杀密切相关：

（1）**抑郁和无助感**

这两者是导致青少年做出自我毁灭行为的一个稳定的预测因素。焦虑障碍、强迫行为、敌意和精神错乱也在某些青少年的自杀中起重要作用。对青少年的抑郁和其他心理病理症状的识别可能有助于避免自杀危机。有抑郁症状的青少年，负面生活事件有不断增长的可能，包括负面事件之后带来的抑郁、焦虑、学业和交往等困难，是自杀的高风险因素。

（2）**低自尊**

较差的自我概念和无价值感是想自杀青少年的典型特征，自卑通常导致了无助感和抑郁。扭曲的自我观也能够导致对他人、对世界和对未来的不正确与不现实的预期。不喜欢自己以及不能以积极的方式看待自己的青少年需要教师和父母给予特别的关注。有研究表明，女孩在与自尊有关的问题上，有随年龄逐渐增高的风险。尤其在中学阶段，身体成熟较早以及恋爱较早的女生可能特别消极地看待她们的身体和外貌，可能引发更多的困扰和潜在危机。

（3）**孤独**

孤独、被孤立和缺乏人际联结都与自杀有关。多数自杀的青少年一般在同伴交往上都有问题，对被同伴拒绝也很敏感，并有自卑感。在发展社会关系的重要阶段感到孤独和被孤立的青少年，因为没有体验到来自父母、朋友的支持，情绪会低落沮丧。没有这些亲密联结，青少年会感到自己是多余的和被忽视的，渐渐地会缩小社交圈，封闭自己，这种感受通常也会导致自杀的产生。

（4）**冲动**

冲动与情绪控制有关，尤其是愤怒控制困难是冲动型自杀的预测源。虽然青少年可能在结束其生命上感到矛盾，但是对压力源的冲动或鲁莽的反应通常会导致自杀。换句话说，青少年可能没有打算真的自杀，但是想要通过冒险行为获得关注或他人的支持。高风险行为和冲动在青春期非常普遍。企图自杀的冲动青少年可能在还没思考其他可选途径时便选择了自杀。

（5）**认知偏差**

片面的思维和不理性的信念（存在于抑郁和低自尊中），在自杀青少年中非常普遍。可以说，面对危机事件时，个体内在的、自动化的认知偏差是青少年自杀的直接原因。这些认知偏差有：

认知局限。看不到问题有多种解决方法，导致了青少年的极端思维，这在自杀产生的关键阶段非常普遍。青少年只能看到问题的两个解决方法：继续生活在现实地狱中，或通过死亡寻求解脱（如"除非自行了断，否则我永远都会这么痛苦"）。

认知僵化。以刻板方式感受环境或对环境做出反应，限制了个体应对压力的能力以及想出问题的解决方案的能力。认知僵化的个体对问题（但是没有能力解决它）和未来都抱有悲观的看法（如"我没有办法提高成绩，也没有人帮助我，我绝对一筹莫展"）。

认知歪曲。过分估计问题的严重程度和不可解决性。问题的困难也被泛化到所有情境。歪曲问题的个体觉得自己就是问题的原因。过去已经被遗忘，未来又不可想象（如"我学习成绩不行，体育也不行，我一定很蠢，没有人会喜欢我，我生活中的一切都是一团糟"）。

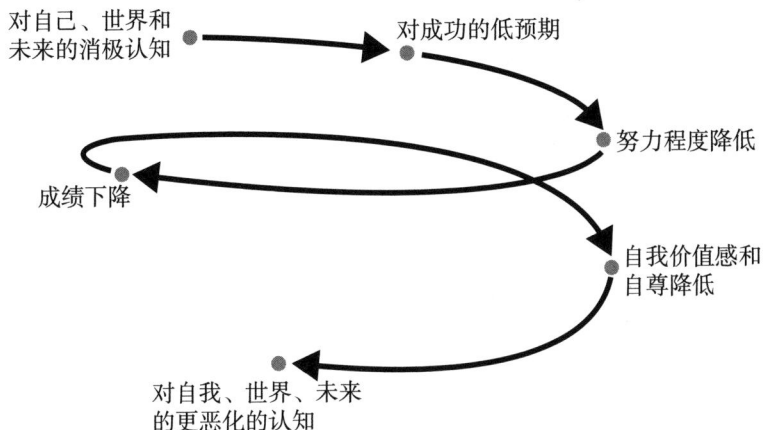

图 4-1　自我挫败的认知螺旋效应

这些认知偏差通常具有自我挫败的螺旋效应，使青少年的问题变得越来越大，而他们想办法解决问题的能力越来越有限（见图 4-1），导致个体退缩，无力改变现状，并最终自杀。

此外，一些社会因素在青少年自杀中也会起到推波助澜的作用。例如，当下的一些电子游戏、小说过分渲染和颂扬死亡，也可能引发青少年模仿。当一个青少年自杀时，这种行为对他人就变成了一种可以被模仿的行为。在一起自杀事件之后，那些已经体验绝望的人可能开始将自杀视为一种应对其压力和无助感的方式。有自我毁灭行为倾向的青少年更容易在他们认识或知道的一个人自杀后实施自杀行为。因此，在自杀危机之后适当的事后干预或跟踪治疗是非常重要的。

三、中小学生自杀的预警信号

任何的自杀总会显露出蛛丝马迹，但遗憾的是，很多人只有在回忆的时候才发现自杀者早已发出了求救的信号，却被周围的人所忽略。作为教师和家长应该对青少年以下自杀的预警信号保持敏感：

1.语言上的线索

表现出想死的念头，可能直接以话语表示，也可能在作文、日记、微信或聊天中表现出来。如果当事人告诉别人，他想在何时、何处、如何自杀，可以说他自杀的危险程度极高。多数有自我毁灭感的青少年都有一些言语暗示，如"生命太难掌控，不值得活着"。青少年可能会说如下话语：

我不知道怎样继续活下去。

我希望我已经死了。

只有一种方法能够让我解脱。

我不会活多久了。

我活够了。

这样对我你会后悔的。

我的麻烦很快就会消失了。

青少年会直接暗示或说出他们在考虑自杀。自杀的青少年也会谈到死，说自己想知道死了会怎样，并可能说一些其他已死的人曾有的想法。他们可能也会开玩笑说要自杀。许多在玩笑中交流的信息事实上表明自杀危机即将到来，所以这些玩笑不应该被忽视。为了获得帮助或发现他人会如何反应，一些青少年可能直接转向用自杀来威胁。所以，言语警示应该受到重视，不能被仅仅视为青少年正在经历某个阶段。如果不能对言语警示或对自杀的直接威胁做出反应，可能会使青少年觉得自己没有价值、多余、不受喜爱。而这些感受会增加企图自杀的可能性。

2.行为上的线索

教师和家长要能够通过熟悉暗示自杀风险的行为变化，来帮助青少年避免企图自杀的可能性。这些变化包括：

情绪突然变得低落或容易发怒，并有明显的攻击性行为。

从快乐和积极地与他人交流变为退缩和消极。

自伤、自残行为。

失去活力和动力。如平常感兴趣的不再有兴趣，忽视曾经对自己很重要的一些习惯。

在睡眠或饮食模式上的变化。如失眠或无精打采，缺乏食欲或贪食。

赠送珍贵物品。学生可能将自己珍贵的物品送给别人。

写下遗书或留下遗言，准备自杀工具。学生可能购买、收集或准备用于自杀的工具，如刀具、药品等。

成绩突然下降，旷课、逃学次数增加。

突然增加烟酒的滥用或药物滥用。

3. 环境上的线索

（1）个人遭遇重大创伤

如失恋、被霸凌、被性侵、被孤立等。

（2）家庭发生重大变故

如亲人死亡、经济困难、父母离异等。

需要注意的是，这些信号并不是绝对的，也不一定意味着学生一定会自杀。但是，如果发现学生出现这些信号，应该及时采取措施，帮助他们渡过难关。

对自杀普遍的误解

误解1：考虑或企图自杀的人总是想自杀。事实上，多数青少年都是从某个角度看待自杀的。自杀企图表达了他们对求助无门的绝望。如果危机有效地获得了解决，许多人都不会再想自杀，那些没有真的企图自杀的人再次自杀的风险并不高。

误解2：自杀危机过去之后，青少年不再处于自杀的危险中。青少年可能在一次尝试之后，不会继续感到想要自杀，但是他们并没有脱离危险。因为自杀未遂者已经通过曾经尝试自杀而克服了一个社会禁忌，所以再次自杀对他们来说更容易了。如果父母以及学校老师并没有关注他们及其自杀的原因，那么随后的自杀尝试就是可能的。自杀占据了很多情绪能量。在最初的自杀企图后表现冷静反应的青少年，可能会得到来自他人的力量，再次自杀企图通常采用更致命的方法。

误解3：谈论自杀会使人们更倾向于自杀。与青少年讨论自杀能够使他们表达自己的感受和观点，并能促进支持和应对技能的提高。成人不应该回避自杀的话题，没有证据表明与青少年谈论自杀会增加他们的自杀风险。

误解4：自杀者总是会留下遗书。事实上，只有小部分自杀的青少年会留下遗书，即使他们可能留下了很多线索或暗示。这种误解在自杀后能够无限期地让这个家庭感到困惑，因为他们不仅无法改变发生的事实，而且对自杀的原因也不清楚。许多自杀被认为是意外事故，就是因为没有发现遗书，死亡原因没有被认定为自杀。

误解5：自杀的发生没有预警。虽然自杀者中几乎没有人直接清楚地讲明目的，但多数人都表露了绝望和自杀发生等线索或暗示。在一个青少年实施自杀之后，朋友和家人都会回忆起许多我们前面提到的预警信号。

误解6：谈论自杀的人从来不会真的去自杀。几乎每起自杀实施之前都有某些预警。即使这些威胁是对关注的呼唤，我们最好也要对青少年潜在的危险做出反应而不要等自杀发生后再去后悔，永远都要严肃地对待威胁。

误解7：自杀者有心理疾病或严重抑郁。自杀是一种对看似无法解决的问题的无效的、适应不良的处理方式。自杀的青少年通常并没有心理疾病，也没有任何不同于从环境中他人那里学到的无效应对机制的遗传标记。虽然很多自杀的青少年患有抑郁，但并非所有人都如此，某些不抑郁的青少年也会自杀。

意识到这些对自杀的误解有助于父母、教师识别青少年的自杀行为及其风险。

四、中小学生自杀的预防、干预与处置

（一）自杀预防

自杀危机是一个连续体，而自杀预防针对的正是可能引发自杀的危险性因素和保护性因素。聚焦危险性因素的预防就是消除隐患；聚焦保护性因素的预防则是增强抵抗力。两者的结合才能有效预防自杀的发生。

前述已知，家庭功能失调、过重学业压力、人际关系困扰、情绪问题和认知偏差等都是影响青少年自杀的危险性因素，尽管这些因素不一定引发自杀，也可能导致其他心理健康问题，如焦虑、抑郁、强迫、行为问题等，但聚焦这些因素的干预可以预防自杀，阻止自杀的种子萌芽。聚焦危险性因素的预防一般采用个别疏导的方式，因为每个孩子的问题千差万别，引发的原因也各不相同，所以，需要教师、家长和心理专业人员开展有针对性的心理疏导、心理咨询和心理治疗，以帮助孩子恢复到正常状态。

关于青少年自杀的一些研究也从积极的视角探讨了哪些个体特质和环境因素，可以在青少年遇到危机时起到保护作用，帮助他们顺利适应和有效应对危机。这些因素包括心理韧性、问题解决能力、乐观、自我认同感、自我调节能力、生活意义感、强大的社会支持系统等。聚焦保护性因素的预防一般采用团体辅导的方式，如主题班会、心理健康教育、团体心理训练等。辅导的主题包括生命教育、心理韧性训练、应对技能培训、归因训练、人际交往技能训练等，这类辅导可以为青少年遭遇压力和挑战时提升内在力量，求助外在资源，以抵御危机事件的冲击和破坏。

内心强大的秘密——心理韧性

心理韧性（Psychological Resilience）又称"心理弹性"或"复原力"，是指个体对不幸、逆境或挫折等压力情形的有效适应。心理韧性是人类拥有的一种强大的心理品质，它促使个体面对变化和挑

战时保持积极乐观的态度和行动，从而在压力和危机中保持身心健康与成长。

关于心理韧性的结构，尽管不同的学者看法存在差异，但本质上趋于一致。美国学者康纳尔和戴维森在编制的心理韧性量表中，把心理韧性分为五个维度：个体能力、忍受消极情感、接受变化程度、精神信仰、控制。后来我国学者基于中国文化背景，将心理韧性归为坚韧、力量和乐观三个成分。清华大学彭凯平教授认为心理韧性包括三层含义：

第一，复原力。即指在痛苦、挫折、磨难、打击、失败、压力的挑战之下，能够迅速恢复到正常的状态。

第二，坚毅力。面对长远目标时体现出的努力和耐力。

第三，创伤后成长。即从失败中学到成功的经验，从打击中得到进取的力量。

目前，国内外研究表明，心理韧性是对抗自杀风险的保护性因素。良好的心理韧性水平能够缓冲童年期创伤对自杀意念的影响，降低童年期创伤者未来出现自杀的风险；高水平的心理韧性能减轻严重焦虑、抑郁症患者的自杀意念，中学生中有自杀意念者的心理韧性得分显著低于无自杀意念者。可见，提升青少年心理韧性，能有效预防自杀。

（二）自杀干预

在时间点上，自杀干预是指从学生出现自杀苗头到自杀死亡之间所做出的一切努力，其目的是阻止自杀死亡事件的发生。自杀干预有两个关键点：一是早期发现与识别；二是自杀的应对与干预方法。

1. 自杀的早期发现与识别

自杀的早发现是中小学校减少自杀危机事件发生的关键。大多数的自杀并非突发的，大约 2/3 的人都有可观察到的征兆。早期发现与识别有自杀倾向的学生，能为自杀干预赢得时间窗口，极大地减少学校自杀死亡事件的发生。

首先，班主任在学校危机干预工作中扮演着"心理哨兵"的角色，是自杀干预的第一道关口，也是最重要的关口。他们与学生朝夕相处，对学生心理行为变化了解得最全面和及时，如果班主任掌握了学生自杀早期预警信号相关的知识，就能敏锐地发现学生自杀的苗头，并及时深入了解情况，以进一步采取相应的干预措施，从而把自杀干预的关口前移。

其次，学校心理健康教师扮演着"识别者"的角色，对于班主任转介的有自杀苗头的学生，他们需要运用专业的心理评估方法，对学生的自杀风险进行评估。对于高风险的学生，心理老师应协调学校和家庭共同开展危机干预，尽一切力量阻止自杀死亡事件发生。

另外，学校心理健康筛查对自杀的早发现也起到一定的作用。但需要强调的是，心理健康筛查无法替代班主任的作用：一是因为心理健康筛查只能评估筛查时间前一段时间学生的心理状况，难以动态追踪学生全年的心理状况的变化，具有时间上的限制；二是目前学校心理健康筛查绝大多数采用心理健康评定量表，这类量表评估的准确程度依赖于学生回答的真实性，具有明显的局限性。

2. 自杀的应对与干预方法

（1）自杀的应对

学校心理健康教师在学生自杀干预中起着主导作用，他们扮演着识别者、协调者和干预者的多重角色。

首先，针对评估为高自杀风险的学生，心理老师应该在第一时间报告学校相关领导，反馈给班主任，并告知家长。由学校组织相关人员共同进行危机干预，并指导班主任和家长如何应对，如指导班主任如何提供心理支持、建议家长 24 小时陪伴、求助专业心理机构等。总之，自杀是生命攸关的事，学校和心理老师应协调一切资源挽救生命。

其次，心理健康教师需对学生及时开展危机干预，迅速化解自杀的短期风险，获得学生的书面承诺。对于需要心理或药物治疗的学生，可建议家长寻求专业心理卫生机构的帮助。

最后，在应对学生自杀危机的过程中，需要注意以下三点：①学校、心理健康教师、班主任和家长应该分工协作，各自做好各自的事，尽一切努力挽救生命；②避免因为担心自杀的后果而推诿责任，导致错失自杀干预的黄金时间；③尽管自杀干预可以突破一般心理咨询的保密原则，但也要注意保护学生的隐私，仅限于告知相关人员，以免闹得满城风雨，给学生和家庭带来伤害。

（2）自杀干预六步法

自杀干预六步法是一种在短期内及时降低学生自杀风险的方法，相当于医院的急救，它并不能替代针对学生自杀原因的心理治疗，如家庭治疗、个体治疗、药物治疗等。在学校该方法一般由心理健康教师来实施。

自杀干预的基本过程类似于一个问题解决的过程，一般包含以下六个步骤，而对学生自杀风险的评估始终贯穿于整个危机干预的过程之中。

第一步：确定危机的问题

自杀干预的开始，心理健康教师需要从学生角度出发，确定和理解学生所面临的问题和对问题的认识，了解学生当下的心理困境。例如，用一个开放性提问来确定求助者面临的问题："最近发生了什么事，使你会产生了要自杀的想法和打算？"只有了解了当事人所面临的问题，心理老师才能有针对性地开展干预工作，起到干预的效果。这个过程中一般采用心理咨询中的倾听、共情、接纳等技术。

第二步：保证求助者安全

"生命第一"是自杀干预遵守的首要原则。在干预过程中，心理老师要始终高度关注学生的安全，把当事人的生理、心理危险性降到最低。为此，心理老师在确定学生面临的主要问题之后，要对学生的自残、自杀或伤害他人的冲动加以评估，必要时可采取措施确保求助者的安全。在评估学生自杀风险时，可以采用量化评分法询问学生，例如：

心理老师：如果给自己的自杀冲动打一个分，0分是没有任何冲动，100分是冲动强烈到了极点，完全不受自己控制。那你昨天晚上站在学校楼顶时，给自己打多少分？

学生：90分吧。

心理老师：你当时的冲动已经很强烈了，但即使那个时候，其实自己并没有完全放弃生的愿望，我想知道剩下不愿放弃生命的10分是什么？

学生：我想到了父母，不能想象他们知道了这个事情后会怎样。

心理老师：那个时候你想到了父母，你不希望他们悲伤。

学生：是的。

……

心理老师：我想知道，此时此刻，如果再给你的自杀冲动打分，会是多少呢？

学生：50分吧，我这会儿感觉好多了。

通过让学生对自己的情绪或冲动进行评分，我们可以直观、有效地对学生的自杀风险进行评估，以帮助我们制定下一步干预策略。

第三步：提供支持

在给予支持方面，主要是倾听，而非采取直接的行动。自杀危机干预强调要与当事人进行沟通和交流，通过语言、语调和躯体语言让学生感受到心理老师是能够真正提供帮助的人。此时，心理老师不要去评价当事人自身的行为与感受的正确与否，同时也避免对当事人的内心动机进行任何的社会评价和道德评判，要让学生相信"确实有很关心他/她的人"。

第四步：提供可替代的应对方式

处在危机中的个体往往思维狭窄，看不到每一个问题其实都有许多其他应对的方式。心理老师应让学生知道还有许多变通的应对方式可供选择，其中有些选择比目前自己已知的更合适。

启发学生寻找变通方式的途径主要有：①环境支持。如思考：有哪些人现在或将来能关心当事人？②应对机制。如思考：当事人有哪些行动、行为或环境资源可以帮助自己战胜危机？③积极的、建设性的思维方式。如思考：可以用来改变当事人对问题的看法，并减轻应激与焦虑水平的方法有哪些？在操作中，心理老师要注意，不要把自己认为有用的选择强加给当事人，只需与当事人讨论有限的几种选择，因为处于危机中的人不需要也没有能力处理太多选择。

第五步：制订处理危机的计划

帮助当事人制订出现实的短期计划，就是要将合理的应对方式转变为确实可行的行动步骤，这步非常重要。心理老师要和学生一起制订计划，来帮助或改善当事人的情绪失衡状态。

要注意的是，计划中应该明确由哪些人员为当事人提供及时的帮助和支持，以及要提供当事人可以理解和可操作的行动步骤。计划应该根据当事人的应对能力水平，并要力求做到切实可行，帮助当事人解决他的问题。计划的制订还要注意，应该与当事人合作，让其感到自己的权利和自尊得到保障，让当事人感到这是自己的计划，这样做的好处是，在恢复其行动的自主性、自制力过程中，减少其对干预者的依赖性，增强独立性。对于超出了学校心理老师工作范围的，如抑郁症，心理老师应与当事人商量转介到专业心理机构。

第六步：得到当事人的承诺

危机干预中，非常重要的一步是一定要得到当事人和当事人家长的承诺，确认其能够将变通方法和计划付诸行动。这些行动步骤必须是当事人自己的，并从现实的角度看是可以完成的或可以接受的。心理老师可以让学生复述所制订的计划，并从他那里得到会明确按计划行事的承诺，以及要求学生保证不会再轻言自杀。这种承诺最好以书面的方式，双方或加上家长签字。

（三）自杀死亡事件处置

自杀死亡事件处置是指学校在自杀死亡事件发生后所做的工作，其根本目的是抚慰受伤者心理创伤，降低负面社会影响。自杀死亡事件不仅仅对死亡者及家庭来说是悲剧，它影响的人群和范围也是广泛的，学校做好自杀处置非常重要。

首先，学校应及时做好被影响者的心理干预，这包括：

①自杀者家人：做好情绪安抚和哀伤辅导，其中情绪安抚由学校心理健康教师和处理事件的学校领导负责，哀伤辅导可以转介专业心理机构。

②自杀现场目击者：如果自杀发生在学校，应由专业心理人员对自杀现场的所有目击者进行应激干预，避免发生创伤后应激障碍（PTSD）。

③班主任和任课教师：学生死亡事件对班主任和任课教师的冲击是巨大的，他们可能陷入持续的悲伤、后悔、自责、抑郁等负面情绪之中，对其进行心理评估和相应的心理干预是必要的。

④同班同学和要好的朋友：当在同一个教室相处多年的同学突然以惨烈的方式离开，对他们的影响同样是巨大的，如果不及时进行心理干预，可能会触发同样处境的学生选择自杀。

其次，学校做好危机公关，及时消除事件的负面社会影响也很重要。

最后，学校在自杀死亡事件处置过程中，应注意如下几点：①自杀是难以隐瞒的，刻意的隐瞒只会导致流言四起；②自杀是可以讨论的，因为不敢讨论自杀行为事实上增加了其他学生的危险；③自杀者家人的情绪安抚优先，而不是区分责任；④明显受事件影响的教师，如班主任、任课老师不适合参与死亡事件处置，他们也是需要干预的人。

第二节　班主任如何应对学生自杀

一、班主任如何做好学生自杀危机的早期发现

案例 17：如果生命可以重来

自从父母离婚后，小雨就开始沉默寡言，遇事也不和任何人讲，独自承受着一切。今年上七年级的小雨因为总是一个人独来独往的，很少与同学交流，成了班里一些同学取笑和欺负的对象。那些同学时常将她的文具拿走、偷看她的笔记，甚至故意在她的课本上涂鸦。

每当这种事情发生时，小雨只能默默地承受。她害怕一旦说出来，同学们会变本加厉地欺负她。她觉得自己是弱者，没有人会站在她这一边。而且以前也曾跟妈妈说过这事，妈妈却批评了她，说："为什么大家会这样对你而没对别人？一定是你不好才招来这些事的，你都这么大了，也该做点儿让妈妈省心的事了，妈妈一个人带你已经很不容易了，你就别总这么一点儿用都没有的样。"后来，小雨便遇到任何事都不再会跟妈妈讲了，然而内心的恐惧和无助让她感到越来越压抑。

随着时间的推移，小雨变得越来越孤僻，几乎不与同学说话，显得非常落寞。妈妈由于忙于赚钱维持生计，早出晚归，很少关注到小雨，小雨经常一个人躲在房间里哭泣。

有一次，小雨胃疼得厉害，跟老师请了一天的假。当第二天来到学校时，一个女生就拉着另外两位平时总爱欺负她的女生又一起来欺负她，说："哟，看看谁来了，这人不是病重不能上学了的吗？还没死啊！"然后就一起强行拉她过来说："大家来看看啊，这个胃癌女的脸色还真像快不行了的样子呢，以后她的名字就改成胃癌女啊！"嘲笑完还没忘记把她的作业本抢来又开始了恶意涂鸦。她实在是忍不住了，泪水滑过脸颊。她觉得自己再也无法承受这种精神上的折磨，感觉自己活着就是个笑话，她想尽快结束这一切，于时哭着往教学楼的顶楼跑。班长看到情况不妙，喊上班里另外一位同学追赶出去，但是为时已晚，小雨毅然地从楼上跳了下去……

（一）建立学生心理档案，重点关注有风险学生

从前面我们已知，任何的心理危机事件，其实都是长时间累积的结果，只是在某个时间点上被触动而爆发。有的学生就像一把子弹已上膛的枪，一个偶然事件就可能成为扣动危机事件的扳机。就像我们看到的一些学生自杀案例，看似仅仅因为老师没收了手机、与家长发生了激烈冲突等，就义无反

顾地跳了下去，其实他们早就子弹上膛，这些平常习以为常的冲突只不过是触发器而已。因此，作为班主任需要甄别在学生当中，哪些学生已是子弹上膛了。最好的方法是建立班级学生心理档案，全面了解学生心理健康状况，筛查出需要重点关注的学生。学生心理档案至少要包含以下几方面的资料：

1. 学生家庭背景资料

大多数学生的自杀事件都或多或少与家庭有关。因此，班主任了解每个孩子的家庭背景非常重要，包括家庭成员构成、父母职业、父母是否离异、是不是留守孩子、家庭经济状况、亲子关系情况等，尤其是亲子关系疏离或冲突、父母离异、留守孩子、家庭经济困难等，可能对孩子构成长期的压力，从而容易出现心理健康问题。

2. 学生性格特点

性格反映了个体一贯的思维和行为模式，具有相对稳定性。如果一个学生存在性格方面的不足，可能使其面对压力事件时更难以适应和应付，其中具有孤僻、自卑、敏感多疑、容易冲动、过度压抑、心理韧性差等性格特征的学生，应该成为班主任重点关注的对象。

3. 学生人际关系状况

良好的人际关系是学生遭遇危机的保护性因素，不良的人际关系则是心理危机的危险性因素。许多调查表明，被孤立、被忽视、被霸凌、师生冲突频繁、情感纠葛（如失恋）等是学生危机发生最危险的人际因素，这些应该成为班主任关注的重点。

4. 既往的心理健康状况史

个体的心理健康状况是动态变化的，在过去经常出现各种情绪和行为问题的学生，更有可能在未来遭遇压力时出现危机。因此，班主任应善用自己与学生长期相处的优势，通过观察和访谈及时发现和了解学生心理行为异常变化，并记录在心理档案中。从某种意义上，这是判断危机最可靠的资料。当这类资料累积到一定程度，就可以让我们看到危机发生是有迹可循的，也为我们重点关注提供了明确的对象。

以上四个方面的危险性因素越多的学生，发生危机的可能性就越大，就是班主任平时应该重点关注和关心的对象。在案例中，小雨父母离异，亲子关系疏离，遭遇校园霸凌，性格过度压抑，这一系列的因素为小雨的自杀埋下了悲剧的种子。

当然，学生心理健康档案的建立不是一朝一夕就可以完成的，需要班主任通过家访、谈心、同学反馈、自己观察等方法来逐步积累。班主任建立心理档案不能流于形式，而是要成为学生的个人心理画像，切实帮助教师把握每个孩子的特点，才能有针对性地做好平时的心理疏导。

（二）平时行为观察与访谈

由于班主任工作任务繁重，难以做到定期对每个学生谈心了解情况，所以，对学生自杀苗头的发现起始于平时的行为观察。如果班主任在近一段时间观察到某学生存在以下情况中的一种，尤其那些列入重点关注的学生，就应及时进行个别访谈。

与平常相比，他/她明显心不在焉，似乎心事重重；

他/她几乎每天情绪很低落或者变得暴躁和愤怒；

他/她几乎每天作业都不能完成或非常敷衍；

他/她几乎很少与同学说话；

他/她经常请假、迟到或早退；

他/她好像变了一个人。

关于访谈的方法和技术，在第二章中已详细论述，此处不再赘述。但针对自杀危机的早发现而言，班主任在与学生访谈过程中，要对学生只言片语中流露的以下信息保持高度敏感，并进一步追问，予以澄清。

非常的痛苦或绝望感；

表达出活得很累或不想再这样下去了；

主动谈论自杀有关的话题；

在访谈中情绪失控；

目光呆滞或特别沉默；

身上有自伤痕迹，尤其是手臂；

难以应对目前的困境；

经常失眠；

遭遇重大创伤事件，如父母离异、霸凌、失恋、身体伤害、激烈的家庭冲突、亲人意外死亡等。

一旦有以上情况发生，班主任应该第一时间联系学生家长，以相互佐证。班主任还可以"悄悄"地通过同学或好朋友从侧面获取更多信息，一旦感觉存在自杀风险，建议及时转介给学校心理老师，同时做好安全保障措施，如安排同学陪伴、如实告知家长情况、提供心理支持等。

案例中的小雨已明显地出现了行为异常，如几乎很少与同学说话、情绪低落等。如果老师能及时发现，详细了解小雨的困境，如果父母能多一点儿关注给予小雨，悲剧完全可以避免。

二、班主任如何做好自杀危机学生的心理疏导

面对存在自杀风险的学生，转介给心理老师并不意味着班主任的任务就此完成。学生的自杀干预需要多方协同，尤其是在取得家长的配合、提供心理支持、协调同学合作、问题解决措施等方面，心理老师更需要班主任的协作才能更好地完成。有些危机事件引发的自杀风险，班主任有着无法替代的作用，如校园霸凌、同学冲突、师生冲突等。对于如何开展自杀危机学生的心理疏导，班主任可以遵循如下思路：

1. 给予心理支持

心理支持的关键在于班主任要让学生感受到：老师始终与你在一起，共同应对危机。要做到这点，班主任应重点做好以下几方面：

持续的关注和陪伴：在危机期间，持续关注学生的状况，提供必要的陪伴和支持，让他们感到你的存在和关心。

共同制订应对计划：与学生一起讨论应对危机的策略和计划，让他们参与其中，感受到共同决策的力量。

提供实际支持和资源：对于处于危机状态的学生，来自班主任的支持可以说是最有力的外部支持。班主任可以发挥自身的优势，直接介入问题解决，

如通过劝导家长、协调同学关系、提供建议指导等方式，为危机学生提供实际支持和资源。案例中的小雨遭遇校园霸凌，班主任完全可以强有力地介入，阻止霸凌的多次发生。对于母亲的疏忽，班主任也可以及时与家长沟通，提醒母亲对孩子多加关心，指导母亲改变沟通方式，为困境中的小雨赢得更多家庭支持。

反馈和鼓励：及时给予学生反馈和鼓励，肯定他们的努力和进步，增强他们应对危机的自信心和积极性。

2. 提供情绪疏导

如果把危机中的学生比喻为一个吹到极限的气球，那么情绪疏导就相当于放气，以达到降低压力、避免爆炸的作用。如何做好情绪疏导，以下是几个关键点：

倾听：给予学生充分的倾听，让他们感受到被关注和接纳。不要打断他们的表达，用非语言方式（如眼神、肢体语言）传达关心。

共情：在交流中，对学生的感受予以共情，让他们知道他们的感受是被理解和认可的。

鼓励情绪表达：鼓励学生表达他们的情绪，帮助他们找到合适的词汇来描述感受。这有助于他们更好地理解和管理自己的情绪。

积极思维引导：帮助学生转变消极的思维模式，引导他们看到问题的积极面和解决方案。

教授放松技巧：教给学生一些简单的放松技巧，如深呼吸、渐进性肌肉松弛等，帮助他们缓解身体紧张和焦虑。

第五章

校园几类特殊问题的心理疏导

第一节　校园霸凌的预防与心理疏导

一、校园霸凌的界定与类型

案例18：拒绝网络暴力，莫让悲伤逆流成河

高二女生林珊珊，从小喜爱音乐和美术，成绩中上，但性格内向，不太善于处理人际关系，班里的好友不多。班里另一名女生刘丽，长得漂亮，善于交际，功课一般。她家庭条件好，用时间与礼物与班里男女同学广交朋友。她也爱好音乐，平时喜欢自己谱曲写词，常常发表在班级网上，赢得同学纷纷点赞。

今年九月，刘丽又谱了一首新曲子，填了词，一大早发表在班级网上，立刻赢得很多男女同学的赞扬。有的说她有艺术天赋，有的说她是丽质才女，微信上源源不断的恭维话，让刘丽感觉自己好像真有天赋。此时，略通乐理的林珊珊，看出新曲子的端倪，她直言在班级的网上发表了自己的观点："我发现这首曲子，与刀郎的那首《花妖》有一段旋律几乎一模一样，建议刘丽同学重新设计一下。"此话一出，刘丽脸上挂不住了，马上开始辩驳。她的铁杆儿粉丝们，也立刻开始了攻击，说林珊珊是嫉妒刘丽，攻击的语言不断地扑面而来。林珊珊据理力争，反复说明解释，刘丽和粉丝们不仅不听，反而开始用不堪的语言进行谩骂攻击，刘丽还让粉丝们联系班里其他同学一起群起而攻之。林珊珊还是不服气，继续引经据典地说明自己的观点正确，却遭来更多同学的愤怒攻击。班级群里铺天盖地

的骂声，几乎要把林珊珊淹没。

刘丽又鼓动铁杆儿粉丝们，把班级群谩骂攻击的截图转发到其他班级的朋友圈。之后林珊珊到食堂吃饭，立刻成了众同学指指点点的对象。刘丽本人还把骂林珊珊的微信内容，以及偷拍的林珊珊照片截图发到了各大社会网上，喜欢起哄凑热闹的网友们，根本不分青红皂白，大家都添油加醋地瞎起哄，什么"不懂音乐、嫉妒天才、冒充内行、好出风头"，什么"家境贫寒、长相穷酸、丑八怪、癞蛤蟆"等，说什么难听的都有。这种铺天盖地的网暴场面，让林珊珊惊恐万分，她的精神一下子崩溃了。她不明白为什么自己只是说了一句不同观点的真话，会遭到飞来的横祸。那几日，她每天上学都犹豫着艰难地跨进学校大门，她成了同学交头接耳的议论中心，进班级更感觉犹如上刀山下火海。刘丽那一副趾高气扬的表情、同学们冷漠嘲讽的眼神、时不时灌进耳朵的一两句刺耳的嘲讽，让她无法安心上课，老师在讲些什么一句也没有听进去。回到家里，一连几天她彻夜不眠，高热发到四十度。她病倒了，不能去上学了。爸妈带她看病时，发现她表情木讷，昏昏沉沉。询问发生了什么，她却不敢告诉父母，怕遭到父母的责备。那段日子，她几次曾经想过跳楼自杀，再不想跨进学校大门。

正在林珊珊内心生死博弈的时刻，她接到了班主任姜老师打来的电话："珊珊，老师知道你病了，老师也知道你最近受到了很大的打击，但老师是最了解你的，你千万不要在乎别人说的话，人一生总是会有一些挫折，所有的挫折就是用来历练自己的，你一定要坚强！"电话那头，班主任短短的几句话，让珊珊顿时热泪滚滚，她那颗绝望的心，有了一点儿温暖。姜老师又接着说："他们的做法是错误的，老师马上会跟那些同学谈话，批评处理，你要快点好起来啊！老师等着你早一点儿来上课哦！"老师的一席话，让珊珊的眼睛里有了光。

姜老师深知高中的学生正值青春期，情绪容易冲动，喜欢凑热闹爱表现，有时候分不清对错，把这种从众行为当作游戏，跟着风向一面倒。多数学生并没有想到这样的攻击，会对同学的身心造成多大的伤害！她觉得尽快解决这个网暴发酵事件，时间刻不容缓。她不顾白天上课的劳累，立即分别找刘丽和参与的同学谈话，阐明利害关系。她观点鲜明地表示：对一件事情，同学各自发表不同意见是属于正常行为，但是这样的群体性攻击和污蔑，是要负法律责任的。她责令参与的同学们立即停止攻击。

由于班主任姜老师处理问题及时，态度明确，一部分男同学首先收手，停止了网络攻击；另有几个女同学小群体，也马上停止了各自在网上的评论。

在此期间，姜老师多次找刘丽以及煽动攻击的骨干粉丝们，分别重点谈话，直到他们认错。她严肃批评，告知学校会过问和处理他们煽动攻击同学这件事。同时，她立即把自己调查处理的情况和自己的善后处理建议，通过电话和书面文字两种形式向校长做了汇报，取得了校领导的支持。

校领导立即委派学校心理健康老师，跟随班主任来到林珊珊家中探望，征得珊珊本人同意，跟珊珊的父母见面沟通，说明了事情的经过和目前学校的处理情况，取得了父母的理解和配合。

根据珊珊常常彻夜失眠，手脚发抖不止、恐惧心慌、高热不退等症状，学校心理健康老师初步评估，珊珊可能有急性应激障碍的症状。于是，林珊珊去医院精神科进行诊断治疗，及时控制了病情。后来，林珊珊的身心恢复良好。学校领导也借此事，特邀法律专家和心理专家，来学校对全校老师和学生进行了防止霸凌事件蔓延的法律教育和心理知识普及教育；并对刘丽等煽动攻击的学生分别进行了批评和警告处理。

根据林珊珊本人的要求和她父母的意见，学校同意让林珊珊转学，目的是离开受伤害的环境，远离刺激源，防止林珊珊恢复后再受二度刺激。此案例由于班主任处理及时，不仅避免了生命危机，又提升了全校师生的法律意识。

（一）什么是校园霸凌

在教育部发布的《关于开展校园霸凌专项治理的通知》中把校园霸凌界定为"是指发生在学生之间蓄意或恶意通过肢体、语言及网络等手段，实施欺负、侮辱造成伤害的事件"。

一般认为，校园霸凌具有三个特征：①重复发生性。校园霸凌是习惯性的行为，通常会反复发生而不是一次就结束。如果在霸凌出现之后没有得到及时阻止，那这种霸凌就有可能长期存在。②主观恶意性。校园霸凌不是由一方被激惹而引发一次性暴力行为，而是蓄意为之的持续性行为。③实力不均衡性。校园霸凌是一种不平等的行为，霸凌者往往利用身体、资源（人际关系、权力、金钱等）的优势，不断蓄意地运用言语与肢体打击来侵犯他人，使得被动方处于重压之下。

校园霸凌多发生在中小学。在世界各国，每天都会发生校园霸凌的事件，并不时有校园暴力案件的报道，其中一些案件性质相当恶劣。案件中那些心灵被扭曲的孩子作案手段之残忍，令人触目惊心。校园霸凌已经变成了一个严重的社会问题，导致每年有许多学生遭遇严重伤害或自杀。

（二）校园霸凌的类型

按照霸凌的行为方式，国内学者印海翔认为校园霸凌主要有以下几种：

1. 肢体霸凌

肢体霸凌是指使用推、撞、踢、抓、拉头发、吐口水等方式对受凌者身体进行伤害而发生的攻击。

2. 言语霸凌

言语霸凌是指采取对受凌者进行辱骂、恶意戏弄、恶毒评价、性暗示、中伤或散布不利于受凌者的谣言，对受凌者的心理进行伤害（包括使用短信、电子邮件、微信、QQ 等方式）。

3. 关系霸凌

关系霸凌是指以某种方式破坏人际关系、孤立进而伤害受凌者的行为。

4. 性霸凌

性霸凌的具体行为包括：性或身体部位的嘲笑、不雅玩笑或评论，性取向或性行为的嘲笑，散播或传递有关性的不实纸条或谣言，侵犯身体的动作和行为。

5. 网络霸凌

网络霸凌是指使用电脑、手机等网络工具实施的霸凌行为，以上霸凌行为皆可使用"网络"。网络霸凌不仅发生在校园，更将触角伸到了学生的日常生活，可能导致的伤害更大，影响更远。当前网络霸凌已成为校园霸凌的重要形式，它具有两个特点：一是传播速度快，传播时间长，所产生的影响范围较大且易于二次发酵；二是传播隐秘，个人信息可以轻松创建和更改，可轻松隐藏霸凌者的身份从而增加危机预警的难度。案例就是典型的网络霸凌。

二、校园霸凌的心理危害

（一）校园霸凌的参与者

1. 霸凌者

霸凌者是霸凌行为的主导者，他们有时还掌管、调动协助者一起实施霸凌，是一起霸凌事件能够被发起的关键角色。

霸凌者的特征因霸凌类型差异而有所区别。肢体霸凌者一般身体较为强壮，冲动易怒、自我控制能力差，喜欢使用暴力解决问题，无法意识到自身的暴力行径给他人造成的困扰和伤害，缺乏同情心。而关系霸凌者通常在同伴群体中享有较高的待遇，有较强的社会交往能力和心理认知能力，他们往往利用自己资源优势挑动他人一起实施。

2. 受凌者

受凌者是指在霸凌事件中遭到霸凌的学生。调查显示，受凌者一般在体型上显得更为弱小，且在同伴群体中地位较低，具有以下特质的学生也易成为受凌者：性格内向、缺乏安全感、自卑、不善交际或有较为明显的外表缺陷等。

3. 旁观者

旁观者是在校园暴力事件中见证、目睹霸凌过程的群体，旁观者对于霸凌的态度和行为反应在很大程度上会影响霸凌行为。依据旁观者在霸凌事件中的表现，可以将旁观者分为四类：

（1）协助者

并不是霸凌的发起人，也不在欺凌发生过程中起领导作用，但是对霸凌事件有极大热情，为霸凌者提供直接帮助，如放哨、帮助压制受害者等。

（2）煽风点火者

他们不直接参与霸凌行为，而是在一旁充当观众，甚至嬉笑起哄或呐喊助威，例如对霸凌者说"给他点儿颜色看看"等类似的话，使霸凌者的欺凌行为得到强化，为霸凌行为推波助澜。

（3）局外人

在霸凌事件发生时保持中立，甚至会装作没看见，想着尽快离开这个"是非之地"。他们或远或近地目睹了霸凌行为的发生，却没有做出任何反应。

（4）保护者

他们会站出来，努力制止霸凌行为以及安慰、关心受害者。如大声斥责霸凌者、为保护受害者而与霸凌者对抗、找老师或其他人来制止霸凌等。

由此可见，旁观者并不是无关紧要的人。恰恰相反，在一起校园暴力事件中，旁观者往往可以决定事情的发展方向，比如局外人的沉默、协助者及煽风点火者的助长等都会使校园暴力持续甚至升级，而保护者的积极行动可能会终止霸凌行为。所以，遇到校园暴力时，每一个人都应该勇敢地站出来，成为一名反抗者，对校园暴力说"不"！

（二）校园霸凌对参与者的心理危害

校园霸凌的负面影响具有一定的持续性和长期性，不仅对受凌者构成严重的心理伤害，而且对霸凌者、旁观者及学校也同样遭受着不可忽视的危害。

受凌者由于反复遭遇霸凌将会产生诸多负面结果，如焦虑、无助、抑郁、退缩、孤独、自尊感降低、自我效能感下降、注意力受损以及学业成绩下降等。严重的霸凌，尤其是身体伤害，还会引发受凌者急性应激障碍或创伤后应激障碍。就像上例中当事人，在网络霸凌后出现明显急性应激障碍。与此同时，受害人通常还会体验到较强的不安全感和多种形式的心理紊乱，更有甚者会陷入不同程度的自我摧残，极端者甚至会选择自杀而结束生命。被霸凌作为一种早年创伤，也会影响学生一生，甚至改变其人生轨迹。

霸凌者换一个角度来看也是受害者。他们由于长期欺负别人，内心得到极大满足，以自我为中心，对同学缺少同情心，长此以往容易形成冷漠残忍的反社会人格，发展到无视法律，祸害社会安全，最终走向犯罪。许多研究表明，校园时期经常施暴的霸凌者成年后往往会出现更多反社会的倾向或犯罪行为，中学阶段被判定为霸凌者的学生到了成人时期，被判一次罪行的概率大于60%，被拘留三次的概率达40%。而与之对应的是未被判定为霸凌者的学生到了成年的犯罪概率仅有10%。

旁观者同样也难以避免校园霸凌的消极影响，他们可能因为没有帮助受害者而内疚、愤恨或抑郁，也可能因担心自己成为下一个受害者，而紧张焦虑、担惊受怕，无法安心学业。

校园霸凌对学校的破坏作用也是巨大的。霸凌事件的发生制造了一个令人恐慌害怕的校园氛围，危及学生对于学校的信任和安全感，降低学生家长对于学校和校园管理者的接纳与信心，更严重妨碍学校德育目标的实现。

三、校园霸凌产生的原因

校园霸凌的产生并不是由于单一的原因，而是由学校、家庭及学生个体三大主要因素共同导致的。

从动态的视角来分析，无论霸凌者是因为性格偏差，想利用暴力行为证明自己的存在，获得成就感，还是通过霸凌发泄自己心中的怨恨，以此消除自身挫败感，当他们成功地实施第一次霸凌，没有遭到反抗，反而是受凌者顺从、忍气吞声，或者是遭到反抗，但在更大的暴力下受凌者选择屈服，都会带给霸凌者心理的满足感，从而强化霸凌行为。至于受凌者为什么不反抗，除了其性格怯懦、不受欢迎、自卑等内在原因之外，缺乏来自家庭、老师和同学的支持是霸凌得以持续的重要原因。许多霸凌个案显示，受凌者在霸凌中或多或少都发出过求助的信号，但因为家长和老师的忽视，甚至指责，而不得已选择顺从，从而导致霸凌愈演愈烈。

研究还发现，旁观者的态度和行为对校园霸凌事件的发生、维持均具有重要影响。旁观者观看霸凌行为时持协同态度的越多，校园的霸凌行为越多。反之，旁观者对霸凌行为持抵制态度的越多，校园的霸凌现象越少。但是，目前关于旁观者研究较为统一地发现，校园霸凌的消极旁观者（包括协助者、煽风点火者和局外人）所占的比例远远高于积极旁观者（保护者）所占的比例，虽然许多学生不赞成霸凌行为，但愿意站出来成为保护者的远比沉默者更少。如有研究发现，旁观者在场的霸凌情境高达88%，但是有学生愿意站出来守护受凌者的情况仅有19%。旁观者观看而不发声，会使得霸凌者认为霸凌行为不仅是可以被容忍的，而且是有价值的。至于旁观者为何不施以援手，有多种解释，受凌者大多人缘较差，被同伴接纳程度低，因此当他们遭遇校园霸凌时，同伴较少愿意提供支持，这也进一步导致霸凌事件的恶化与重复，更大的可能或许是由于旁观者怕惹事上身，成为霸凌者的下一个目标，招来不必要的麻烦。

所以，从以上动态分析来看，学校要改变霸凌者和受凌者自身存在的内在问题很困难，但要避免霸凌事件的持续和严重后果，来自学校和家长的及时支持，以及对学生开展校园霸凌的预防性教育尤为重要。

四、面对校园霸凌，班主任该如何应对

（一）及时识别，把校园霸凌遏制在萌芽之中

班主任的及时识别，是阻断校园霸凌事件发展的最重要一环。班主任除了关注学生学业，还应对学生的心理行为异常表现保持敏感，一旦发现班上学生有如下情形，应及时询问其原因。

学生表现出哭泣、恐惧、害怕、发抖、尿裤子、失眠、退行等任何行为，都是典型急性应激障碍的表现。凡是经历过几次霸凌的学生，很容易出现过度警觉、常常会有强烈的惊跳反射，注意力不集中、容易有攻击冲动，还有弥漫的焦虑情绪。

学生身上或者脸上多出了伤痕，需要在不伤害学生自尊心的情况下，仔细询问学生。

学生个人物品频繁损坏或丢失。比如学生反映的文具盒丢了、书包被损坏，要了解物品损坏原因。

学生不敢上厕所或离开教室，老师要考虑学生是否遇到了被霸凌问题。

学生不愿意上学。之前还正常，突然在某一段时间不想上学，甚至不敢去上学的时候，就要关心学生是否有被欺负、被排挤的情况发生。

学生出现自我伤害行为。被霸凌的学生由于长期受到欺负，又不敢告诉老师和父母，就会采取一些自我伤害的举动，甚至会有自杀倾向的行为，也要引起老师重视。

（二）即刻行动，把霸凌的危害降到最低

与全体课程老师、学校心理健康教师和家长联手，及时处理被霸凌学生的情绪，给予受凌者强有力的心理支持，让受伤害的学生及时感受到老师的支持和关爱，帮助学生重建安全感、重建安全的环境，滋生出坦然面对的勇气。

寻求学校的帮助和支持，采用相应的行政手段，及时对霸凌者、协助者进行谈话批评或处理。保护受凌者的安全，避免再次伤害。

对于存在严重心理行为反应的受凌者，班主任应转介学校心理老师，给予心理疏导和咨询，消除创伤带来的短期和长期负面影响。必要时，引导受害者家长转介专业心理机构，进行心理援助或心理治疗。

（三）防患于未然，开展校园霸凌预防性教育

1. 普法教育

组织主题班会强化学生反霸凌法律意识。通过宣传栏、黑板报、广播强

化反霸凌的校园氛围，反复强调校园霸凌行为是属于违法的行为，无论自己还是监护人需承担侵权责任。

2. 应激接种训练

模拟校园霸凌现实场景，通过角色扮演，教会学生遭遇校园霸凌时的有效应对方法，以此提高学生应变能力。班主任可以组织学生自编自导，针对校园霸凌的常见情景，通过舞台剧、心理剧等形式开展丰富多彩的校园霸凌应激接种训练，提高学生反霸凌意识，掌握现场应对技巧。

（四）班主任处理校园霸凌操作流程

1. 立即制止

与被霸凌学生谈心，全面了解情况（第三方专人笔录），并给予安慰和支持，反复强调老师会与学生站在一起共同应对；与霸凌方学生晓以利害，及时批评制止霸凌行为（第三方专人笔录）。

2. 报告领导

及时将了解的情况向学校领导进行口头汇报，寻求校领导支持；由学校组织情况调查，收集证据，并撰写书面调查报告，按校纪校规严肃处理，违法者由学校联系司法机关介入。

3. 通知家长

第一时间通知受凌者、霸凌者和协助者家长，并面谈告知霸凌事件情况。针对受凌者，由学校心理健康教师陪同其家长，一起带孩子去做必要的身体和心理检查，并根据医疗机构或精神卫生机构的评估报告，出具处理意见，进行干预治疗。针对霸凌者和协助者家长，应由学校委派专人告知事件详细情况，严肃指出其监护人应该承担的责任。无论是受凌者家长，还是霸凌者、协助者家长，学校都应反复提醒家长要冷静处理，避免家长以暴制暴，引发更大危机事件发生。

4. 善后处理

弘扬正气，对霸凌学生做出严肃处理；对受害方采取措施避免二次伤害。针对霸凌事件的严重程度，学校在取得双方同意情况下，家长可以采用调解、仲裁、诉讼等方式对事件进行善后处理。

5. 班级"消毒"

校园霸凌往往负面影响大，涉及学生多。在霸凌事件后，班主任应针对该事件开展教育，提升学生反霸凌意识。对受凌者和霸凌者都应转介学校心理健康教师进行持续的心理辅导，用柔性方法消除创伤、化解怨恨，引导当事人自我改变，必要时可以进行家庭教育指导。

第二节　性侵受害儿童的心理疏导

一、性侵对受害儿童的影响

案例 19：小佳佳的噩梦

张女士一家四口 5 年前从老家来到某市，在北站附近开起了南北干货摊。今年 4 月初，张女士发现 9 岁的女儿小佳佳内裤上屡有污渍，颜色也不对劲儿，于是到医院为女儿开了几味中药。用药之后好了几天，裤子又脏了。母亲试探性地问小佳佳："是不是有人摸过你尿尿的地方？"小佳佳懵懂地点头，她告诉母亲，隔壁家的小刚爸爸摸过。母亲一听，心顿时沉了下来。"怎么摸的？""就是在外面摸摸。"女儿隔着裤子用手势向母亲示意。接下来的几天，母亲的心中始终对这件事放不下，她再问女儿，女儿不愿多说，只说"我不知道！"或是"我忘记了"。从此，妈妈不敢再让女儿到邻居家玩，又担心会不会是小佳佳不懂事冤枉了对方。因为 50 多岁的小刚爸爸，平时看起来温文尔雅，见人打招呼有礼貌。记得自己家里做生意，有几次资金周转不过来，还问他家借了几次钱，平时两家里有什么好吃的也互相分享。因此，觉得此事不可轻易声张。

小佳佳的班主任龚老师，发现最近小佳佳上课时一直提不起精神，注意力不能集中，作业常常交不全，成绩明显下滑。她约了小佳佳到办公室问情况，小佳佳跟老师说："我怕有人要打我。"老师忙问是谁，小佳佳低着头一句话也不说。老师觉得问题严重，立即打电话与小佳佳妈妈沟通。佳佳妈妈马上想到了女儿与班主任一起找原因，一致认为邻居小刚爸爸的疑点最大。10月5日的晚上，在母亲的追问之下，小佳佳战战兢兢地问："妈妈，如果我把秘密告诉你，我会不会怀小宝宝？"母亲这才知道，原来小刚爸爸曾经警告小佳佳，如果把两人的秘密说出去，不仅小佳佳会怀孕，而且他还会把小佳佳打死。在母亲的安抚下，女儿才慢慢吐露，说小刚爸爸摸过她好几次，有几次是用尿尿的地方摸的。母亲这才意识到问题的严重性，担心得一宿没睡觉。第二天一早就带着女儿到医院检查。检查结果显示，年仅9岁的女儿被诊断为处女膜陈旧性破裂，并患上了盆腔炎、阴道炎等妇科炎症。"阴道口这样了，肯定之前就发生过性关系。"医生斩钉截铁地告诉张女士。张女士慌了，立刻给班主任打电话，班主任果断建议报警。

报警当天，一辆警车开到邻居门口，将小刚爸爸带走。当时，小佳佳正在家门口，把一切都看在眼里，她紧紧地拉住妈妈的衣襟说："妈妈，我怕。"直到看着恶魔被带上警车，而且好几天都没回来，小佳佳才大胆向母亲吐露真相。原来，小刚爸爸命令小佳佳，每个周末都要准时到他家来，先是一起看电视，然后小刚爸爸会摸她。听完女儿的描述，张女士取得物业经理帮助，调出自家门口这半年来的监控录像，一帧一帧地回看。在监控中，几乎每个周末早上9点多，女儿一起床就往邻居家跑，每一次她都蹦蹦跳跳地过去。"因为小刚爸爸他警告我说，一定要蹦蹦跳跳、开开心心地过去。如果不遵守命令，就会把我打得很惨。有一次我去晚了，他就拽头发、用凉席篾子扎我，我喊叫，他用毛巾塞住我的嘴。"小佳佳告诉母亲。"监控录像中，小刚爸爸几乎从来没有出现在监控中，一直都是我女儿自己过去。看到孩子每次都蹦蹦跳跳地过去，我们还以为她去找同学玩，怎么也想不到会发生这种事。"小佳佳妈妈哭着对警察说。

警方透露："罪犯很狡猾，监控里如果没有出现罪犯，取证难度大。因为病历显示的只是女孩受侵害的现状，但造成这些异于同龄人状况的医学成因是什么？还应通过医学方法来对此进行评估，形成证据链。""嫌疑人现在只能以涉嫌猥亵儿童罪被刑拘，由于DNA报告尚在检测中，所以仍处在申请批捕阶段，目前主要是搜证和证据送检，至于是否批准逮捕，要在两周内才有结果。"警方又提醒：根据《关于依法惩治性侵害未成年人犯罪的意见》，询问未成年被害人，应当考虑其身心特点，采取和缓的方式进行。对于性侵害犯罪有关的事实应当进行全面询问，以一次询问为原则，尽可能避免反复询问。根据警方的关照，小佳佳妈妈与班主任商量，特意调整了小佳佳上学的时间，在没有立案之前，学校对小佳佳的事情严格保密，尽可能避免小佳佳受到二度刺激和伤害。

但是，有天晚上的一件事，还是伤到了小佳佳。那天小佳佳和弟弟在床上蹦蹦跳跳，不小心将凉席拆散了，篾子刺出来，小佳佳看见竹篾子，情绪突然爆发。她一个劲儿要赶弟弟出门，嘴里边骂边哭。她一下子扑在母亲怀里说："我怕那个人再用篾子扎。"现在，每逢夜深，小佳佳就会没来由地突然号哭。只要有类似的场景，都会刺激到她。张女士总想问出个所以然，女儿怎么也不愿说。只说了一句："第一次，就是因为妈妈你跟爸爸吵架后赌气离家出走了。我去找你。"为此，小佳佳妈妈不断自责。小佳佳爸爸则始终选择一言不发。后来小佳佳妈妈一有时间就往派出所跑，得到的消息仍然是，证据仍在送检中。警方称法医反馈证物搁置的时间太久，取证难度大。"三年多了，我要怎么做才能把这些事情造成的影响抹平？"

小佳佳妈妈跟班主任说的时候泣不成声，她说自己能做的就是尽快离开这个城市，另外找一个地方重新开始。

班主任为小佳佳的案子查了相关资料。她找到了北京青少年法律援助中心曾发起"儿童性侵害调查"的信息，调查显示性侵案中八成为熟人作案，年龄超43岁者近七成。资料中提示：受害者或受害者的父母，都需要有专业心理机构介入。往往在当伤害事件发生后，家长为了了解情况，让孩子反复讲述受伤害时的场景，这样会让孩子遭到二次伤害。看到这些资料后，她建议小佳佳妈妈，尽快为小佳佳提供法律援助和心理咨询。小佳佳妈妈听取了班主任的建议，带孩子一起到精神卫生中心接受了心理康复治疗。

世界卫生组织将儿童性侵犯定义为：使尚未发育成熟的儿童参与其不能完全理解、无法表达知情同意、违反法律或触犯社会禁忌的性活动。儿童性侵问题是一个全球性问题，据世界卫生组织《2014年全球预防暴力状况报告》发布的数据，全球范围内每5名女性中就有1名，每13名男性中就有1名在童年时期受到不同程度的性侵犯。儿童性侵已成为严重损害儿童权利的社会问题。

性侵对受害儿童的影响除了对身体造成直接的伤害，同时也带给儿童难以弥补的心理创伤，而且这种创伤可能持续一生。短期内，遭受性侵害的儿童有相当比例的会出现一系列急性应激反应和创伤后应激性障碍，如当被人靠近和触摸时，身体出现异常剧烈的抗拒，甚至对异性产生强烈的反感，反复做噩梦等。并伴随各种情绪和行为异常，如抑郁、麻木、萎靡不振、退行、自闭、惊恐、易怒、注意力涣散、自我形象低下等，严重者可能出现自伤、自残和自杀行为。性侵作为一种严重创伤，对受害儿童的影响也是持久的，由于负面情绪的长期困扰和创伤情结的侵扰，许多儿童可能出现学习困难、厌学、逃学、辍学，甚至不良品行行为。成年后，童年遭遇性侵的受害者可能难以建立亲密关系，因无法接纳和认同自己而出现一系列行为和精神问题，如自卑、物质滥用、药物依赖、自我伤害等。总之，性侵对受害儿童的影响是严重而持久的，早期的心理治疗尤为必要。

儿童性侵犯对儿童的家庭打击常常也是毁灭性的。性侵犯导致亲子关系等家庭支持功能受损，受害儿童需要专门的照顾会减少家庭的劳动力和增加经济支出。在性侵事件后，家庭生活被打乱，夫妻生活可能陷入瓶颈，带来家庭荣誉受损和舆论压力等问题。

二、教师如何及时识别儿童遭受性侵

大量调查表明，儿童性侵以小学生为主，且大多是熟人作案，如亲戚、邻居、老师等，具有隐蔽性和持续性。因此，任何任课老师通过观察儿童在校期间的心理行为异常表现，进而深入了解，是阻止儿童性侵持续的重要手段，尤其对留守儿童更为重要。

（一）教师应保持高度警觉的儿童表现

1. 突然出现恐惧感

如特别害怕某人，面对同学尤其是异性同学的身体碰触，出现异常剧烈的抗拒，经常从噩梦中惊醒等。

2. 突然出现有性特征的行为

如突然触摸自己或其他人的身体，出现这种行为的儿童年纪越小，越有可能表示其遭受了性侵犯。儿童出现这种行为常常是为了试图使他们曾经经历的受虐行为正常化。

3. 纵火或突然喜欢玩火

突然喜欢玩火和遭受性侵犯之间有着一定的联系，这可能与儿童受虐待有关。对年纪很小的儿童来说，他们的这种入迷会表现为画有火的画，或者在画画时使用很多红色。

4. 在行为上，明显表现出对他人的愤怒和侵犯

年纪较小的儿童可能会在玩玩具或与同伴玩耍时，突然变成操场上的欺凌弱小者。年纪大点的儿童会将这种愤怒表现为对某种物质的滥用，尤其是酒。

5. 性格突然发生变化

如从特别安静变得易怒、好斗，或者从活泼变得孤僻、安静。

6.睡眠和饮食上改变

出现睡眠问题，如比平常睡得更多或者更难入睡。饮食突然变得没有规律，如吃得过多或吃得太少。频繁受到性侵犯的花季少女们会产生厌食症，或迅速发胖，她们希望自己对施虐者不再具有吸引力。

总之，儿童任何反常的重要的举止变化都应该引起警觉，这包括改变个性、习惯、举止、喜好和厌恶，还有明显改变对待以前喜欢的事物的态度，如运动项目、舞蹈课等。

（二）应对儿童异常表现的沟通方法和技巧

1.选择安全环境

遭遇性侵的儿童大多有羞耻感，往往难以启齿。因此，选择一个单独的空间，给儿童安全感，才可能表露。

2.反复强调保密

调查表明，一般孩子遭遇性侵害后会有以下几种心理：①这是一件不好的事情，我不能告诉父母和老师；②孩子会觉得这是我的错，这是一件丢人的事情，我不能让别人知道；③孩子会觉得如果我告诉别人，他会打我，甚至杀了我和我爸爸妈妈。因此，教师在与孩子沟通时，应反复告知：老师会保密，并且老师会保护你的。

3.反复表达关心

教师可以从观察到异常表现入手，表达老师对这种情况的担心，让儿童感到温暖和关心。说话时应注意语气和蔼、速度放缓，尤其当孩子沉默或欲言又止时，不要催促，用温和的眼神注视孩子即可，以免给孩子压迫感。

4.关注敏感线索

当孩子表露出一些与性侵相关的敏感线索时，教师可以追问，以澄清事实。

5.避免过度了解细节

教师在了解情况时，不应详细询问性侵的细节，以免第二次伤害。

无论性侵事实是否得以澄清，教师也应与家长联系，了解孩子的近况，相互佐证，或寻求一些新的线索，如孩子的身体是否有伤害、饮食和睡眠表现等。

在上述整个案件的处理过程中，班主任龚老师起到了非常重要的作用。首先，她在班级这么多孩子中，发现了小佳佳与往常表现不一样，及时找小佳佳谈话，并与小佳佳妈妈沟通，为小佳佳妈妈提供了早发现问题的机会。在小佳佳妈妈最惊恐难过的时刻，最信任的人还是班主任龚老师，是龚老师建议小佳佳妈妈立即报警，在小佳佳妈妈犹豫的时候推了一把。

三、班主任帮助性侵受害儿童需要做哪些事

（一）严格遵循保密原则

为了避免性侵事件公开，给儿童及家庭带来的舆论压力和第二次伤害，班主任和学校应该严格遵循保密原则，并限制在少数处理事件的教师知晓，同时强调知情者不能在家人、朋友中透露。如果事件扩散，有时转学也是一种好的选择，以避免受害儿童反复遭遇不良刺激，如周围人议论、不友好眼光等。

（二）建议家长对受害儿童进行身体和心理评估及治疗

性侵对受害儿童可能产生严重的身体和心理伤害。在事情发现后，班主任应第一时间建议家长去有诊断资质的专业机构对受害儿童进行医学和心理评估，提醒父母尽快去医院做详细身体检查，以防止内伤、怀孕或感染艾滋病、性病等性传播疾病，同时去精神卫生机构进行心理评估。这些专业评估既可以作为控告罪犯的证据和赔偿依据，也为后续身体治疗和心理治疗提供依据。

由于性侵对受害儿童及家庭的影响是严重而持久的，为了避免早期创伤影响孩子的一生，班主任应建议对儿童进行持续的专业心理治疗，以抚平创伤，促进儿童创伤后成长，把性侵带来的负面影响降到最低。对于父母来说，也应接受专业指导，掌握与受害儿童的相处方法，懂得如何去安抚孩子受伤的心，以及自身情绪的处理。

（三）爱是抚平创伤最好的良药

班主任是孩子最信赖的人，也是受害儿童最大的支持系统之一。面对性侵受害儿童，让孩子感受到来自老师的爱，是抚平创伤最好的良药。

1. 班主任要给予孩子持续的关心

经常与孩子交流，疏导负面情绪，但不要去追溯过去了的创伤经历，以免多次伤害。

2. 班主任应保持对孩子当下的积极关注

关注孩子当下的表现，任何积极的改变都应被看见、被鼓励，如孩子情绪开朗了、学习更努力了、能融入班级活动等，班主任应及时鼓励和认可，给孩子正向赋能，把孩子从过去创伤的阴影中拉向未来的希望中，促进孩子创伤后成长。

3. 班主任应保持宽容和耐心

受伤的儿童可能会出现许多负面情绪和行为，甚至违反校纪校规，但班主任要保持足够的宽容和耐心，可以温和地指出而不是严厉地指责，因为他们生了一场大病，需要一段疗愈的时间。

四、学校如何预防儿童性侵事件

学校如何预防儿童性侵事件，最好的方法是由德育处或心理健康教师开设专门的预防性侵害的课程。

针对学生，可以分小学低年级、小学高年级、初中、高中四个阶段进行专门防止性侵害的教育，教育内容和方法应与学生年龄匹配。例如，对小学低年级学生，教会儿童保护自己的身体，以及遭遇他人伤害时的应对方法，使之具有除了监护人不允许任何人脱自己的衣服、触碰自己隐私部位等自我保护意识；对中学生可以在青春期性教育中加入预防性侵内容等。学校对儿童的性教育要与时俱进，我们长久以来对于性教育羞于启齿，却没有考虑过孩子没有防护知识是非常危险的。

针对父母，可以通过家长课堂，让父母了解性侵对儿童的危害，掌握识别的方法，以及应对措施。事实上，做好儿童防性侵教育，构建好家庭监护防线，需要所有监护人的共同参与和努力。

针对教师，每一个教师都应掌握儿童遭遇性侵的症状表现，能及时发现，同时知晓儿童性侵相关的法律常识。每个教师也应意识到保护儿童是自己的责任和义务，弘扬正气是教师必备的品格。

对于留守儿童较多的地区和学校，因缺乏家庭监护，政府和教育部门可以专项拨款对小学低年级儿童进行体检，做好早发现。

第三节　留守儿童的心理疏导

一、中国留守儿童现状

案例 20：厌学的小安——留守儿童的缩影

小安的爸爸妈妈常年在外打工，因为平日里工作非常忙碌，没时间照顾小安，所以把小安留在广西老家由爷爷奶奶抚养。

最近小安突然不肯去上学，奶奶不知道怎样教育孙子，打电话告诉了小安父母，希望他们能说服小安继续去上学。隔着一根电话线，妈妈在电话那头着急地问缘由，小安却默不作声。

"我们这么辛苦是为了谁？每年省吃俭用给你买衣服、买手机、寄文具，就希望你好好念书，以后不用像我们一样辛苦，你怎么那么不听话呢？好吃好喝地供着你，你现在耍少爷脾气？"得不到小安的回应，外卖员的工作忙碌又危险，妈妈着急起来劈头盖脸一通骂。小安挂掉了电话，眼泪仍不住往下流。

小安的父母从他两岁开始外出打工，至今 10 年。每年在春节时回来居住一段时间，有时候暑假也会把小安接到城市里住一两周，因为工作太忙碌不放心他一个人在家，奶奶会陪着一起来。时间长了花销也大，所以短暂的见面后，奶奶和小安又回到老家。父母一直觉得对孩子亏欠太多，所以对小安物质上的要求尽全力满足，对于学习只关注最后的考试结果，平时没时间看班级群里的信息。

比起同年龄的孩子，小安还是比较懂事的。从小离开父母，独立生活能力强，尤其在学习上，从一年级开始就是他自己独立完成作业，整理书包之类别的孩子需要父母帮忙的事，他都能自己做。

小安在初中前学习成绩中等偏上，上了初中后各科老师的教学方式和小学不一样，小安不太适应。尤其是语文老师，比较严厉和粗放，不像以前的老师一般循循善诱、注重细节。初中的课程难度突然加大，对作文的要求更高了，需要背诵默写的课文更多了，还有一些篇幅较长的文言文需要背。小安每天的默写错误率比较高，他其实很挫败。爷爷奶奶除了给他做饭也帮不了忙，小安不知道该怎么面对突然提高的课程要求。可是老师还喜欢经常把他叫到办公室，大声地问他最近怎么回事，成绩比小学时下降很多，有时甚至会开些玩笑。每当此时，敏感的小安觉得办公室所有老师都知道他的名字了，都在看着他，有一种被扒光了观赏的感觉。

他开始讨厌这位语文老师，不爱听课，成绩下降得更厉害了。最糟糕的是在前两周的语文课上，明明是他后面的中队长叫他，他才应了一句话，就被老师点名批评，另一个同学却没事。他愤愤不平，自尊心受到打击，产生强烈的抵触心理。

最近，他脾气很大，情绪经常很激动，谁要是多问他一句，谁要是碰他一下，就会发火，大喊大叫，很难控制自己的行为。谁要是嘲笑他，他就跟人打架，同学关系比较紧张，以前的朋友渐渐远离他，学习成绩明显下降。

他觉得自己很失败，老师和同学不喜欢他，学习成绩也越来越差，去学校就会遇到很多批评。所有人都不喜欢他，连爸爸妈妈也一样，否则为什么他需要帮助的时候他们不在身边，为什么不把自己接到城里去上学。

20 世纪 80 年代以来，随着我国改革开放政策的实施，经济得到了迅速发展，城市劳动力需求迅速增长。对应这种城市劳力需求增长而来的是我国农村劳动力大规模向城市迁移的浪潮。然而，受限于农村家庭本身的条件，农村劳动力的下一代大多被迫留在老家，这部分被迫留下的孩子逐渐形成了一个特殊的群体——留守儿童。

对"留守儿童"较为公认的定义为："在一年中，父母单方或双方外出务工累计时间至少为 6 个月，被留在农村户籍所在地由父母单方、长辈、亲戚、同辈监护或自我监护，年龄在 18 周岁以下的未成年人。"（赵景欣、申继亮，2011）

2016 年，时任教育部部长的袁贵仁在"两会"上答记者问答中提道："我国有 2.4 亿左右农民工，约有 6000 万留守儿童，其中义务教育阶段就有 2400 多万，超过了全国儿童总数的五分之一。"同年，国务院下发《关于加强农村留守儿童关爱保护工作的意见》，引起各级政府及教育部门对留守儿童的关注与保护。

近年来，随着各种随迁教育政策的推行，我国的留守儿童有下降趋势。东北师范大学中国农村教育发展研究院完成的《中国农村教育发展报告（2020—2022）》中显示，2021 年中国有义务教育阶段农村留守儿童 1199.20 万人，比 2016 年减少了 1000 多万。其中，小学 777.93 万人、初中 421.27 万人，占义务教育在校生总数的 7.59%。

小安是这千万留守儿童中的代表。他们在童年期被迫与父母分离，尽管大部分儿童由祖辈或者其他亲戚代为照顾，但终究没有感受到完整的家庭温暖。他们身处经济状况不那么发达的县市，成长路上很难得到来自家庭的情感支持。地区教育资源也并不充足，老师需要面对大量家庭结构复杂的学生，却很难进行家校合作，往往无法事无巨细地关照每一个孩子。父母这一主要支持系统的缺失使这些孩子心理健康状况不容乐观。对此党中央、国务院也非常重视，先后下发了《关于加强农村留守儿童关爱保护工作的意见》《关于进一步健全农村留守儿童和困境儿童关爱服务体系的意见》等文件，指导地方各级政府不断加强对留守儿童的关爱。

二、留守儿童常见心理健康问题

关于留守儿童的心理健康状况，学界有大量的调查研究。从总体上，相比非留守儿童，留守儿童表现出更多的情绪和行为问题，他们学业心理负担更重，更容易出现厌学、逃学和辍学倾向。同时，留守儿童因为受侵害而导致心理受伤害的比例也相对较大。

总结许多调查结果，留守儿童主要存在情绪问题、人际交往问题、自卑和行为问题，这些问题的产生大都与父母分离相关。

1. 情绪问题

留守儿童表现出更多的孤独和抑郁。孤独与亲情缺失有关，他们内心非常渴望父母在身边的陪伴，羡慕同龄孩子和父母的亲密关系，但面对父母外出打工的现实，他们难免会产生孤独、思念，有时可能心生怨恨。许多调查表明，留守儿童的抑郁发生率显著高于非留守儿童，尤其是父母双方均外出的留守儿童。产生抑郁的原因大多与留守儿童在学习和生活中遭遇的挫败有关。由于缺乏来自父母的支持和劝导，他们需要自己独自面对许多困难，反复应对无效后很容易形成习得性无助感，进而产生抑郁、自卑，严重者甚至出现自杀意念。

很多时候，影响个人情绪及行为的不是事件本身，而是对事件的看法。比如，同样面对教师的课堂提问：有的学生认为这是表达自我的好机会，回答对错没有关系；有的学生则认为这是老师的一种测试，回答错就完蛋了，代表"我学习不好"。这两种不同的观点导致了课堂上有的同学积极举手，有的同学希望自己是隐形人。留守儿童由于从小需要自己面对所有问题，来自父母的支持非常少，年幼时能获得的其他支持系统也明显少于父母在身边陪伴、引导、帮助适应校园生活的儿童，他们往往会产生诸如"我没有能力""他们都不喜欢我"等信念，而这样的信念使他们在面临困难时，容易产生无助、抑郁和愤怒的情绪。案例中的小安，在遭遇到很多批评时，他觉得自己很失败，老师和同学不喜欢他，连爸爸妈妈也一样，从而陷入一种无助而躁郁的情绪之中不能自拔。

2. 人际交往问题

心理学研究表明，个体早期与父母之间的依恋经验会形成一种内化的社会交往模式，对人一生的各种社会关系产生长期的、连续性的影响。

父母养育的缺位使留守儿童的依恋需求被剥夺，易形成不安全感，他们害怕被抛弃，而无法轻易信任他人，变得敏感，在关系的处理中较为被动。再加上在实际生活中，留守儿童的家庭结构不完整、主要成员缺位、隔代教养代沟，使得他们缺少与不同的人沟通交流的经验，社交技巧不足。因此，在社交中容易选择冷漠和回避，变得孤僻，但又因为敏感而容易受伤，有时会张牙舞爪，表现出攻击行为，以宣泄挫败带来的愤怒。

调查表明，留守儿童和同学的人际关系相比非留守儿童存在更多问题，尤其是父母双双外出的孩子更是如此。他们往往以两种形式表现出来：一是封闭自己。以伤感的心态来看待外部世界和他人，自怨自怜，倍觉不幸，不愿与同学和老师交往，比较孤僻，特别是女生表现突出。二是容易激惹。在遭遇挫败时多表现出寻衅心态，惹是生非，严重地干扰和破坏了人际关系，这种状况以男生为多。无论上述哪种情况，其本质是相同的，他们更渴望交往，希望能够得到积极关注。

案例中的小安正是如此，小安的朋友并不多，进入初中后发生的一系列变化又让他缩回自己的"壳"，不知道如何与朋友相处。有时候即使是善意的询问，也会被当作恶意的打探，选择回避甚至是攻击。

3. 自卑

大多数留守儿童面临的最大问题是：爱与归属等需求无法得到及时满足。父母长期不在身边会使儿童对自身的存在与价值产生怀疑，同时经常看到其他同学朝夕与父母相伴，有人关心和疼爱，而自己却没有，相比之下必然会感到失落，进而产生自卑心理。他们会认为是自己不够好。许多研究已表明，留守儿童因为父母缺位导致的低自尊显著多于非留守儿童。

自卑是一种自我攻击，对某件事的自卑容易泛化到自我评价的各个层面，导致对自我的全盘否定。自卑也伴随着焦虑、内疚、无助等情绪，使留守儿童的性格变得脆弱，遇到困难时易退缩，面对重大挫折时很可能自暴自弃。

语文老师的当众批评，在小安看来是对自己全面的否定。语文成绩的下降进一步证明了自己不够好。妈妈的责怪和不理解则是又一拳重击，使小安陷入孤立无援的感受中，对自己丧失信心，不愿进入学校环境。

4. 行为问题

许多调查发现，留守儿童有更多的抽烟、饮酒、逃课等行为问题，其中逃课风险是非留守儿童的两倍。尤其到了青春期，本来的逆反，加上缺乏父母的管教，使青春期的留守学生行为问题更加突出。一些父母因为孩子染上饮酒等不良行为，经常逃课、难以管教，导致外出父母被迫选择一方回家照顾和管教孩子。

三、班主任如何关爱留守儿童

童年期被留下的孩子，他可能在往后的生活中需要被无数次的坚定选择，才能修复被舍弃的不安全感。尽管留守儿童需要来自全社会的关心和爱护，但班主任作为这一阶段陪伴他们时间最长的师长，是留守儿童最重要的支持来源，他们在一定程度上能够替代父母，让留守儿童感受到被选择、被信任、被认可，以弥补父母之爱的缺失。

面对复杂的学生背景以及有限的教育资源，班主任的工作繁忙又无可替代。如何在有限的空间、时间内给留守儿童一定的心理支持及帮助？

1. 建立留守儿童心理档案

按照亲子关系类型划分，留守儿童大体有如下四类：一是单亲留守，即父母亲一方外出务工，而另外一方则留在户籍所在地生活和照顾孩子；二是隔代抚养，即父母双亲均不在孩子身边，由爷爷奶奶或者外公外婆代养孩子，这是目前国内最普遍的一种，小安就属于隔代抚养的留守儿童；三是将孩子寄养在其他亲戚朋友家中；四是零亲子关系，即只有儿童独自生活，自己照顾自己。

因为留守儿童类型的多样性，以及主要养育人和养育环境的复杂性，留守儿童呈现出的心理状态无法一言以蔽之。班主任不妨通过表格的形式为留守儿童建立心理健康档案，记录下他们的相关情况。包括：①家庭背景情况。如父母外出时间、联系方式、工作内容及地点、监护人联系方式等，便于出现问题时及时与家长沟通。②学生心理状况。班主任可以通过学生日常生活学习的表现动态评估其心理健康状况，对于存在心理行为异常的学生及时交流，详细了解情况，及时进行心理疏导，对于问题严重的学生尽快转介学校心理健康教师，共同帮助学生走出困境。

2.促进建立高质量的同伴关系

家庭、教师和同伴是青少年三大社会支持体系，良好的社会支持是青少年健康成长不可或缺的土壤。尽管来自家庭的支持非常重要，但随着年龄的增长，儿童变得越来越依赖亲密朋友的支持，留守儿童需要建立友谊以满足亲密感的需要。良好的同伴关系更能满足留守儿童的情感需求，使其体验到更多的积极情绪，更有利于心理水平的提高。如何促进留守儿童建立高质量的同伴关系，班主任可以采取如下措施：

（1）组织班级团队活动

同伴之间交往距离越近、次数越多，关系越亲密。为此，班主任可以组织各种形式的团体活动，既可以丰富学生校园生活，缓解学习压力，也可以为学生提供交往的平台和机会，增强留守儿童的交往意识和交往能力。同时，加强人际交往指导，让学生在交往中学会尊重、宽容，拥有和谐健康的同伴关系。对于留守儿童，班主任应给予更多关注，若察觉他们有交友困难或冲突，要积极帮助其解决问题，或开展专门的人际交往技能训练，例如移情训练、观察学习、角色扮演等。

（2）建立互帮互助小组

尽管友谊的建立是基于同学间的相互吸引，但针对明显存在人际交往困扰的留守学生，班主任可以用巧妙的方式建立互助小组，如组织活动小组、指定学生干部或同学主动接近等方式。班主任在结对子时，应考虑彼此的契合度，如个人意愿、性格、家庭背景、彼此关系、是否乐于助人等因素，否则强扭的瓜不甜，容易产生更多冲突和伤害。例如，班主任可以选择一些具有良好行为习惯，独立性、自控能力和交往能力较强的留守儿童，以团体的方式帮助他们掌握同伴交往的技能，并与他们建立良好的同伴关系，再以他们为核心来组建积极的同伴群体。

（3）防止留守儿童加入不良同伴群体

同伴群体对儿童的发展既有积极影响也有消极影响，所谓"近朱者赤，近墨者黑"，不良的同伴群体可能使儿童走上错误的道路，如表现出吸烟、酗酒、打架斗殴等行为。缺乏家长监护的留守儿童一旦进入不良同伴群体，其言行举止都将遵守同伴群体的行为规范以获得安全感和归属感，这对留守儿童的健康成长极为不利，同时也会成为妨碍家庭幸福、校园和谐的隐患。为此，班主任应关注留守儿童的同伴交往情况，一旦发现其不良的同伴交往要及时制止，并引导积极的同伴群体主动接纳这些留守儿童，为他们提供安全感和归属感，防止其加入不良群体。

3. 架起亲子联络的桥梁

留守儿童的父母因为繁忙的工作以及空间上的距离，容易忽视对孩子日常情况的了解以及亲子间的沟通。然而，父母的陪伴以及理解对于儿童来说，又显得尤为重要。孩子的安全感、自信心、力量和勇气，很大程度上源于每一次取得进步时父母的鼓励，遇到问题时父母的安慰和支持，想要倾诉时父母的倾听与接纳。

班主任在与留守儿童的父母沟通时，可以给予父母亲子沟通指导，鼓励父母每周和孩子保持一定数量的通话频率、每月给孩子写一封信，孩子取得成绩时及时反馈给父母等。让父母尽量多地与学生沟通，理解学生的所思所想，使学生感受到父母对自己的呵护与关怀。

当然，远水解不了近渴。在父母通过电话、网络等通信手段陪伴孩子的同时，班主任也需要做些替代性的工作。在生活中用心去关注学生的心理变化，通过平时观察、家访、同学反馈等方式掌握孩子的动向。对于心理变化比较大的学生，班主任可以有针对性地进行疏导，并及时向父母通报学生心理变化的原因，引导父母关注学生的心理健康。

　　尽管留守儿童反映出来的心理健康问题是客观存在的，但我们也不能将父母外出带给留守儿童的不利影响妖魔化，而忽视了留守儿童个体的主动性，适应环境的能力，就像创伤既可以导致创伤后心理障碍，也可以带来创伤后成长。许多的留守儿童正因为父母外出务工，培养了独立生活能力，在面对生活和学习各种挑战中，学会了自我调节、积极应对，提升了心理韧性等积极心理品质。班主任也可以从积极心理学视角，以这部分学生为示范，鼓励留守儿童，形成积极向上的心理品质。

第六章
班主任工作压力调适

第一节 班主任压力源及对身心健康的影响

一、班主任压力源分析

班主任的工作压力大，需要应对和处理的人、事、物众多，我们从学生、家长、学校和自身家庭等四个方面来分析班主任的压力来源。

（一）来自学生的压力

班主任往往被学校和家长看作学生成绩的直接负责人，当学生成绩下降或学习出现问题时，班主任的担心焦虑无形中给自己带来很大的心理压力。如在期末考试前，一个班级的平均成绩远低于学校设定的标准。班主任可能需要加班加点进行辅导，同时也要与家长沟通解释学生的表现，这会导致时间压力和心理负担。如果成绩不提升，班主任可能会面临校方的压力，甚至对职业发展的影响。

管理一个班级的日常纪律和学生行为是班主任的主要职责之一，处理学生缺勤、迟到、违纪、冲突等行为问题需要耗费班主任大量的时间和精力。如一个班级中出现了学生冲突事件，班主任需要花费大量时间调查事件、与受害者和施害者沟通，还要协调与心理老师的干预措施，与家长见面，并向校方汇报处理结果。这些行为问题的管理不仅占用了原本用于教学的时间，而且也对班主任造成了情感上的负担，因为他们作为教育者，有责任保护学生的安全。

目前不少学生出现了不同程度的心理健康问题，影响了学习成绩或者同学关系，使班主任的工作更加复杂。如学生患了抑郁症，出现持续的情绪低落、兴趣缺失和学业成绩下降，班主任密切关注这个学生的情况，可能需要与学生定期交谈，联系学生的家长，配合学校心理老师开展工作，这些额外的责任给工作繁多的班主任又增加了很大的工作量。

由此可见，日常大量的学生管理工作是班主任主要的压力来源。

（二）来自家长的压力

学生家长给班主任带来的压力可以通过多种途径体现出来。家长的期望、他们对孩子教育的投入程度，以及他们与学校沟通的方式，都可能成为班主任压力的来源。可以表现为家长过度关注孩子在校情况，如某班主任遇到了一位"直升机家长"，这位家长几乎每天都要求与班主任沟通，了解孩子在校的各种细节，从学习到同伴关系等。班主任需要投入大量时间应对家长的持续询问，并努力维持与家长的良好关系。

有些家长可能对孩子的学习成绩有非常高的期望，而不考虑孩子的实际能力，也会对班主任造成心理压力。如一个学生的数学成绩一直处于中等水平，但家长坚持要求班主任采取措施使孩子成为班上最优秀的学生。因此，班主任不仅要帮助学生提高学习成绩，还要与家长沟通以调整他们过高的期望，工作压力增加。

有些家长不理解学校的规章制度，班主任作为学校与家长之间的联系人，往往需要处理家长的不满，向家长解释规章制度的合理性并处理矛盾，也会对班主任造成较大压力。

学生的行为问题也会让班主任面临来自家长的压力。当学生在学校出现行为问题时，班主任需要主动与家长沟通并寻求家长的支持来解决问题。如果家长不认同学校的处理方式，或者不愿意配合学校，班主任将面临来自家长方的压力。

在学生面临重要考试或升学时，家长的焦虑和压力可能转嫁给班主任。家长可能频繁询问关于复习计划、考试策略等问题，并期待班主任提供额外的辅导和支持。

在这些例子中，班主任不但要处理与学生直接相关的教学和管理工作，还要成为家校合作的桥梁，维护好家校关系，这些沟通往往会消耗班主任大量的时间和精力。

（三）来自学校工作环境的压力

班主任作为一个学校里的员工，本身也存在着很大的职场压力。班主任需要投入时间和精力进修学习来提升自己能力和教学质量，当教育政策或学校要求发生变化时，班主任需要及时学习新的政策适应新的标准。在教师队伍中，职位晋升往往是有限的，竞争激烈。班主任为了晋升到更高职位，如学科组长、年级组长或者教务处主任，可能需要承担更多的工作、实现更高的学生成绩、组织或参与更多的校内外活动。

班主任还面临着学校里的班级成绩排名的压力。学校领导往往根据考试成绩和考入学校排名来评价班主任的工作表现，这可能导致班主任必须加强对学生的学习辅导工作，牺牲个人时间来额外辅导成绩较差的学生。因此，因为工作边界模糊而任务繁重、专业支持缺乏而孤军奋战、评价机制不科学而承担无限责任，也是目前让班主任深感压力的重要原因。

（四）来自家庭的压力

班主任也是普通人，也要处理生活琐事。青年班主任的恋爱、交友，中年班主任负担更重，既要照顾父母又要教育子女。他们工作的性质是铃声就是命令，不管身体如何、家庭如何、心情如何，都必须精神饱满地去讲课，满怀热情地与学生或家长交流沟通。班主任的工作和生活无法平衡，是形成班主任心理压力的另一个重要因素。

二、长期压力对班主任身心健康的影响

压力是身体对任何需要适应或响应的挑战或威胁的一种自然反应。这种反应有时被称为"战斗或逃跑反应"，是由身体的神经和激素系统，尤其是下丘脑—垂体—肾上腺（HPA）轴和交感神经系统调节的。压力会导致生理与心理产生相互作用，心理压力可能导致生理反应（如心跳加速），而这些生理反应会造成心理上的紧张，增加压力感。同样，生理状况（如心动过速）也

会带来担心或恐惧感，从而增加心理压力。长期的压力会对班主任的健康造成负面影响。

（一）对身体健康的影响

长期持续的压力（即慢性压力）可能导致这些生理反应长时间处于活跃状态，而这可能导致一系列健康问题，如心脏病、高血压、糖尿病、肥胖和免疫系统功能障碍。常见的压力导致的健康问题如下：

1. 心血管问题

班主任由于长时间承受工作压力，可能会体验到心跳加速、高血压等心血管系统的症状。随着时间的推移，这可能增加心脏病和中风的风险。如某老师在期末考试和家长会的准备期间经历了持续的高压状态，一直忙碌到暑假中期，之后总觉得身体不适，去医院检查后才发现自己的血压非常高。

2. 睡眠障碍

班主任可能会因为工作的压力和焦虑而遭受失眠或睡眠质量下降的困扰。

3. 免疫系统受损

压力激素（如皮质醇）长时间处于高水平，可能会抑制免疫系统的功能。因此，班主任会发现自己很容易感冒或患上其他感染。

4. 胃肠道问题

长期的压力可能会影响胃肠道功能，引起消化不良、胃痛、胃溃疡或习惯性腹泻，而且难以痊愈。

5. 肌肉紧张和疼痛

压力可能导致身体的肌肉紧绷，特别是颈部、肩膀和背部的肌肉会一直处于紧张状态，导致肩颈部肌肉僵硬或疼痛。

（二）对心理健康的影响

压力对人的心理影响是显而易见的，主要表现在：

1. 情绪容易波动

长期的压力可能导致情绪不稳定，情绪容易激动，会因为一件小事而生气。

2. 负面情绪明显

长期压力容易让班主任出现高度紧张的焦虑情绪，或者出现低落乏力的抑郁情绪。

3. 认知功能受损

长期的压力所导致的负面情绪可能会降低班主任的记忆力、注意力和决策能力，因为压力带来的负面情绪可以影响大脑某些部分的正常功能，如前额叶皮质，这是开展高级认知功能的区域。

4. 导致行为改变

为了缓解压力，班主任可能会出现一些不健康的行为模式，如大量吸烟、过度饮酒、暴饮暴食和药物滥用。

5. 出现心理疲劳

长时间的工作压力可能导致班主任体验到明显的心理疲劳。心理疲劳与身体疲劳的最大差异是无法通过休息来消除疲劳感，这是长期压力状况下比较常见的心理症状。

6. 产生心理障碍

长期压力可能导致或加剧心理疾病，如长时间高度担心紧张的焦虑情绪容易导致焦虑症。因为压力或挫折，连续几周的情绪低落后出现身体消瘦、睡眠不良、没有胃口吃不下饭、感觉特别疲劳、大脑反应变慢等现象，可能会导致抑郁症。

（三）心理健康与生理健康密切相关

很多班主任会认为，心理健康与生理健康没有相关性，更加重视自己生理健康的问题。心理健康和生理健康是相互联系的，两者之间存在复杂的双向关系。长期压力对班主任的生理和心理都产生了负面影响，班主任心理状态不佳对生理健康有着重要的影响，主要表现在：

1. 体内激素水平变化

心理压力和情绪波动可以导致激素水平，特别是皮质醇（应激激素）的变化。激素水平的改变会影响身体多个系统，包括免疫系统、心血管系统和内分泌系统，从而导致一系列的生理健康问题。

2.抑制免疫系统

焦虑和抑郁情绪可能导致免疫系统功能下降，使身体更容易受到细菌或病毒的感染。如果已经患有疾病，可能会延缓疾病的康复过程。

3.植物神经系统紊乱

压力导致的焦虑、抑郁和其他情绪问题对植物神经系统（自主神经系统）有显著的影响。植物神经系统负责调节身体的无意识功能，如心动、呼吸、消化和代谢。它由两个主要分支组成：交感神经系统和副交感神经系统。

交感神经系统在我们感到压力、威胁或强烈情绪时被激活，它使身体进入"战斗或逃跑反应"状态。在焦虑和抑郁情绪的影响下，交感神经系统可能会过度激活，导致一系列生理反应，长期的交感神经系统过度活动可能会对心血管系统造成压力，增加患心脏病和高血压的风险，并可能导致慢性疲劳和免疫系统功能下降。

副交感神经系统通常在我们放松和休息时被激活，它有助于恢复身体至平静和平衡状态。这个系统促进消化、能量存储和细胞修复。焦虑和抑郁可能会抑制副交感神经系统的活动，影响正常睡眠、身体的恢复过程和各种体内平衡。

压力导致的情绪问题还会影响神经递质的水平，神经递质是神经系统中的化学信使。例如，血清素和多巴胺的水平变化与抑郁密切相关，这些变化也会影响植物神经系统的功能和平衡。

三、班主任做好自身心理健康管理的建议

班主任作为学校开展教育工作的重要角色，不仅需要关注学生的心理健康，而且还需要管理和维护自己的心理健康。班主任的心理健康有着重要的意义，可以为学生树立积极心态的榜样，能够提升工作效率合理有效地应对和处置各种情况，促进人际关系维护家庭和谐，同时也更有利于自身的身体健康。因此，班主任做好自己的心理健康管理意义重大。

（一）心理健康问题的自我识别方法

识别心理健康问题通常包括对认知、情绪、行为等多方面的观察和评估。

班主任可以参考以下的内容，经常开展自我觉察，发现自己可能出现心理健康问题，应该尽快采取必要的措施进行调整或求助。

1. 关注自己的情绪变化

如果明显出现以下情况，应引起重视。

持续的悲伤或沮丧，无法自拔；

极端的情绪波动，如遇事就容易激动，甚至生气发火；

过度紧张、焦虑、担忧或恐惧；

情绪低落，丧失兴趣，对自己平时喜欢的活动也提不起兴趣。

2. 觉察行为变化

如果发现自己的行为习惯明显发生变化，并出现以下情况，应引起重视。

不愿主动与人交往，喜欢一个人独处；

睡眠出现问题，如失眠、入睡困难或过度睡眠（感觉睡不醒）；

食欲明显下降，可能伴随着体重的快速下降；

抽烟或喝酒越来越多；

出现自我伤害行为；

无法克制的冲动行为增多（如经常与他人冲突）；

产生药物依赖，如安眠药、止痛药等。

3. 觉察认知问题

出现如下情况，可能会存在心理健康问题。

自我价值感显著下降；

强烈的自责、内疚或自我批评；

对自己的外表或能力有不合理的负面评价；

感觉难以集中注意力或记忆力减退；

思维能力下降，大脑反应迟钝；

持续的负面思维或无助感，没有工作动力，丧失对未来的希望。

4. 觉察身体症状

有些身体不适可能是心理健康问题引发的。

难以解释的身体疼痛或不适，反复去医院检查，医生都没有发现问题；

出现消化不良、胃肠不适（但不是慢性病或食物中毒引发的）；

持续的疲劳感，感觉体力很差，休息之后也无法恢复。

5. 社会功能下降

在家庭、工作或学校中的人际关系出现明显的问题，难以与他人相处；

工作能力明显下降，原来能够应对的事情，现在搞得一团糟；

对班主任工作感到力不从心，心生厌倦，出现职业倦怠。

（二）心理健康问题的应对方法

班主任可以采取以下一些方法来管理自己的心理健康：

1. 自我反思

定期花时间进行自我反思，静下心来反思自己的感受和需求。班主任工作过于繁忙，一心扑在学生工作上，但是忙碌可能是由于事务太多，也可能会成为一种自我麻痹的方式，回避很多亟须解决的问题。班主任需要留一些时间给自己，关注自己的心理状态和内心诉求，理清思绪，平复情绪，才能更高效地工作。

2. 学习知识，提升自我

班主任应该主动参加心理健康相关的学习活动，学习心理健康的基本知识，了解更多的自我心理调适的技巧和方法。虽然这样的学习活动会占据班主任宝贵的时间，但是会带来更多的益处，促进自身的心理健康。

3. 建立支持系统

班主任开展工作时往往是单打独斗，独立承担班级学生的管理工作、独立处理各种学生问题、独立面对家长、独立组织班级活动等，这种工作方式压力大非常耗能，时间长了，班主任很容易出现极度疲劳、孤独无助、情绪波动大等情绪耗竭的情况，严重影响班主任的身心健康。因此，建议班主任应该建立起自己的支持系统，包括学生干部对自己开展班级管理时的支持、其他任课教师的相互帮助、与家长的相互支持、得到学校领导的积极支持，良好的支持系统能够有效帮助班主任减轻压力、长期保持良好的心理健康状态。

4. 开展时间管理

如何有效管理时间是班主任需要认真思考的关键性问题。时间管理上需要明确区分四种任务：重要且紧急、重要但不紧急、不重要但紧急、不重要也不紧急。班主任往往需要花大量时间处理"不重要但紧急"的任务或事情上，导致自己无法控制时间。

建议做好任务区分，在处理紧急事务的同时，保证每天都能够留出一点儿时间来做重要但不紧急的任务，如个人自我成长、身心健康管理等，这些就是重要但不紧急的任务。如果忽视了，时间一长发现其他人都发展成长了，自己还是在原地忙忙碌碌，或者发现长期透支自己身心已经扛不住了。

5. 进行自我照顾

班主任一方面要关心学生，另一方面也要关心自己。自己状态越好，教育工作越有效，学生也会越好。给自己设立红线，如最晚上床时间，确保自己有足够的睡眠，注意补充营养，保证均衡的饮食，不能为赶时间匆忙应付地吃饭，要有规律地参加体育活动。睡眠、营养、运动都是提升心理健康水平的基础条件。

6. 寻求专业帮助

班主任在遇到心理困扰或发现自己可能出现了心理问题时，应该及时寻求专业人员的帮助，如拨打心理热线、找心理咨询师或去医院检查，尽早开展心理咨询或治疗，有助于快速康复。

第二节　班主任应对压力的策略及方法

一、班主任应对压力的策略

（一）充分调动资源

班主任在学校中扮演着重要的角色，负责管理班级、指导学生、家校共育、完成教学目标等，这么多工作所带来的压力可想而知。班主任通过调动各种资源来解决问题是应对自身工作压力的重要策略之一。以下是班主任可以调动的有效资源：

1. 学校资源

教师团队：与其他教师共同合作，共享经验，制订教学计划和应对策略。

学校管理层：与学校管理层保持沟通，获得学校管理层的支持和指导，申请必要的资源或获得政策上的帮助。

辅导及支持服务：调动学校的德育老师、心理老师、学习顾问等专业人员，协助班主任开展学生教育和心理辅导工作。

设施与设备：充分利用学校的教室、图书馆、体育馆、实验室等教学场地、设施和设备。

2. 家庭资源

家长：班主任可以通过电话、面谈、家访等形式与家长保持沟通，维护良好的关系，获得家长的支持，鼓励家长参与各项教育活动。

家长会：通过家长会提供一个讨论学生表现和解决班级问题的平台，群策群力，调动家长的参与家校共育工作的积极性。

3. 学生资源

学生自身：班主任可以尝试激发学生的自我管理和自我激励能力，鼓励学生参与班级管理，使每个学生从被管理者转变为管理的参与者，形成身份的转化，提高他们的自我管理的自觉性。

学生干部：给班干部合理授权，鼓励他们不仅以身作则带好头，还要鼓励监督身边的同学一起遵守纪律认真学习，发现问题及时报告老师，把可能出现的问题化解在萌芽状态。

学生组织：鼓励学生参与各种文艺活动、兴趣小组、志愿者小组等学生社团来增强学生的责任感和参与感，形成积极向上的班级氛围。

主题班会：针对班级同学出现的问题，可以设置主题班会进行集体民主讨论，与学生达成共识，形成老师和学生都认同的解决方案，这样更容易解决问题。

4. 教育资源

网络资源：利用网络平台和在线教育资源为学生提供补充学习材料，指导和鼓励家长、学生自行探索解决问题的方法。

专题讲座：邀请校内外的专家来班里开展专题讲座或讨论，扩展学生的视野，启发学生思考，激发他们的学习动力。

参加培训：班主任应该主动争取参加教育研讨会和培训活动的机会，不断提升自身的管理能力和教育能力。

通过有效地调动和利用这些资源，班主任可以更好地管理班级，解决学生的学习和行为问题，促进学生的全面发展，同时也能够为自己减负，缓解工作压力。

（二）认知调整，换个角度看问题

压力具有主观性。当自己认为有意义、有兴趣的事，再难再累也会努力去做，且不认为压力过大。如热爱马拉松的人，会一直坚持长跑训练，磨坏了鞋、磨破了脚，虽然别人看来很艰苦，但他却乐此不疲。反之亦然，只要自己认为没有意义、不感兴趣的事儿，就不愿做，被迫做的时候就会觉得压力好大。如家里请客吃饭，剩下一大堆碗筷要你洗，恰巧你最讨厌做家务尤其洗碗，这时你看着这堆碗筷就会觉得压力好大，虽然经常做家务的人可能觉得洗个碗根本没啥压力。因此，压力是一种主观感受，因人而异，当我们改变了对事物的看法，我们的主观感受也会随之变化。

班主任在面对工作压力时，调整认知和换个角度看待问题对于减小主观的压力感可能会非常有帮助。调整认知可以尝试以下的做法：

1. 积极心理学的视角看问题

凡事都有两面性，看积极面还是看消极面，会带给我们不同的情绪和感受。如果班主任将各种困难挑战视为自己锻炼和成长的机会，把每一次成功解决问题视作自我能力提升的具体表现，是否会对压力产生另外的感受呢？

2. 同理心带来成就感

理解学生所处的困境，理解他们的感受和需求，将自己置于他们的位置考虑问题。当班主任看到学生终于摆脱困境，脸上露出笑容，是否会感到一种只有老师才能获得的满足感和成就感呢？

3. 调整期望，接纳自我

班主任会遇到很多难题，毕竟教书育人可不是简单的事。在解决难题时班主任难免会遭受各种挫折，这种挫折感会让班主任的压力感倍增。因此，教育学生时应该设定合理的期望值，不能崇尚完美主义，更不能期望一蹴而就地解决问题。教育学生是个漫长而艰苦的过程，学生之间差异巨大，他们禀赋不同、个性迥异，智能优势也不一样，班上这么多学生，班主任需要开展个性化教育，挑战很大。

学生每一个点滴的进步都离不开老师辛勤的付出，班主任应该看到自己付出的努力在帮助孩子不断地进步提高，这就是自己工作的成就。即使工作中遇到暂时的困难或挫折，班主任也不应该灰心丧气，要全然地接纳自己，看到工作取得的成就，科学合理地设定下一步工作目标，充满信心地前行。

（三）主动探索适合自身的科学减压方式

我们前面提到压力具有主观性，不同的人面对同一个事物的压力感是不同的。这就意味着每个班主任可能会有不同的压力感，而且他们觉得有效的减压方式也会不同，需要主动进行自我探索。

虽然每个人的减压方法可能不同，但是减压的基本逻辑是一致的。从医学角度来看，减压的原理涉及多个生理系统，包括神经系统、内分泌系统和免疫系统。

生理上的减压过程大致如下：

1. 获得自主神经系统（ANS）的平衡

通过某些减压活动（如深呼吸、正念冥想等）可以激活副交感神经系统，促进身体的"休息和恢复"状态，减缓心率，降低血压，放松肌肉。

2. 获得内分泌系统的响应

某些减压活动（如运动、瑜伽、放松训练等）可以减少皮质醇的水平，从而减轻压力对身体的影响。

3. 提高神经递质水平实现情绪调节

某些减压活动（如运动、社交、美食、听音乐等）提高了多巴胺、血清素和内啡肽这些神经递质的水平，让人感到愉悦轻松。

了解这些原理后，班主任可以按图索骥地探索自己喜欢的、科学有效的减压方法，降低主观压力感，更好地工作和生活。

二、班主任自我减压的方法

基于上述减压策略，结合心理咨询中压力释放和情绪疏导的技术，我们汇总了人们应对压力时比较实用有效的一些方法，供班主任参考借鉴。

（一）改善沟通，提高工作效率

班主任可以应用一些心理咨询技术来提升沟通能力，从而更好地与学生、家长和同事进行有效的沟通。以下是一些班主任可以采用的心理咨询技术：

1. 积极倾听

班主任可以通过积极倾听来展示对学生、家长的关注和尊重。这包括保持眼神接触、用肢体语言示意理解和使用肯定性的回应，如点头、微笑和鼓励性的言辞。积极倾听可以让对方感到被重视和理解，促进有效的沟通。

2. 善于提问

班主任可以运用心理咨询技术中的多种提问技术帮助学生更全面地表达自己的意见和感受，促进深入的对话。提问技术最重要的是以开放性、中性和非评价性的方式提出问题，寻找建设性的结果。一个好的问题往往比一个建议更有价值，能够激发学生自我思考、自我改善和能力提升。例如，可以问："你认为这个问题有什么解决办法？"或者问："你觉得这种情况对你有什么影响？"

3. 运用反馈技巧

班主任可以运用心理咨询技术中的反馈技巧来提升沟通能力。反馈是指向对方传达关于其言语、行为或情绪的观察和感受。班主任可以使用积极的反馈来鼓励和肯定学生，并使用建设性的反馈来提供指导和建议。例如：班主任可以说："我注意到你在课堂上非常专注，这对你的学习很有帮助。"或者说："我们可以尝试一些不同的学习方法，看看哪种方法适合你。"

4. 施展肢体语言的影响

班主任可以运用肢体语言来提升沟通时对学生的影响力。非语言沟通包括肢体语言、眼神接触和面部表情等。班主任可以通过适当的肢体语言和面部表情来传达自己的情感和意图，增强沟通的效果。例如，保持开放的身体姿势和微笑可以传达友善和接纳的信息，容易获得学生发自内心的认同。

（二）开展自我情绪管理

提升自我情绪管理对班主任很是重要，因为班主任需要在处理学生和家长的问题时保持冷静和理性，这样有助于问题的解决，减少工作压力。以下是一些帮助班主任提升自我情绪管理的方法：

1. 自我觉察

班主任首先需要自我觉察，了解自己的情绪和情绪触发点。班主任可以通过自我反思和意识训练来提高对自己情绪状态的认知，以便在情绪高涨时能及时采取适当的措施。班主任必须明白自己可以表达愤怒，但是绝不能愤怒地表达，因为愤怒地表达于事无补，只会让自己的情绪更糟糕，让问题解决起来更困难。

2. 情绪调节技巧

班主任可以学习和实践一些情绪调节技巧，如经常练习深呼吸、放松训练和冥想。这些技巧可以帮助班主任在情绪激动或紧张时迅速平静下来，并恢复冷静和理性的思考。

3. 积极心态

班主任可以培养积极的心态，以更好地应对挑战和压力。班主任关注解决问题的可能性和积极的结果，可以减少面对问题时的焦虑和压力，让自己始终能保持乐观的态度。

4. 寻求支持

班主任可以与同事、家人或朋友分享自己的感受和挑战，寻求他们的支持和理解。有人倾听和支持可以帮助释放情绪，减轻心理负担，并获得建设性的反馈和建议。

5. 健康生活方式

班主任需要关注自己的身体健康，因为身体和心理健康是相互关联的。班主任可以通过良好的饮食、充足的睡眠和适度的运动来增强身体的抵抗力，从而更好地应对压力和情绪波动。

6. 自我关爱

班主任需要学会照顾自己的需求和感受。给自己留出时间来放松、休息和追求自己的兴趣爱好，这样可以恢复能量、提高情绪稳定性，并提升自我情绪管理的能力。

（三）提升冲突解决能力

掌握冲突解决技巧可以帮助班主任在与学生、家长或同事之间处理冲突时更加从容和理智。了解如何有效地沟通、合作和妥协可以减少冲突的发生，从而减轻情绪压力。以下是一些常见的冲突解决技巧：

1. 合作与协商

这是一种积极的冲突解决方法，通过双方合作和协商达成共识。班主任可以鼓励学生共同参与解决问题的过程，促进彼此之间的理解和合作。

2. 妥协

妥协是指双方在争议中都做出一定程度的让步，以达到双赢的结果。班主任可以引导学生找到双方都能接受的妥协方案，以平衡双方的需求和利益。

3. 斡旋与调解

班主任可以充当斡旋者或调解者的角色，帮助冲突双方达成和解。班主任可以提供中立的观点和建议，促进对话和理解，协助学生找到解决冲突的方法。

4. 问题解决与创新

班主任可以教导学生使用问题解决技巧，如分析问题、收集信息、生成解决方案和评估结果。通过培养学生的问题解决能力，他们可以更好地应对和解决冲突，这样也就缓解了班主任的工作压力。

5. 情绪调节与冷静思考

在处理冲突时，情绪管理是至关重要的。班主任可以引导学生识别情绪，并帮助他们宣泄和疏导负面情绪，指导他们学会控制情绪，保持冷静和理性的思考，以便更有效地解决冲突。

6. 寻求第三方帮助

在某些情况下，冲突可能无法通过双方直接解决。班主任可以引导学生寻求第三方的帮助，如其他老师、辅导员或家长，来提供中立的意见和支持。

7. 长远利益与共同目标

班主任可以帮助学生看到冲突解决的长远利益和共同目标。通过强调合作、团结和和谐的重要性及其好处，班主任可以激发学生主动寻求解决冲突的意愿。

这些冲突解决技巧可以帮助班主任有效地处理学生之间的冲突，培养学生解决问题的能力，并促进和谐的学习环境。它们也是有效减轻班主任工作压力的重要技能。

（四）建立支持系统

班主任的压力很大来自单打独斗的工作方式，总是自己发现问题、面对问题、解决问题，可以通过建立支持系统来缓解自身的压力。以下是一些班主任可以采取的方法：

1. 寻求同事支持

和其他班主任和教师建立良好的关系，互相分享和倾诉自己的压力和挑战。同事可以提供经验、帮助，同时获得理解、支持和建议，可以减轻班主任应对困难时的压力。

2. 得到亲友的支持

班主任可以与家人、朋友建立起支持系统，及时分享自己的感受和困扰，释放压抑的情绪，获得关爱和赋能。家人、朋友提供的情感支持、鼓励安慰，可以有效帮助班主任缓解压力。

3. 获得家长的助力

班主任通过家校合作，请家长给予协助，双管齐下地开展学生教育工作，更有效地推动学生改变问题行为，改善学习状态。

4. 寻求心理咨询

如感到压力过大、负面情绪明显，且工作状态受到显著影响时，班主任可以寻求专业心理咨询师的帮助。心理咨询可以提供情绪支持、应对策略和心理调适技巧，帮助班主任更好地应对压力和挑战。

（五）改善时间管理

节省工作时间就意味着工作和生活更加平衡，压力获得减轻。班主任可以采取以下方法来改善时间管理：

1. 制订清晰的目标和计划

班主任可以为每天、每周和每月设定明确的目标和计划。这些目标和计划应该是具体、可衡量和可实现的。通过明确自己的工作重点和优先事项，班主任可以更好地管理时间。

2. 使用时间管理工具

班主任可以使用各种时间管理工具来帮助自己更好地安排时间。例如使用日历、待办事项清单和提醒功能来跟踪任务。这些工具可以帮助班主任提醒自己的工作安排，并确保任务得到及时完成，做到心中有底，就不会焦虑。

3. 设置优先级

班主任可以根据任务的重要性和紧急程度来设置优先级。将任务的优先级依次设定为紧急且重要（最优先）、重要但不紧急（次优先）、紧急但不重要（第三位）和既不紧急也不重要（第四位），然后按照优先级顺序进行时间安排。这样可以确保重要的任务得到优先处理，避免抓不住重点，造成时间浪费。

4. 善于委托和分配任务

班主任可以学会委托和分配任务给其他教师、工作人员或学生干部。合理地分担工作负担可以减轻班主任的压力，提高效率。班主任可以识别出可以委托给他人完成的任务，任务委托后，班主任一定要进行检查，确保委派的任务在正常的进行中，如果发现问题及时调整。这样，班主任可以从很多事务中抽离出来，从执行角色转变为管理监督角色，工作压力会大大减轻。

5. 定期复盘和调整

班主任应该定期回顾复盘自己的时间管理方式，并根据需要进行调整和改进。这样做班主任可以了解自己的时间使用习惯，优化利用空白的时间，实现更有效的时间管理。班主任也可以因此获得更多的时间去自我放松、自我学习提升。

6. 集中注意力和避免分心

班主任可以采取措施来集中注意力，避免分心和时间浪费。例如，设定专注的时间段，并避免在此期间受到干扰，关闭手机通知和社交媒体，创造一个专注的工作环境，提高工作效率。

（六）增加积极情绪

我们在讨论如何减压的过程中，往往认为消除压力源是最重要的，但是很多时候压力源是无法消除的。从积极心理学角度看，即使处在高压力的环境中，我们仍然可以有方法获得良好的心理体验，减少压力感。这种方法就是增加自身的积极情绪，当积极情绪上升的时候，负面的感受（焦虑、紧张、抑郁、恐惧等）就会逐渐减弱和消失，于是压力感就明显下降。关于增加积极情绪的方法，我们在下节详细描述。

第三节　应对压力的终极策略：提升幸福感

一、理解幸福

为什么在极其艰苦的环境下，还有人能够斗志昂扬地工作和战斗？还能在他们的脸上看到坚毅和充满信心的表情？如在沙漠戈壁里工作的"两弹一星"的元勋们，如在烈火和焦土中坚守上甘岭的战士们，如冰天雪地里在大庆油田奋斗的铁人王进喜。20 世纪 80 年代，积极心理学开始兴起，与传统心理学派不同的是，它专门研究人类的幸福感，经过大量严谨的科学研究，心理学家们发现幸福不依赖于人们所处的环境，而是源自其拥有的某些心理特征。因此可以认为能够帮助人们笑对困难、坚韧不拔的是他们内在的优秀品质，这是从容应对各种压力的法宝。接下来，我们基于积极心理学的视角共同探索这些优秀品质，一起探讨如何提升幸福感。

（一）积极心理学里关于"幸福"的解释

关于"幸福"的探讨一直是个热门的话题，但是对幸福的定义和理解却无法统一，最初人们普遍认为对生活满意、感觉良好就是幸福。心理学家把这种幸福解释成"Happiness"幸福理论。直到积极心理学兴起，开展了大量关于幸福的科学研究之后，新的幸福理论开始形成，我们对于幸福有了新的认识。

马丁·塞利格曼是一位著名的积极心理学家，他对幸福的研究有很大的贡献。在他的著作《真实的幸福》（*Authentic Happiness*）中，塞利格曼提出了一个广为人知的积极心理学幸福理论。他认为人的幸福可以通过培养积极情感、投入和意义三个不同的维度来得到增强。

塞利格曼后来进一步发展了他的理论，他在 2011 年出版的《持续的幸福》（*Flourish*）一书中提出了一个更为全面的幸福理论，他把"Happiness"幸福发展为"Well-Being"幸福，被称为"Well-Being"幸福理论。塞利格曼认为早期的"Happiness"幸福理论强调人的生活满意和感觉良好就是幸福，人们在做出选择时，会估计自己的行为能够带来多少生活的满意度，然后采取行动来最大化未来的幸福。"Well-Being"幸福理论把生活满意和感觉良好只作为幸福的一部分，总结提炼出更完整的构成幸福的五个元素：积极情感（Positive Emotion）、投入（Engagement）、人际关系（Relationships）、意义（Meaning）以及成就（Accomplishment），这五个元素被简称为 PERMA 幸福模型，它们共同构成了人们对幸福感的感知。塞利格曼认为，这些元素是个人能够切实获得幸福感的领域。

塞利格曼的工作对于心理学领域，特别是积极心理学的发展有着深远的影响。根据他的幸福理论，有人总结为幸福是一种可以持续提升和发展的战斗力，也有人认为他所说的幸福是一种蓬勃的人生，更有学者认为幸福是人们拥有一系列优秀品质后获得的积极的生命体验。

（二）幸福的来源

很多人认为拥有钱财是幸福的来源，可是我们在大量心理咨询的案例中看到一些拥有巨额财富的人生活得非常痛苦，可能会由于情感问题、亲子问题、合作伙伴问题、健康问题等各种原因，导致他们并没有因为财富而生活满意、感觉良好。

有一位拥有两亿资产的企业家因为过度焦虑而长期失眠，他曾对心理咨询师说："我很想享受生活，创业时认为自己有钱了就会开心，但是我现在发现自己停不下来了，整天为了赚更多的钱而忙碌，要开拓新客户，要各种应酬，亲戚朋友总问我借钱，还要担心市场变化、竞争对手，定时要为几百名员工发工资，担心资金链断裂问题，烦心事太多了。"

我们处在经济社会中，拥有财富是提升生活质量的基本保障，非常重要。但拥有财富不等同于拥有幸福，也不是获得幸福的充分必要条件。人们精神上的富足不是寄生在物质财富基础上的附属品，积极心理学告诉我们可以通过改变环境（社会、家庭、经济等各方面）来改善自己的心理体验提升幸福感，还可以通过发现和塑造自己的积极品格来获得幸福感，即使处于恶劣的环境中（遭受灾难、经济破产、下岗失业等）我们也可以做到。塞利格曼的积极心理学幸福理论就是对这些不依赖于环境条件而独立存在的积极品格进行长期深入研究，提出了提升幸福感的 PERMA 模型，为人们探索幸福之路指明了方向。下面通过对 PERMA 模型中五个元素的解释分析，与班主任们一起探寻通往幸福的道路。

1. 积极情感（Positive Emotion）

即指个体体验到的正面情绪，如快乐、感激、希望、喜悦和爱等。积极情感不仅仅是一种短暂的快乐或愉悦的感觉，它也包括对生活的整体满意度，以及对未来的乐观态度。这个元素强调的是个人在日常生活中经历的快乐和满足感。积极情感不仅包括瞬间的快乐体验，还包括长期的情绪倾向，如经常感到乐观和希望。积极情感是个人感到幸福的基石，它能够提高生活的整体满意度和幸福感。积极情感与许多积极的心理和生理结果相关，比如更好的健康、更高的创造性、更强的抵抗力和更长的寿命。积极情感能够扩展个人的思维和行为模式，从而构建个人更多更好的社会、心理和生理资源，使人们更容易获得事业成功和家庭幸福。

2. 投入（Engagement）

即指个体在某项活动中的全神贯注，这通常是指在进行个人最擅长和最喜欢的事情时产生的深度投入状态，也被称为"心流"状态（Flow），这个概念最早由心理学家米哈里·契克森米哈赖提出的。心流体验是一种完全沉浸在正在进行的活动中的感觉。心流的状态下，个体的自我意识会减少，他们的注意力完全集中在活动上，不再关注自我的感受和思考。此时个体会忘记时间的流逝，感到自己的技能被充分运用，并可以有效应对恰当的挑战，从而体验到深度的兴奋感和满足感。

投入感一般在个体的技能与他们面临的挑战之间达到平衡时发生。如果挑战太大，超出了个体的技能，就会产生焦虑；相反，如果挑战太小，就会导致无聊。投入带来的幸福感常常出现在人们使用其个人优势（如创造力、好奇心、学习欲望、技能技巧等）的时候，通过识别和利用这些个人强项，个体能在活动中实现更高水平的投入。"投入"不仅能提供即时的心理满足感，还能长期增强个体的幸福感，持续的投入体验有助于建立一个更有意义的职业生涯和个人生活。

3. 人际关系（Relationships）

即是指个体与他人之间积极良好的社交连接和互动。这一维度强调人际关系对个体幸福感和生活满意度的重要性。

人际关系的核心是与他人建立和维护联系，这包括家庭成员、朋友、同事、社区成员等。积极的人际关系可以提供情感支持、理解、归属感和安全感。人际关系不仅仅是指人与人之间存在的联系，还包括与他人之间的互动和共享，如分享经验、交流情感、交换看法、共享利益等，以及共同参与活动时建立起来的共同的美好回忆。良好的人际关系可以提供互相支持和互助的机会，这种支持可以是情感上的支持，如倾听、理解、关心和安慰，也可以是实质上的支持，如帮助解决问题或提供资源。人际关系还可以形成一个社交网络，其中每个个体与其他个体之间都有联系，这样的社交网络可能为个体提供信息、资源、机会和支持，有利于促进个人事业的发展。

人际关系通常是相互依赖的，其中每个个体在关系中都扮演着特定的角色和功能，相互依赖促使个体与他人建立更紧密的联系，并为彼此提供支持和帮助，能够完成更复杂的任务或共同面对困难挑战。现实生活中，人际关系中的冲突是不可避免的，掌握有效地解决冲突的技能技巧是维护健康人际关系的关键，如良好的沟通、倾听和妥协是解决冲突的重要技巧。

需要提示的是，人际关系的质量比数量更重要，不是朋友越多人际关系就越好。拥有少数真正亲密和支持性的关系，比拥有许多表面的关系更能增加个体的幸福感和满意度。因此，班主任需要在忙碌的工作之余，建立起自己的高质量的人际关系，并投入时间和精力来维护和发展这些关系。这不仅会带来幸福感，也是促进心理健康的关键要素之一。

4. 意义（Meaning）

即指个体对自己的生活和体验赋予的目的和意义。它关注的是个体如何找到、创造和体验生活中的意义，以及如何将自己的行为与更大的目标和价值观联系起来。"意义"是人们追求心理幸福感和生活满意度的重要维度之一。

（1）"意义"涉及个体对自己的生活和经历赋予目的和方向

这包括对自己存在的目的有清晰的认识，对自己的价值观和核心信念有所了解，并致力于追求与之一致的行为。因此，"意义"与个体的价值观密切相关，个体认识到自己的核心价值观，并努力将这些价值观融入生活中的各个方面。实现与个人价值观一致的行动和决策可以带来满足感和成就感。在王阳明的"阳明心学"中称之为"知行合一"，这也可以用来解释为什么内心敞亮豁达之人总是会乐观积极，更健康长寿。

（2）"意义"还涉及个体对社会责任的认知和承担

个体认识到自己在社会中的作用和影响，并努力为他人和社会做出积极的贡献。通过为他人和社会做出贡献，体现自身的社会价值，个体能够体验到更大的目标和意义，获得更多积极情绪。

（3）"意义"与个人的成长和发展紧密相关

个体追求个人的成长和进步，不断学习、发展技能和扩展自己的知识。这种个人成长和发展可以为个体提供更深层次的满足感和意义感。"意义"还涉及个体超越自我的经历。这意味着个体将自己的注意力从自身转向更大的整体，如家庭、社区、环境等。通过超越自我，个体可以体验到更深层次的满足和意义。

现在许多在校学生和职场人士出现了自我迷失，不知为何学习，不知为何这样工作，于是出现休学、躺平等现象。这种自我迷失也可能出现在班主任身上，繁重的事务和工作生活失衡，也会迫使班主任去思考和探索工作的意义所在。积极心理学告诉我们可以通过寻找和创造意义，来感受到更深层次的心理满足感和幸福感。班主任可以对自己的生活、工作和经历赋予目的和方向，创造属于自己的意义，与自己的价值观一致地行动，为社会做出积极贡献，并与他人建立积极的关系。"意义"的探索和体验有助于班主任的自我成长，可以提升生活满意度和幸福感。

5. 成就（Accomplishment）

"成就"代表了个人在追求目标、克服挑战和获得成功时的满足感和成就感。具体来说，塞利格曼将"成就"定义为个人在实现自己的目标、追求有意义的事物并享受成功时的积极体验。这种体验涉及以下几个方面：

（1）目标设定和追求

个人设定具体、可量化的目标，并为实现这些目标而努力。这些目标可以是个人、职业或学术方面的，包括提升技能、完成项目、获得学位等。

（2）克服挑战

在追求目标的过程中，个人可能会面临各种困难和挑战。通过克服这些挑战，个人能够展现出自己的能力和才华，并获得成就感。

（3）成功体验

当个人顺利达到或超越自己设定的目标时，会产生一种满足感和成就感。这种成功体验不仅来自外部的认可和奖励，还源自内心对自己能力的认可和自豪感。

（4）自我提升

通过不断追求和实现目标，个人能够不断提升自己的能力、技能和知识。这种自我提升也是"成就"的重要组成部分，它能够带来成长和个人满意度的提升。

班主任每天都会遇到各种问题的挑战，每一个问题的解决都是一种成功的体验，但是这种成功体验与积极心理学中的"成就"不同。班主任遇到的各种问题往往是随机的、突发的，而非班主任自我预设的挑战目标，所以班主任会感受到被问题拖着走、防不胜防、无法掌控的感觉，这种感觉无法让班主任体验真正的成就感。如果班主任自我设定目标制订计划，主动挑战困难，并有效解决问题克服了困难，这个过程能够让班主任清晰地看到自己的目标被实现，自己的能力得到提升。这样的成功就会带来成就感，体会到内心满满的幸福。

（三）幸福感自我测试

班主任可以采用牛津幸福感问卷（Oxford Happiness Questionnaire，OHQ）来评估自己当下的幸福水平。这个问卷是由心理学家 Michael Argyle 和 Peter Hills 在 20 世纪 90 年代开发，是一种用于评估个人幸福感的自评量表。该问卷包括一系列陈述，参与者需要对每个陈述给出他们同意程度的评分。每个问题后面通常有一个评分范围，比如 1—6，1 代表"强烈不同意"，6 代表"强烈同意"。完成问卷后，通过计算所有题目的得分之和来获得一个总分，这个总分用来评估个人的幸福水平。

请根据您自身的情况为以下的陈述打分：

1= 强烈不同意；2= 不同意；3= 不太同意；4= 同意；5= 很同意；6= 强烈同意。

1. 我感到生活非常有趣。

2. 我的生活充满乐趣。

3. 我感到活着真好。

4. 我每天早晨醒来时都充满活力。

5. 我觉得我的生活非常有意义。

6. 我感到自己的生活非常有价值。

7. 我对我的生活感到满意。

8. 我对我的生活中的事情感到快乐。

9. 我一般都能看到生活中美好的一面。

10. 我觉得自己是个好人。

11. 我感到我自己的存在是重要的。

12. 我通常感觉自己充满希望和乐观。

13. 我通常感到放松。

14. 我能有效地应对日常生活的挑战。

15. 我感到我的生活很有秩序和目的。

16. 我通常对不同的事物感到好奇。

17. 我为自己能取得的成就感到骄傲。

18. 我觉得自己是个有能力的人。

19. 我觉得自己相对于其他人来说是个快乐的人。

20. 我觉得自己的生活是奇妙的。

21. 我能够与他人建立亲密的关系。

22. 我的社交关系让我感到满足。

23. 我对社交活动感到满意。

24. 我对自己的未来持积极态度。

25. 总的来说，我会给自己的幸福打高分。

计分和评估方法：

将所有25项陈述的得分相加，得到总分。总分最高为150分，最低为25分，总分越高表明测试者的幸福水平越高。

[资料来源：Hills, P., & Argyle, M.（2002）. The Oxford Happiness Questionnaire: a compact scale for the measurement of psychological well-being. Personality and Individual Differences, 33（7）, 1073-1082.]

二、提升幸福感的方法

我们已经了解了积极心理学关于人类幸福的规律的研究成果，接下来我们共同探索在实际工作和生活中可以运用的方法，帮助班主任提升自我的幸福感。

（一）如何培养"积极情感"

1. 积极情绪自我测试

美国心理学家芭芭拉·弗雷德里克森长期致力于人类积极情绪方面的研究工作，提出了积极情绪的"扩展和建构"理论，详细描述了喜悦、感激、宁静、兴趣、希望、自豪、逗趣、激励、敬佩和爱等十种积极情绪形式，并且在其编写的《积极情绪的力量》一书中提供了人们积极状态的自我评估方法，测量的量表及使用方法如下：

请回顾自己在过去 24 小时中的感觉，在下面的量表中选择你体验到下列每一种情绪的最大值。

打分方法：0= 一点都没有；1= 有一点；2= 中等；3= 很多；4= 非常多。

1. 你所感觉到的逗趣、好玩或可笑的最大程度有多少？

2. 你所感觉到的生气、愤怒或懊恼的最大程度有多少？

3. 你所感觉到的羞愧、屈辱或丢脸的最大程度有多少？

4. 你所感觉到的敬佩、惊奇或感叹的最大程度有多少？

5. 你所感觉到的轻蔑、藐视或鄙夷的最大程度有多少？

6. 你所感觉到的反感、讨厌或厌恶的最大程度有多少？

7. 你所感觉到的尴尬、难为情或羞愧的最大程度有多少？

8. 你所感觉到的感激、赞赏或感恩的最大程度有多少？

9. 你所感觉到的内疚、忏悔或应受谴责的最大程度有多少？

10. 你所感觉到的仇恨、不信任或怀疑的最大程度有多少？

11. 你所感觉到的希望、乐观或备受鼓舞的最大程度有多少？

12. 你所感觉到的激励、振奋或兴高采烈的最大程度有多少？

13. 你所感觉到的兴趣、吸引注意力或好奇的最大程度有多少？

14. 你所感觉到的快乐、高兴或幸福的最大程度有多少？

15. 你所感觉到的被爱、亲密感或信任的最大程度有多少？

16. 你说感受到的自豪、自信或自我肯定的最大程度有多少？

17. 你所感受到的悲伤、消沉或不幸的最大程度有多少？

18. 你所感觉到的恐惧、害怕或担心的最大程度有多少？

19. 你所感觉到的宁静、满足或平和的最大程度有多少？

20. 你所感觉到的压力、紧张或不堪重负的最大程度有多少？

计分方法：

上述问题中，第1、4、8、11、12、13、14、15、16、19题是积极情绪的得分，将这十个题目的得分相加，得到的就是积极情绪的总分。

上述问题中，第2、3、5、6、7、9、10、17、18、20题是消极情绪的得分，将这十个题目的得分相加，就能得到消极情绪的总分。

将积极情绪总分除以消极情绪总分就能得到你这24小时的积极率，当消极情绪总分为0时，请改为1。

积极率越高，说明你这一天积极情绪越多。根据美国心理学家的研究结果，大约80%的人积极率一般在2左右，抑郁症患者的积极率甚至低于1。如果你的积极率大于3，那么要恭喜你，这一天你的积极情绪在身体里回荡，这有助于你缓解压力，促进身心健康，并且感受到了愉悦和幸福。如果你每天的积极率都大于3的状态，说明你已开启了幸福健康的人生。

（摘自：芭芭拉·弗雷德里克森著、王珺译《积极情绪的力量》，第148页。）

建议感到压力很大的班主任，可以经常做一下这个测试，了解自己的积极率，从总是关注自己的负面情绪逐步转向思考如何增加积极情绪。

2. 满怀感激之心

感恩是积极情绪的一种形式，在生活中乐观积极的人更容易感恩他人，同样，我们也可以通过感恩他人来获得积极情绪体验。当我们感受到他人对自己的善举、当我们进行合理的比较时就会产生感恩之情。要真正从感恩中获益，产生积极情绪，最重要的是要尽可能地用各种方式将感恩表达出来，包括口头表达、书面表达、行为表达，通过向他人表达感恩，你就会得到积极的反馈，获得积极情绪体验。因此，如果班主任经常留意观察学生、老师和家人的善意表达，并给予感恩，就会增加自己的积极情绪，增进人际关系。

3. 寻找乐趣和欢乐

积极地寻找和参与带给自己快乐和乐趣的活动。这可以包括参加喜欢的运动、艺术、音乐、阅读，等等。享受这些活动，都会带给人一种"心流"的体验。建议班主任在工作之余，抽出时间参与各种自己喜欢的艺术活动，体验"心流"带来的积极情绪体验，缓解工作压力。

4. 建立积极社交关系

与积极、阳光、乐观的人保持良好的社交关系。情绪可以相互感染，与负面情绪多的人在一起，会感觉压抑，但积极的社交互动可以带来愉快感和满足感，激发积极情感。寻找和身边的人一起分享快乐时刻，增加社交支持和情感联系。

5. 保持乐观态度

努力培养积极、乐观的心态来看待生活中的挑战和困难。学会转变消极的思维方式，遇事不停留在寻找问题的归因上，更聚焦于问题的解决上，积极地思考解决方案，问题解决后再进行复盘梳理，总结经验教训。积极的心态可以增加希望和幸福感。

6. 养成积极情感的思维习惯

积极情感的思维习惯就是选择性积极关注，凡事往好处想，看人看优点，习惯赞赏身边的人、事、物。例如：积极思考就会心想事成、不评价而是欣赏和鼓励他人、接纳自己为自己的进步感到鼓舞、面对问题时不强调困难而是提出建设性意见，等等。这种积极的思维习惯可以帮助我们更好地看待事物，增加积极情感的体验。

7. 进行深呼吸

宁静是积极情绪的另一种形式，要进入宁静的积极情绪状态，最简单、最快捷的方式是重复做缓慢的深呼吸。深呼吸可以激活副交感神经系统，降低血压，调节心率，帮助身体放松，缓解紧张焦虑。同时，深呼吸也会增加肺部的氧气交换，增加血液中的氧含量，保持头脑的清醒和思维敏捷。如果能够进行正念冥想、瑜伽放松效果更佳。建议班主任可以在休息时间坐在椅子上或在户外绿化丛中进行深呼吸放松，坚持练习十分钟左右的时间，就能明显地缓解压力，获得宁静的积极情绪。

积极情感是一个人感到幸福和满足的关键因素，它可以通过多种方式培养和增强，并在提升个人幸福感中发挥核心作用。通过上述方法，我们可以提升积极情感，增加自己的幸福感和满足感。

（二）如何实现"投入"

在塞利格曼的 PERMA 模型中，提升"投入"意味着找到并参与那些能够引发"心流"状态的活动。研究发现，发掘个人的核心优势并将它们应用到工作、爱好或学习中，可以提高投入感获得心流体验。具体步骤可以这样：

1. 发现和识别自我的优势

通过自我观察、他人反馈、工作反思或者各种评估工具来发现和了解自己的强项和优势。比如，可以使用 MBTI 职业个性量表来了解自己的个性倾向和工作时的优势。

2. 充分运用自我优势

在工作和个人生活中寻找机会将这些优势付诸实践。例如，如果自己的优势是创造力，那么可以寻找需要创新思维的项目，充分发挥自己的优势，从而在完成项目任务的过程中获得全心投入的愉悦感。

3. 设定挑战性目标

确保这些目标既有挑战性又能够实现，并且与个人优势相匹配。目标应该足够高，能够激发努力和专注，但又不至于高到令人感到压力过大。

4. 寻找"心流"体验

参与那些能够使自己全神贯注的活动，如冥想放松、文艺创作、阅读思考、体育运动等。注意记录何时何地自己最有可能进入心流的状态，以便自己后续可以用同样的方式比较容易地找到这种感觉。

5. 专注于过程，不为结果而焦虑

需要全神贯注于活动本身，放下对输赢胜负结果的担心，心流体验就是过程体验，其最有意义的结果是带给自己愉悦感和幸福感，全然地享受过程中的乐趣和挑战，让自己沉浸其中。

6. 优化环境

创造一个有助于专注的环境，减少环境的影响，如寻找安静人少的地方、暂时关闭手机、整理一下工作空间。

7. 持续学习和成长

不断学习新的技能和知识，使自己的能力得到提升，以便能够应对越来越高的挑战。

8. 自我挑战

定期将自己置于新的或不熟悉的环境中，推动自己走出舒适区，这有助于提升投入感。

9. 反馈和反思

寻求他人的反馈，并定期反思自己的体验和进步。了解自己在哪些活动中最容易进入心流状态，并思考如何能够更频繁地达到这种状态。

班主任可以尝试上述方法，增加进入心流状态的机会，从而减轻压力，增强幸福感和生活满意度。

（三）如何促进"人际关系"

良好的人际关系是我们在日常生活和工作中不断建立起来的，不是刻意去讨好迎合他人来获得的。班主任首先需要意识到人际和谐对自己的重要性，然后关注建立和维护良好的人际关系，从中获得心理满足感和幸福感。需要强调的是，朋友多不意味着人际关系好，反而会过多耗费班主任宝贵的精力，

人际关系的质量重于数量。与积极阳光的、专业优秀的、充满智慧的、富有情趣的人交往，更容易让我们体会到愉快和幸福感，因此在与陌生人深入交往之前先要观察选择。

1. 建立深入的友谊

与自己信任和感到亲近的人建立深入的友谊。这可以通过定期与朋友聚会、共同参与兴趣爱好活动、分享个人经历和情感等方式来实现。通过建立和维护这些友谊，班主任可以享受到支持、理解和共享欢乐的感觉。

2. 帮助支持他人

积极地支持他人可以促进人际关系。班主任可以主动为他人提供帮助和支持，主动倾听他人的需要和关切，并提供鼓励和建议。无论是在家庭、工作场所还是社区中，通过关注他人的需求并积极回应，都可以建立更加有意义和支持性的人际关系。

3. 沟通和表达情感

有效的沟通是建立良好人际关系的关键。班主任应与他人坦诚地交流，表达自己的想法、感受和需求，并倾听他人的意见和感受。通过建立开放、互相尊重的沟通方式，可以深化人际关系并增强彼此之间的理解和信任。

4. 培养家庭纽带

家庭是人际关系中最重要的一环。通过共同参与家庭活动、定期沟通和表达关爱，班主任可以增强与家人之间的联系和亲密感。尽量营造一个温暖、支持和尊重的家庭环境，以增强家庭成员之间的情感纽带。

5. 参与社区活动

积极参与社区活动可以为班主任提供与他人互动和建立联系的机会。班主任可以参加志愿者工作、社区活动、慈善组织等，与志同道合的人一起追求共同的目标或者支持共同的事业。通过这样的参与，班主任可以扩大社交圈子并建立更多有意义的人际关系。

这些是提升人际关系的一些示例，但关键在于建立和维护真诚、支持和有意义的人际联系。每个人的情况和偏好不同，因此班主任可以根据自己的情况和兴趣选择适合自己的方法和交往对象，通过传递积极情绪、关爱他人，班主任可以提升自己的人际关系质量并享受更多的幸福感。

（四）如何寻找"意义"

根据积极心理学原理，班主任在提升自我"意义"感时可参考如下方法：

1. 追求个人目标

设定一个具有意义的目标，例如学习一门新的技能、完成一项挑战性的项目或者寻求某个能激发自己工作激情的岗位。通过追求这些目标，班主任可以感受到个人成长和成就感，从而提升工作的意义。

2. 增加积极的人际关系

与他人建立深入的、有意义的关系。例如：通过参加社区活动、加入兴趣小组或者与志同道合的人进行交流，良好的人际互动会给班主任带来积极的意义感。同时，与他人建立联系和分享人生经历可以带来归属感和支持感，也会为班主任的生活增添更多的意义。

3. 寻找人生目标

通过自我反思和探索，思考自己的人生目标和价值观。这可能涉及阅读有关意义和生活目标的书籍、参加深入的学习，在与他人的互动交流中探索人生目标。人生目标是在借鉴他人的思想后自我探寻和定义的，任何强加的目标不会带给人意义感。通过不断探索，当班主任可以更清楚地了解自己的目标和意义的时候，就会为实现这些目标而坚定地行动起来。

4. 增加自我成长和学习机会

持续学习和发展自己的技能和知识。例如：参加培训课程、学习一门新的语言、探索新的艺术形式或者参与在线学习平台。通过不断学习和成长，班主任会为自己感到骄傲，可以在更高的维度观察世界、理解自己，可以为自己的工作和生活增加更多的意义和目标。

5. 追寻价值观和信念

思考和了解自己的价值观和信念系统，并将其融入日常生活中。例如：如果自己非常关心环境保护，可以考虑采取"极简主义"的生活方式，过简单精致的生活，减少垃圾的生成，或者参与和支持环保活动等。通过与自己的价值观保持一致的行动，班主任可以感受到更大的满足和意义。

这些只是一些例子，班主任可以根据自己的兴趣和偏好来选择适合自己的方法。关键是在追求"意义"的过程中保持积极的态度、持续地自我反思和探索，并与他人分享和交流。通过这些努力，班主任可以提升自己的意义感和生活满足感。

（五）如何获得"成就感"

获得"成就感"，可能是每位班主任最渴望的事情，但是现实中往往更容易感受到压力感或挫败感，成就感似乎只是一种想象。根据 PERMA 模型，我们收集汇总了一些获得成就感的方法，班主任可以从中获得启发，找到自己的成就之路。

1. 设定具体目标

确立明确、可衡量的目标，无论是生活目标还是职业目标。将目标分解为可行的步骤，并设定截止日期，以便能够跟踪进展并感受到成就感。

例如：如果想提升健身水平，可以设定一个目标是每周进行三次健身训练并在三个月内跑完一场半程马拉松比赛。通过设定目标并逐步实现，可以感受到成就感和自我提升。

2. 寻求挑战性任务

挑战自己并尝试新的事物。选择一项对你而言稍微超出舒适区域的任务或项目，这种挑战将激发你的动力和专注力，获得成功后会为你提供成就感。

例如：你喜爱摄影，你可以打破常规尝试拍摄一组与众不同的、具有独特主题或风格的照片，并展示给他人。通过挑战自己并尝试新的技术和创意，你不仅可以提升摄影技能，还能获得成就感。

3. 持续学习和成长

不断学习和发展自己的技能和知识，以提升自己的专业能力或个人兴趣。参加培训课程、研讨会、读书会、观看教育视频或寻求导师指导等方式，都能够为你提供新的知识、经验和技能，并帮助你在特定领域中取得成就。

例如：一名软件工程师，可以学习最新的编程语言，申请参与具有挑战性的软件开发项目，以提升自己的技术能力，并在工作中努力取得好成绩，来获得成就感。

4. 反思和庆祝成功

定期反思自己的成就，并庆祝取得的每一个进步。反思活动可以是一个人独自思考的过程，也可以是与他人讨论分享的过程。无论是一个人或与他人一起反思，记得为自己的进步或成功好好庆祝一下。

例如，每周或每月花一些时间回顾自己的进展和成就，记录并思考如何进一步发展。当达到某个重要里程碑或实现一个阶段性目标时，需要庆祝一下，庆祝的方式需要仪式化，可以是与朋友共进晚餐、举办庆祝活动或奖励自己一个特别有纪念意义的礼物等。

通过这些方法，可以提升自己的成就感和满足感，并推动自己不断进步和发展。关键在于设定明确的目标、寻求挑战、持续学习和庆祝成功。需要提示的是，成就感是一个积极的心理状态，需要通过自身不断的努力和专注来实现。

附录1：焦虑自评量表（SAS）

指导语：请仔细地阅读每一条，然后根据最近一周以内下述情况影响你的实际情况或使你感到苦恼的程度，在4个选项中选择最合适的一项，打一个钩，如"√"。请不要漏掉问题。①很少＝没有或很少时间；②有时＝少部分时间；③经常＝相当多时间；④持续＝绝大部分或全部时间。

1. 觉得比平常容易紧张和着急 　①很少　②有时　③经常　④持续

2. 无缘无故地感到害怕 　①很少　②有时　③经常　④持续

3. 容易心里烦乱或觉得惊恐 　①很少　②有时　③经常　④持续

4. 觉得可能要发疯 　①很少　②有时　③经常　④持续

5. 觉得一切都很好，也不会发生什么不幸 　①很少　②有时　③经常　④持续

6. 手脚发抖打战 　①很少　②有时　③经常　④持续

7. 因为头痛、头颈痛和背痛而苦恼 　①很少　②有时　③经常　④持续

8. 感觉容易衰弱和疲乏 　①很少　②有时　③经常　④持续

9. 觉得心平气和，并且容易安静地坐着 　①很少　②有时　③经常　④持续

10. 觉得心跳得很快 　①很少　②有时　③经常　④持续

11. 因为一阵阵头晕而苦恼 　①很少　②有时　③经常　④持续

12. 有晕倒发作，或觉得要晕倒似的 　①很少　②有时　③经常　④持续

13. 吸气呼气都感到很容易 　①很少　②有时　③经常　④持续

14. 手脚麻木和刺痛 　①很少　②有时　③经常　④持续

15. 因为胃痛和消化不良而苦恼 　①很少　②有时　③经常　④持续

16. 常常要小便 　①很少　②有时　③经常　④持续

17. 手常常是干燥温暖的 　①很少　②有时　③经常　④持续

18. 脸红发热 　①很少　②有时　③经常　④持续

19. 容易入睡并且睡得很好 　①很少　②有时　③经常　④持续

20. 做噩梦 　①很少　②有时　③经常　④持续

1. 计分方法

（1）第 5、9、13、17、19 题反向计分，即①=4分；②=3分；③=2分；④=1分。其余题目正向计分，即：①=1分；②=2分；③=3分；④=4分。

（2）把 20 题的得分相加为粗分，粗分乘以 1.25 取整数，即得到总分。

2. 结果反馈

1. 如果"总分＜50"，则表明："你目前无焦虑或焦虑处于正常状态。"

2. 如果"50≤总分＜60"，则表明："从测评分数来看，你目前处于轻度焦虑状态，但这个分数并不能说明你有焦虑症，只是焦虑程度高于多数人，也许因为你最近遭遇了一些烦心事所引发的。如果这些症状持续下去而且越来越严重，则建议你去专业精神卫生机构诊断。"

3. 如果"60≤总分＜70"，则表明："从测评分数来看，你目前处于中度焦虑状态，尽管这个分数并不能说明你有焦虑症，也许因为你最近遭遇了一些重大生活事件所引发的，但如果你目前的症状持续时间已经超过 1 个月了，则建议你去专业精神卫生机构做进一步诊断，专业的面谈才能给你正确的指导。"

4. 如果"总分≥70"，则表明："从测评分数来看，你目前处于重度焦虑状态，尽管这个分数并不能说明你有焦虑症，但强烈建议你去专业精神卫生机构做进一步诊断，专业的面谈才能给你正确的指导。"

此外特别提醒，如果你的许多躯体症状，比如头痛、头晕、胃疼、消化不良等，是因为身体疾病引起的，那该项测验的结果解释应酌情考虑。

附录2：抑郁自评量表（SDS）

指导语：请仔细地阅读每一条，然后根据最近一周以内下述情况影响你的实际情况或使你感到苦恼的程度，在4个选项中选择最合适的一项，打一个钩，如"√"。请不要漏掉问题。①"很少"表示出现类似情况的频率少于1天或没有出现；②"有时"表示至少2—3天会出现类似情况；③"经常"表示至少4—5天会出现类似情况；④"持续"表示几乎每天都会出现类似情况。

1. 我觉得闷闷不乐，情绪低沉 ①很少 ②有时 ③经常 ④持续

2. 我觉得一天之中早晨最好 ①很少 ②有时 ③经常 ④持续

3. 我一阵阵哭出来或觉得想哭 ①很少 ②有时 ③经常 ④持续

4. 我晚上睡眠不好 ①很少 ②有时 ③经常 ④持续

5. 我吃饭像平时一样多 ①很少 ②有时 ③经常 ④持续

6. 我与异性密切接触时和以往一样感到愉快 ①很少 ②有时 ③经常 ④持续

7. 我感觉自己的体重在下降 ①很少 ②有时 ③经常 ④持续

8. 我有便秘的苦恼 ①很少 ②有时 ③经常 ④持续

9. 我心跳比平常快 ①很少 ②有时 ③经常 ④持续

10. 我无缘无故感到疲乏 ①很少 ②有时 ③经常 ④持续

11. 我的头脑跟平时一样清楚 ①很少 ②有时 ③经常 ④持续

12. 我觉得经常做的事情并没有困难 ①很少 ②有时 ③经常 ④持续

13. 我觉得不安而平静不下来 ①很少 ②有时 ③经常 ④持续

14. 我对未来感到有希望 ①很少 ②有时 ③经常 ④持续

15. 我比平时容易生气激动 ①很少 ②有时 ③经常 ④持续

16. 我觉得做出决定是容易的事 ①很少 ②有时 ③经常 ④持续

17. 我觉得自己是有用的人，别人需要我 ①很少 ②有时 ③经常 ④持续

18. 我的生活过得很有意义 ①很少 ②有时 ③经常 ④持续

19. 我认为如果我死了别人会生活得更好　　①很少　②有时　③经常　④持续

20. 对于平常感兴趣的事我仍旧感兴趣　　①很少　②有时　③经常　④持续

1. 计分方法

（1）第 2、5、6、11、12、14、16、17、18、20 题反向计分，即：① =
4 分；② =3 分；③ =2 分；④ =1 分。其余题目正向计分，即：① =1 分；
② =2 分；③ =3 分；④ =4 分。

（2）把 20 题的得分相加为粗分，粗分乘以 1.25 取整数，即得到总分。

2. 结果反馈

1. 如果"总分≤ 53"，则提供如下结论："你目前无抑郁。"

2. 如果"53 <总分≤ 62"，则提供如下结论："从测评分数来看，你目前
处于轻度抑郁状态，但这个分数并不能说明你有抑郁症，只是抑郁程度高于
多数人，也许因为你最近遭遇了一些烦心事所引发的。如果这些症状持续下
去而且越来越严重，则建议你去专业精神卫生机构诊断。"

3. 如果"62 <总分≤ 72"，则提供如下结论："从测评分数来看，你目前
处于中度抑郁状态，尽管这个分数并不能说明你有抑郁症，也许因为你最近
遭遇了一些重大生活事件所引发的，但如果你目前的症状持续时间已经超过
1 个月了，则建议你去专业精神卫生机构做进一步诊断，专业的面谈才能给
你正确的指导。"

4. 如果"总分＞ 72"，则提供如下结论："从测评分数来看，你目前处于
重度抑郁状态，尽管这个分数并不能说明你有抑郁症，但强烈建议你去专业
精神卫生机构做进一步诊断，专业的面谈才能给你正确的指导。"

附录3：症状自评量表（SCL-90）

指导语：以下列出了有些人可能会有的问题，请仔细地阅读每一条，然后根据最近一星期内下述情况影响您的实际感觉，在5个方格中选一格，打一个"√"。

	没有	很轻	中等	偏重	严重
	1	2	3	4	5
1. 头痛	☐	☐	☐	☐	☐
2. 神经过敏，心中不踏实	☐	☐	☐	☐	☐
3. 头脑中有不必要的想法或字句盘旋	☐	☐	☐	☐	☐
4. 头昏或昏倒	☐	☐	☐	☐	☐
5. 对异性的兴趣减退	☐	☐	☐	☐	☐
6. 对旁人责备求全	☐	☐	☐	☐	☐
7. 感到别人能控制您的思想	☐	☐	☐	☐	☐
8. 责怪别人制造麻烦	☐	☐	☐	☐	☐
9. 忘记性大	☐	☐	☐	☐	☐
10. 担心自己的衣饰整齐及仪态的端正	☐	☐	☐	☐	☐
11. 容易烦恼和激动	☐	☐	☐	☐	☐
12. 胸痛	☐	☐	☐	☐	☐
13. 害怕空旷的场所或街道	☐	☐	☐	☐	☐
14. 感到自己的精力下降，活动减慢	☐	☐	☐	☐	☐
15. 想结束自己的生命	☐	☐	☐	☐	☐
16. 听到旁人听不到的声音	☐	☐	☐	☐	☐
17. 发抖	☐	☐	☐	☐	☐
18. 感到大多数人都不可信任	☐	☐	☐	☐	☐

19. 胃口不好 ☐ ☐ ☐ ☐ ☐

20. 容易哭泣 ☐ ☐ ☐ ☐ ☐

21. 同异性相处时感到害羞不自在 ☐ ☐ ☐ ☐ ☐

22. 感到受骗、中了圈套或有人想抓住您 ☐ ☐ ☐ ☐ ☐

23. 无缘无故地突然感到害怕 ☐ ☐ ☐ ☐ ☐

24. 自己不能控制地大发脾气 ☐ ☐ ☐ ☐ ☐

25. 怕单独出门 ☐ ☐ ☐ ☐ ☐

26. 经常责怪自己 ☐ ☐ ☐ ☐ ☐

27. 腰痛 ☐ ☐ ☐ ☐ ☐

28. 感到难以完成任务 ☐ ☐ ☐ ☐ ☐

29. 感到孤独 ☐ ☐ ☐ ☐ ☐

30. 感到苦闷 ☐ ☐ ☐ ☐ ☐

31. 过分担忧 ☐ ☐ ☐ ☐ ☐

32. 对事物不感兴趣 ☐ ☐ ☐ ☐ ☐

33. 感到害怕 ☐ ☐ ☐ ☐ ☐

34. 您的感情容易受到伤害 ☐ ☐ ☐ ☐ ☐

35. 旁人能知道您的私下想法 ☐ ☐ ☐ ☐ ☐

36. 感到别人不理解您不同情您 ☐ ☐ ☐ ☐ ☐

37. 感到人们对您不友好，不喜欢您 ☐ ☐ ☐ ☐ ☐

38. 做事必须做得很慢以保证做得准确 ☐ ☐ ☐ ☐ ☐

39. 心跳得很厉害 ☐ ☐ ☐ ☐ ☐

40. 恶心或胃很不舒服 ☐ ☐ ☐ ☐ ☐

41. 感到比不上他人 ☐ ☐ ☐ ☐ ☐

42. 肌肉酸痛 ☐ ☐ ☐ ☐ ☐

43. 感到有人在监视您、在谈论您 ☐ ☐ ☐ ☐ ☐

44. 难以入睡 ☐ ☐ ☐ ☐ ☐

45. 做事必须反复检查 ☐ ☐ ☐ ☐ ☐

46. 难以做出决定 ☐ ☐ ☐ ☐ ☐

47. 怕乘电车、公共汽车、地铁或火车 ☐ ☐ ☐ ☐ ☐

48. 呼吸有困难 ☐ ☐ ☐ ☐ ☐

49. 一阵阵发冷或发热 ☐ ☐ ☐ ☐ ☐

50. 因为感到害怕而避开某些东西、场合或 活动 □ □ □ □ □

51. 脑子变空了 □ □ □ □ □

52. 身体发麻或刺痛 □ □ □ □ □

53. 喉咙有哽塞感 □ □ □ □ □

54. 感到前途没有希望 □ □ □ □ □

55. 不能集中注意力 □ □ □ □ □

56. 感到身体某一部分软弱无力 □ □ □ □ □

57. 感到紧张或容易紧张 □ □ □ □ □

58. 感到手或脚发重 □ □ □ □ □

59. 想到死亡的事 □ □ □ □ □

60. 吃得太多 □ □ □ □ □

61. 当别人看看您或谈论您时感到不自在 □ □ □ □ □

62. 有一些不属于您自己的想法 □ □ □ □ □

63. 有想打人或伤害他人的冲动 □ □ □ □ □

64. 醒得太早 □ □ □ □ □

65. 必须反复洗手、点数目或触摸某些东西 □ □ □ □ □

66. 睡得不稳不深 □ □ □ □ □

67. 有想摔坏或破坏东西的冲动 □ □ □ □ □

68. 有一些别人没有的想法或念头 □ □ □ □ □

69. 感到对别人神经过敏 □ □ □ □ □

70. 在商店或电影院等人多的地方感到不 自在 □ □ □ □ □

71. 感到任何事情都很困难 □ □ □ □ □

72. 一阵阵恐惧或惊恐 □ □ □ □ □

73. 感到在公共场合吃东西很不舒服 □ □ □ □ □

74. 经常与人争论 □ □ □ □ □

75. 单独一人时神经很紧张 □ □ □ □ □

76. 别人对您的成绩没有做出恰当的评价 □ □ □ □ □

77. 即使和别人在一起也感到孤单 □ □ □ □ □

78. 感到坐立不安、心神不定 □ □ □ □ □

79. 感到自己没有什么价值	□	□	□	□	□
80. 感到熟悉的东西变成陌生或不像是真的	□	□	□	□	□
81. 大叫或摔东西	□	□	□	□	□
82. 害怕在公共场合昏倒	□	□	□	□	□
83. 感到别人想占您的便宜	□	□	□	□	□
84. 为一些有关"性"的想法而很苦恼	□	□	□	□	□
85. 您认为应该因为自己的过错而受到惩罚	□	□	□	□	□
86. 感到要赶快把事情做完	□	□	□	□	□
87. 感到自己的身体有严重问题	□	□	□	□	□
88. 从未感到和其他人很亲近	□	□	□	□	□
89. 感到自己有罪	□	□	□	□	□
90. 感到自己的脑子有毛病	□	□	□	□	□

1. 计分方法

（1）总分：把 90 个项目的各单项得分相加（即把所选数字相加求和），得到总分。

（2）各因子平均分（即十方面症状得分）：

①躯体化：把项目 1、4、12、27、40、42、48、49、52、53、56、58 共 12 项得分求和，然后除以 12，即得到躯体化因子的平均分（＝以上 12 项总分 ÷12）。

②强迫：把项目 3、9、10、28、38、45、46、51、55、65 共 10 项得分求和，然后除以 10，即得到强迫因子的平均分（＝以上 10 项总分 ÷10）。

③人际关系敏感：6、21、34、36、37、41、61、69、73 共 9 项得分求和，然后除以 9，即得到人际关系敏感因子的平均分（＝以上 9 项总分 ÷9）。

④抑郁：5、14、15、20、22、26、29、30、31、32、54、71、79 共 13 项得分求和，然后除以 13，即得到抑郁因子的平均分（＝以上 13 项总分 ÷13）。

⑤焦虑：2、17、23、33、39、57、72、78、80、86 共 10 项得分求和，然后除以 10，即得到焦虑因子的平均分（＝以上 10 项总分 ÷10）。

⑥敌对：11、24、63、67、74、81共6项得分求和，然后除以6，即得到敌对因子的平均分（＝以上6项总分÷6）。

⑦恐怖：13、25、47、50、70、75、82共7项得分求和，然后除以7，即得到恐怖因子的平均分（＝以上7项总分÷7）。

⑧偏执：8、18、43、68、76、83共6项得分求和，然后除以6，即得到偏执因子的平均分（＝以上6项总分÷6）。

⑨精神病性：7、16、35、62、77、84、85、87、88、90共10项得分求和，然后除以10，即得到精神病性因子的平均分（＝以上10项总分÷10）。

⑩其他：19、44、59、60、64、66、89共7项得分求和，即得到其他因子的平均分（＝以上7项总分÷7）。

2. 结果反馈

（1）总分超过160分；

（2）以上10项因子平均分任何1项得分超过2分。

凡是符合以上两个条件中一个的都建议由学校心理老师做进一步评估，以详细了解和明确学生心理健康的表现和程度。

附录4：考试焦虑量表

指导语：下列 37 个句子描述人们对参加考试的感受。请你阅读每一个句子，然后根据你的实际情况（感受），在每一题号后回答（是或否），答案没有对错、好坏之分，只求按实际情况填写，尽可能快些作答，但切勿遗漏。

编号	题目名称	选项
1	当一次重大考试就要来临时，我总是在想别人比我聪明得多	选项：是，分数：1 | 选项：否，分数：0 |
2	如果我将要做一次智能测试，在做之前我会非常焦虑	选项：是，分数：1 | 选项：否，分数：0 |
3	如果我知道将会有一次智能测试，在此之前我感到很自信、很轻松	选项：是，分数：0 | 选项：否，分数：1 |
4	参加重大考试时，我会出很多汗	选项：是，分数：1 | 选项：否，分数：0 |
5	考试期间，我发现自己总是在想一些和考试内容无关的事	选项：是，分数：1 | 选项：否，分数：0 |
6	当一次突然袭击式的考试来到时，我感到很怕	选项：是，分数：1 | 选项：否，分数：0 |
7	考试期间我经常想到会失败	选项：是，分数：1 | 选项：否，分数：0 |
8	重大考试后我经常感到紧张，以致胃不舒服	选项：是，分数：1 | 选项：否，分数：0 |
9	我对智能考试和期末考试之类的事总感到发怵	选项：是，分数：1 | 选项：否，分数：0 |
10	在一次考试中取得好成绩似乎并不能增加我在第二次考试中的信心	选项：是，分数：1 | 选项：否，分数：0 |
11	在重大考试期间我有时感到心跳很快	选项：是，分数：1 | 选项：否，分数：0 |
12	考试结束后我总是觉得可以比实际上做得更好	选项：是，分数：1 | 选项：否，分数：0 |

编号	题目名称	选项
13	考试完毕后我总是感到很抑郁	选项：是，分数：1 | 选项：否，分数：0 |
14	每次期末考试之前，我总有一种紧张不安的感觉	选项：是，分数：1 | 选项：否，分数：0 |
15	考试时，我的情绪反应不会干扰我考试	选项：是，分数：0 | 选项：否，分数：1 |
16	考试期间我经常很紧张，以致本来知道的东西也忘了	选项：是，分数：1 | 选项：否，分数：0 |
17	复习重要的考试对我来说似乎是一个很大的挑战	选项：是，分数：1 | 选项：否，分数：0 |
18	对某一门考试，我越努力复习越感到困惑	选项：是，分数：1 | 选项：否，分数：0 |
19	某门考试一结束，我试图停止有关担忧，但做不到	选项：是，分数：1 | 选项：否，分数：0 |
20	考试期间我有时会想我是否能完成大学学业	选项：是，分数：1 | 选项：否，分数：0 |
21	我宁愿写一篇论文，而不是参加一次考试，作为某门课程的成绩	选项：是，分数：1 | 选项：否，分数：0 |
22	我真希望考试不要那么烦人	选项：是，分数：1 | 选项：否，分数：0 |
23	我相信如果我单独参加考试而且没有时间限制的话，我会考得更好	选项：是，分数：1 | 选项：否，分数：0 |
24	想着我在考试中能得多少分，影响了我的复习和考试	选项：是，分数：1 | 选项：否，分数：0 |
25	如果考试能废除的话，我想我能学得更好	选项：是，分数：1 | 选项：否，分数：0 |
26	我对考试抱这样的态度：虽然我现在不懂，但我并不担心	选项：是，分数：0 | 选项：否，分数：1 |
27	我真不明白为什么有些人对考试那么紧张	选项：是，分数：0 | 选项：否，分数：1 |
28	我很差劲的想法会干扰我在考试中的表现	选项：是，分数：1 | 选项：否，分数：0 |
29	我复习期末考试并不比复习平时考试更卖力	选项：是，分数：0 | 选项：否，分数：1 |

编号	题目名称	选项
30	尽管我对某门考试复习得很好，但我仍然感到焦虑	选项：是，分数：1 | 选项：否，分数：0 |
31	在重大考试前，我吃饭不香	选项：是，分数：1 | 选项：否，分数：0 |
32	在重大考试前，我发现我的手臂会颤抖	选项：是，分数：1 | 选项：否，分数：0 |
33	在考试前我很少有"临时抱佛脚"的需要	选项：是，分数：0 | 选项：否，分数：1 |
34	校方应认识到有些学生对考试较为焦虑，而这会影响他们的考试成绩	选项：是，分数：1 | 选项：否，分数：0 |
35	我认为考试期间似乎不应该搞得那么紧张	选项：是，分数：1 | 选项：否，分数：0 |
36	一接触到发下的试卷，我就觉得很不自在	选项：是，分数：1 | 选项：否，分数：0 |
37	我讨厌老师喜欢搞"突然袭击"式考试的课程	选项：是，分数：1 | 选项：否，分数：0 |

1. 计分方法：

（1）按照上述测试的选项得分计分；

（2）把37题的得分相加即得到总分。

2. 结果反馈

（1）如果"总分≤11"，则表明该生没有考试焦虑。如果该生确实考试成绩明显下滑，那导致成绩下降的原因并非源自考试焦虑，需要班主任进一步去了解。

（2）如果"11＜总分≤20"，则表明该生存在考试焦虑。班主任可以这样反馈给学生："你在面临考试时，心情过于紧张，焦虑感过高。以这样紧张的心情去参加考试，势必难以考出你的实际水平。因此，你应当设法降低自己的考试焦虑水平，以免形成慢性的考试焦虑。"同时，班主任应该对学生进行心理疏导，缓解其考试焦虑。

（3）如果"20＜总分≤37"，则表明该生存在严重考试焦虑。班主任可以这样反馈给学生："你已经有明显的考试焦虑。对你而言，考试已经不仅仅是考试那么简单，更是一次次煎熬，尤其是在考试前夕莫名其妙难以忍受的焦虑和恐惧。在这些负面情绪影响下，每一次考试都失常，久而久之，形成了恶性循环，严重影响你对学习的信心。"对于严重的考试焦虑，班主任除了心理疏导，应该建议学生去找心理老师进行心理咨询。

主要参考文献

1. 阿尔伯特·班杜拉著，缪小春等译：《自我效能》，华东师范大学出版社，2022年。

2. 芭芭拉·弗雷德里克森著，王珺译：《积极情绪的力量》，中国人民大学出版社，2010年。

3. 保罗·汉图著，骆宏译：《焦点解决短期咨询和治疗技术》，重庆大学出版社，2016年。

4. 金·盖尔·多金著，王晓丽、周晓平译：《青春期心理学：青少年的成长、发展和面临的问题（原书第14版）》，机械工业出版社，2022年。

5. 罗伯特·麦卡尔平、安东尼·希尔林著，李卫晖等译：《青少年人际心理治疗：临床指南》，中国轻工业出版社，2023年。

6. 马蒂斯·米勒著，范鹏译：《无法控制的孩子：理解及管理孩子破坏性情绪的辩证行为疗法技巧》，机械工业出版社，2021年。

7. 马丁·M.安东尼、丽莎白·罗默著，庄艳译：《行为疗法》，重庆大学出版社，2016年。

8. 马丁·塞利格曼著，任俊译：《认识自己，接纳自己》，万卷出版公司，2014年。

9. 马丁·塞利格曼等著，洪莉译：《教出乐观的孩子：让孩子受用一生的幸福经典》，浙江人民出版社，2013年。

10. 马丁·塞利格曼著，赵昱鲲译：《持续的幸福》，浙江人民出版社，2012年。

11. 马丁·佩恩著，曾立芳译：《叙事疗法》，中国轻工业出版社，2012年。

12. 米哈里·契克森米哈赖著，张定绮译：《心流：最优体验心理学》，中信出版社，2017年。

13. 让·皮亚杰著，杜一雄、钱心婷译：《科学教育与儿童心理学》，教育科学出版社，2018年。

14. 斯蒂芬·P. 欣肖、凯瑟琳·埃利森著，罗小平、郝燕译：《注意缺陷多动障碍》，华中科技大学出版社，2020年。

15. 泰勒·本－沙哈尔著，汪冰、刘骏杰译：《幸福的方法》，当代中国出版社，2011年。

16. 托马斯·戈登著，李明霞译：《T.E.T. 教师效能训练：一个已被证明让所有年龄学生做到最好的培训项目（30周年纪念版）》，中国青年出版社，2020年。

17. 野田俊作著，黄少安译：《阿德勒教育心理学：健康人格与人际关系》，化学工业出版社，2023年。

18. 约翰·W. 桑特洛克著，桑标等译：《儿童发展》，上海人民出版社，2009年。

19. 詹姆斯·莫里森著，王雨吟译：《实用DSM-5：精神障碍诊断与统计手册（第五版）临床应用指南》，天津科学技术出版社，2020年。

20. 边玉芳、周丹著：《罗森塔尔人际关系思想解析》，人民教育出版社，2019年。

21. 丁莹编著：《教师与家长沟通的技巧与策略》，吉林大学出版社，2019年。

22. 郭召良著：《认知行为疗法咨询方案：10大心理障碍》，人民邮电出版社，2021年。

23. 傅安球著：《实用心理异常诊断矫治手册（修订版）》，上海教育出版社，2005年。

24. 江光荣、郑希付主编：《中国高中生心理健康素质调查》，北京师范大学出版社，2009年。

25. 林崇德主编：《发展心理学（第三版）》，人民教育出版社，2018年。

26. 庞维国著：《自主学习：学与教的原理和策略》，华东师范大学出版社，2003 年。

27. 彭跃红、贺小卫主编：《初中生心理健康教育》，清华大学出版社，2018 年。

28. 孙云晓著：《家校合作共育：中国家庭教育的新趋势》，中国人民大学出版社，2020 年。

29. 谢刚著：《习得幸福：积极家庭心理成长手册》，北京师范大学出版社，2021 年。

30. 吴惠强主编：《协同的智慧：百个家校共育经典案例》，浙江科技出版社，2021 年。

31. 吴盈盈著：《家校共育：班主任家校共育经典工作法》，知识出版社，2021 年。

32. 吴增强、蒋薇美著：《心理健康教育课程设计》，中国轻工业出版社，2007 年。

33. 喻丰、张梦影主编：《中小学生积极心理教育指导手册（高中版）》，暨南大学出版社，2023 年。

34. 俞国良主编：《心理健康教育教学参考（高中）》，北京师范大学出版社，2017 年。

35. 张麒著：《学校心理咨询技术与实务》，华东师范大学出版社，2017 年。

36. 张大均著：《教育心理学》，人民教育出版社，2015 年。

37. 张丽丽主编：《初中生心理辅导案例解析》，华东师范大学出版社，2007 年。

38. 钟志农、刘鹏志、周波编著：《高中生心理辅导案例解析》，华东师范大学出版社，2007 年。

39. 中国就业培训技术指导中心、中国心理卫生协会组织编写：《心理咨询师（国家职业资格二级）》，中国劳动社会保障出版社，2017 年。

40. 邹泓著：《青少年的同伴关系：发展特点、功能及其影响因素》，北京师范大学出版社，2003 年。

41. 岳晓东编著：《心理咨询基本功技术》，清华大学出版社，2015 年。

42. 叶澜主编：《教师角色与教师发展新探》，教育科学出版社，2001 年。

43. 朱小蔓、梅仲荪著：《儿童情感发展与教育》，江苏教育出版社，
1998 年。